泰山学院基金资助出版
山东省社会科学规划研究项目（19CXWJ10）成果

旅游地品牌战略管理研究

——以“好客山东”为例

马　明　陈方英　著

中国财经出版传媒集团
经济科学出版社
Economic Science Press

图书在版编目（CIP）数据

旅游地品牌战略管理研究：以“好客山东”为例/马明，陈方英著.—北京：经济科学出版社，2020.9
ISBN 978-7-5218-1838-3

Ⅰ.①旅… Ⅱ.①马…②陈… Ⅲ.①旅游地-口牌战略-经济管理-研究-山东 Ⅳ.①F592.752

中国版本图书馆 CIP 数据核字（2020）第 166140 号

责任编辑：周国强
责任校对：王肖楠
责任印制：王世伟

旅游地品牌战略管理研究
——以“好客山东”为例
马　明　陈方英　著
经济科学出版社出版、发行　新华书店经销
社址：北京市海淀区阜成路甲 28 号　邮编：100142
总编部电话：010-88191217　发行部电话：010-88191522
网址：www.esp.com.cn
电子邮件：esp@esp.com.cn
天猫网店：经济科学出版社旗舰店
网址：http://jjkxcbs.tmall.com
固安华明印业有限公司印装
710×1000　16 开　18.75 印张　320000 字
2020 年 9 月第 1 版　2020 年 9 月第 1 次印刷
ISBN 978-7-5218-1838-3　定价：92.00 元
（图书出现印装问题，本社负责调换。电话：010-88191510）

前　言

随着市场竞争的日趋激烈，旅游目的地必须打造和维持具有独特性的品牌已成为一种共识。通过品牌管理，一个目的地可同其目标市场建立一种难以取代的情感联系，从而形成竞争优势。定位主题口号作为品牌设计的重点内容，是对目的地核心定位战略的反映，也是后续品牌营销工作策划和开展的依据。一直以来，国内旅游规划界在旅游地品牌设计中，习惯于将旅游地品牌定位的表述提炼为一句富有感召力的旅游口号，并用在客源市场上进行推广，从而传播旅游地形象，塑造旅游地品牌。因此旅游地品牌形象口号塑造一直是目的地品牌建设的先导工作，几乎被旅游地奉为在客源市场竞争中的制胜法宝，受到当地政府的高度重视。

对山东省来说，旅游地品牌塑造也一直是重点工作。2007 年 12 月山东省推出“好客山东——文化圣地，度假天堂”旅游品牌形象标识，并将“好客山东”确立为山东省长期旅游地品牌。“好客山东”这一崭新的旅游地品牌，是对山东自然与文化精华以及产品主体功能的高度概括和精准定位；是 21 世纪山东省旅游界确立新目标、实现新跨越的宏观思考和重要决策；它将是未来一段时间内山东省旅游面向目标市场促销的主打旅游品牌。随着大众休闲时代的加速到来，这一宣传定位将对国内外旅游市场产生积极影响。

旅游品牌形象定位和策划的根本目的是在旅游者心目中树立旅游地区别于竞争对手的品牌形象，塑造旅游地品牌，从而形成竞争优势。但是，对于设计出的旅游地品牌是否如预期那样对目的地旅游竞争力的提升起到良好的推动作用？旅游地品牌在多大程度上被旅游者认知？旅游者的评价如何？旅游地品牌的媒体宣传是否产生了预期的效果？旅游地品牌又对该区域旅游经济的增长带来了多大的市场绩效？管理部门如何对旅游地品牌进行有效的管理和维护？对于这些问题目前国内很少有学者进行系统的研究。

塑造“好客山东”旅游品牌，关键工作就是从品牌战略管理的高度，对“好客山东”旅游品牌进行科学的管理。品牌战略管理受到社会经济、历史文化、自然环境等诸多因素的影响，是一项长期系统的工程。目的地管理者只有充分意识到旅游地品牌的战略地位，将旅游地品牌作为战略决策来管理，才能真正发挥旅游地品牌的价值和作用，从而提高旅游目的地的核心竞争力，使得当地旅游业能够长久可持续发展。新形势下，实施“好客山东”品牌战略管理是山东旅游获取竞争优势，赢得持续发展的有效方法。

此外，大数据时代对“好客山东”品牌管理提出新的要求。随着互联网技术的飞速发展，带动云计算和云存储的出现，这使得大量存储、处理、传输数据成为可能；更进一步，智能移动终端的普及拓展了互联网的应用范围和领域，这使得全人类进入了一个“大数据”时代。旅游业是与互联网紧密联系的行业，大数据将是其未来发展的新趋势，大数据也将成为指导旅游行业发展的核心要素。在实践应用方面，百度最先推出基于大数据分析的旅游预测，并在泰山等景区得到应用，也说明大数据在旅游业中的应用初现端倪。

目前，旅游大数据在网络上广泛存在，搜索引擎（例如百度应用平台）、社交媒体（例如博客和微博客、微信、社交网站、网络社区等）、旅游官方网站、旅游门户网站、旅游行业（企业）网站等都是旅游大数据来源的主要渠道。这些数据为旅游地品牌战略管理提供了新的素材和研究思路。同时，很多旅游地也注意到了旅游大数据的价值，但是对具体应该怎样去获取大数据、如何创新运用大数据对旅游地实施品牌管理方面缺乏深入的探索，这也导致大数据的应用价值没有被充分发挥出来。因此，大数据时代不仅改变了旅游者的生活方式和旅游消费方式，同时使旅游业的营销环境和营销模式发生了变革。如何从品牌战略管理的角度，从互联网海量旅游地网络数据信息中及时挖掘有用的信息进行分析，并采取有针对性的、恰当的应对机制对旅游地品牌进行战略管理，已经成为旅游地各级政府部门和相关企业十分关注的问题。

本书基于大数据时代的到来和品牌战略管理的视角，以品牌成长路线为依据，以区域旅游品牌管理为对象，提出旅游地品牌战略管理的理论框架和具体的实施构想，从品牌定位、品牌传播、品牌绩效评估、品牌舆情管理等方面，对“好客山东”品牌进行全面评估，从对目的地实施品牌战略管理的角度对山东旅游品牌进行全过程、全方位、持续、科学的管理，塑造“好客山东”旅游品牌，提升山东旅游产业竞争力。同时本书也为其他类似的旅游地实施品牌战略管理提供了参考依据。

根据品牌战略管理流程，本书在具体内容安排上共分为十一章。其中，第一章为绪论，第二章到第十一章主要从品牌定位（第二章、第三章）、品牌传播（第四章、第五章、第六章、第七章）、品牌绩效评估（第八章、第九章、第十章）和品牌舆情管理（第十一章）这四个方面对“好客山东”品牌战略管理进行系统研究。

本书能够顺利完成和出版离不开大家的支持和帮助。首先，本书获得泰山学院学术著作出版基金资助出版，感谢我的工作单位泰山学院对本书出版在资金上的支持。同时，本书也是山东省社会科学规划研究项目“‘好客山东’品牌形象建设的大数据网络舆情分析与决策支持研究”（项目批准编号：19CXWJ10）的研究成果，感谢山东省社会科学规划管理办公室对该项研究的基金支持。感谢我校特聘教授、华侨大学旅游学院博士生导师也是课题组成员郑向敏教授自始至终给予的指导。感谢课题组成员李云副研究员（泰山景区）、马建东博士研究生（中国科学院声学所），以及我的同事张茂柱副教授、李乐军副教授、马海洋讲师为课题完成所做的大量工作。感谢泰山学院旅游学院的学生王明星、冯瑶、李云燕、张桦、马雪刚、杜坤、贾丽婷、王杰、孙玉鹏、吴姗姗、邵明祥和许静在问卷调查和资料收集方面所做的大量工作。感谢武汉大学沈阳博士，本研究中使用了由他研究开发的内容分析软件 ROST WordParser。感谢百度指数应用平台，本书使用了其中的大量数据。最后，还要感谢那些我不知道真实名字的很多旅游者，他们或者在网络上公开发表游记和评论，或者积极主动参加了本次研究的问卷调研，他们的慷慨和无私帮助为本次研究提供了大量丰富生动的研究资料和素材。由于作者的局限性，本书的研究还存在很多问题和不足，敬请各位专家和读者不吝赐教，提出宝贵的建议，以便我们的研究可以继续深入。再次对你们的支持和帮助表示诚挚的谢意！

马　明　陈方英

2020 年 7 月 27 日

目　　录

第一章
绪　　论

第一节　选题背景与意义

一、选题背景

（一）“好客山东”旅游品牌需要作为战略决策来管理

随着市场竞争的日趋激烈，旅游目的地必须打造和维持具有独特性的品牌已成为一种共识。通过品牌管理，一个目的地可同其目标市场建立一种难以取代的情感联系，从而形成竞争优势。定位主题口号作为品牌设计的重点内容，是对目的地核心定位战略的反映，也是后续品牌营销工作策划和开展的依据（曲颖等，2008）。在旅游地品牌设计中，习惯于将旅游地品牌定位的表述提炼为一句富有感召力的旅游口号，并进行推广，从而传播旅游地形象，塑造旅游地品牌（李山等，2006）。因此旅游地品牌形象定位口号一直是目的地品牌建设的先导工作，几乎被旅游地奉为在客源市场竞争中的制胜法宝，受到当地政府的高度重视（马明等，2011a）。

2007 年 8 月 28 日在百度网站中输入“旅游形象 + 征集”检索到的信息多达 60 多万条；到 2019 年 8 月 28 日，再次通过百度网站搜索，检索到“旅游形象 + 征集”的信息多达 207 万条，约是 2007 年的 3.45 倍，12 年间增长了两倍多。初步统计分析表明，目前已经拥有旅游形象口号的全国 34 个省区市中有 20 个以上进行了征集活动，拥有旅游口号或者正在举办征集活动的城市和景区超过 85 个。

旅游地品牌塑造也一直是山东省旅游管理部门的重点工作。山东省旅游品牌定位曾先后出现过“一山一水一圣人”“走近孔子，扬帆青岛”“齐鲁神韵，山水豪情”等，这些定位大都是对旅游地的有形资源即“物”的定位，还没有深入到旅游地的无形资源即旅游文化的深层次中，缺乏文化内涵和深度（于冲，2008），缺乏对“人”的定位。因此，推广后效果并不是很显著，使用的时间并不是很长。

在高度概括山东文化的基础上，山东省经过规划论证后于 2007 年设计“好客山东”旅游品牌形象标识，并将“好客山东”确立为山东省旅游品牌（梁文生，2013）。2008 年 5 月 10 日，时任山东旅游局局长于冲在北京大学百周年纪念讲堂进行演讲，宣传“好客山东”旅游品牌。同时，该旅游品牌在中央电视台综合频道（CCTV－1）、中央电视台中文国际频道（CCTV－4）、山东卫视、凤凰卫视等主流媒体黄金时段播出后，引起社会的强烈关注。2008 年 10 月，“好客山东”旅游品牌在第二届中国品牌节上被评为“山东最具代表性品牌”，并荣获“品牌中国金谱奖”。2009 年，《好客山东》旅游形象宣传片获得“新中国 60 周年中国城市形象片大赛”一等奖。2010 年山东省新修订的《山东省旅游条例》以立法形式明确把旅游业定位为山东省国民经济战略性支柱产业（吴冠，2010）。2013 年，在“中国最佳旅游口号”评选中，“好客山东”荣膺全国十佳，并且在排名上为第一名（李芳芳，2013）。2012 年，“好客山东”旅游品牌估值 170 亿元（刘英，2014）；2015 年估值 200 亿元（中国旅游新闻网，2015）。目前，“好客山东”已经成为山东省的一张对外宣传名片（陈刚，2011；张翠翠等，2015）。这表明经过十几年的持续塑造，“好客山东”旅游品牌已经颇有成效，不仅提升了山东旅游的知名度，而且为山东的可持续发展创造了巨大的经济价值和社会价值。

2018 年，山东省发布了 2018～2025 年《山东省全域旅游发展总体规划》。该规划强调，到 2025 年，“好客山东”旅游品牌在强省建设中将进一步彰显旅游业战略性支柱地位，该旅游品牌将成为世界著名的旅游地品牌（山东省改革和发展委员会，2018）。

总之，“好客山东”这一崭新的旅游品牌，是对山东自然与文化精华以及产品主体功能的高度概括和精准定位，是山东省在 21 世纪实现新跨越的宏观重要决策。同时，“好客山东”品牌也将成为未来一段时间山东旅游面向目标市场宣传的主打品牌（于冲，2008）。随着大众休闲时代的加速到来，这一宣传定位将对国内外旅游市场产生积极影响。

旅游品牌形象定位和策划的根本目的是在旅游者心目中树立旅游地区别于竞争对手的品牌形象，塑造旅游地品牌，从而形成竞争优势。但是，对于设计出的旅游品牌是否如预期那样对目的地旅游竞争力的提升起到良好的推动作用？旅游品牌在多大程度上被旅游者认知？旅游者的评价如何？旅游品牌的媒体宣传是否产生了预期的效果？该旅游品牌给区域旅游经济的增长带来了多大的绩效？管理部门如何对旅游品牌进行有效的管理和维护？对于这些问题目前国内很少有学者进行系统的研究。新形势下，实施“好客山东”品牌战略管理是山东旅游获取竞争优势，赢得持续发展的有效手段。

（二）大数据时代对“好客山东”品牌管理提出新的要求

随着互联网技术的飞速发展，带动云计算和云存储的出现，这使得大量存储、处理、传输数据成为可能；更进一步，智能移动终端的普及拓展了互联网的应用范围和领域，这使得全人类进入了一个“大数据”时代（维克等，2013）。其特征可以用 4V 来概括，一是数据量巨大（volume），二是数据类型繁多（variety），三是流通速度大（velocity），四是价值密度低（value）（马梅等，2016）。

面对大数据时代信息技术的革命，中共十八大和十九大持续提出实施“网络强国战略”，特别是中共十九大报告中，习近平进一步提出要“推动互联网、大数据、人工智能和实体经济深度融合”（习近平，2017）。这说明大数据时代已经成为国家发展和治理转型的重要契机，如何抓住信息革命带来的新机遇、新挑战也已经成为各行各业在大数据时代促进行业转型和发展需要尽快解决的重要问题（杨旸等，2017）。

旅游业是与互联网紧密联系的行业，大数据将是其未来发展的新趋势（唐晓云，2014；信宏业等，2017）。2015 年，国家旅游局专门召开了“旅游 + 互联网”大会，以便推动旅游业与互联网的深度融合以及创新发展。在实践应用方面，百度最先推出基于大数据分析的旅游预测，并在泰山等景区得到成功应用，也说明大数据在旅游业中的作用初现端倪（许峰等，2016；潘冰，2017）。因此，运用大数据来促进旅游地实现品牌管理已经成为业界以及旅游地政府关注的重要问题（尹婕，2013）。

目前，旅游大数据在网络上广泛存在，搜索引擎（例如百度应用平台）、社交媒体（例如博客和微博客、微信、社交网站、网络社区等）、旅游官方网站、旅游门户网站、旅游行业（企业）网站等都是旅游大数据来源的主要渠道。这些数据为旅游地品牌战略管理提供了新的素材和研究思路，如何运用这些大数据对旅游地进行品牌战略管理成为当前亟待解决的问题。

为顺应大数据时代的发展趋势，抓住大数据浪潮的发展契机，山东省在 2013 年就开始与百度公司合作，以便利用百度大数据向游客提供实时、全面、准确的旅游信息，开启大数据时代现代旅游营销的新时代。另外，山东省还加大了与公安部门和交通部门的沟通合作，实现数据共享，以期将这些部门的大数据应用到旅游业的管理中（曹洋洋，2015）。通过利用大数据进行数字化营销，山东省有效提升了“好客山东”旅游品牌的渗透力，在推动山东经济健康有序发展方面取得了一定的成绩。然而，相关旅游大数据的研究远远落后于实践应用，研究需要进一步深入。

作为最具代表性的旅游大数据来源，由用户创造内容（user generated content，简称 UCG）生成的大数据广泛存在于社交媒体中，它在已有的旅游大数据研究中占有重要的地位（向征等，2017）。由于互联网转载和复制的便利性，使得网络社交媒体大数据能够经过传播和再传播的过程，被不断扩散和放大，呈现出波及范围大、传播速度快、匿名性、非面对面接触等新的特点，这种被现代营销者称为“具有病毒特色”的传播模式，对旅游者和旅游地的品牌管理都产生了更加深刻的影响。然而，在社交媒体大数据的管理方面，山东还处于薄弱环节。具体表现在：一是针对网络上大量旅游者发布的正面口碑利用方面，缺乏相关的精准营销手段；二是在负面网络口碑的管控方面，预警系统缺乏从预警监测、预警发布到预警处理等一系列的完善机制。例如，2015 年国庆节期间发生的“青岛大虾”网络舆情事件就是其中的反面例证之一。

总之，大数据已经成为指导旅游行业发展的核心要素。大数据时代不仅改变了旅游者的生活方式和旅游消费方式，同时使旅游业的营销环境和营销模式发生了变革（胡叠泉等，2016）。当前，很多旅游地及相关企业注意到了旅游大数据的价值，但是对具体应该怎样去获取大数据、如何创新运用大数据对旅游地实施品牌管理方面缺乏深入的探索，这也导致大数据的应用价值没有被充分发挥出来（胡叠泉等，2016）。

因此，大数据时代，面对与旅游地相关的网络数据以高速度和大规模的方式持续增长的态势，如何从品牌战略管理的角度，从互联网海量旅游地网络数据信息中及时挖掘有用的信息进行分析，并采取有针对性的、恰当的应对机制对旅游地品牌进行管理，已经成为旅游地各级政府部门和相关企业十分关注的问题。

所以，本书基于大数据时代的到来和品牌战略管理的视角，将从品牌定位、品牌传播、品牌绩效评估、品牌舆情管理等方面，对“好客山东”旅游品牌进行科学全面评估，从对目的地实施品牌管理的角度对山东旅游品牌进行全过程的、全方位、持续的、科学的管理，塑造“好客山东”旅游品牌，提升山东旅游产业竞争力。

二、研究意义

（一）理论意义

1. 提供区域旅游品牌管理新的视角

基于品牌战略管理的视角研究区域旅游品牌的管理，提供区域旅游品牌管理新的视角。本书以品牌战略管理理论为支撑，以区域旅游品牌管理为视角，提出旅游品牌战略管理的理论框架和具体的实施构想。并把区域旅游品牌战略管理架构应用到“好客山东”品牌的建设实践中，以便达到塑造旅游目的地品牌的目标。

2. 丰富区域旅游品牌管理研究

区域经济和区域旅游快速发展带来了区域旅游品牌的诞生。目前关于区域旅游品牌的研究尚未形成完善的理论体系和具体可操作的实践方法。本书基于品牌战略管理理论，提出实施区域旅游品牌管理的系统理论框架和实践操作方法。为区域旅游品牌管理研究引入了新观点和新方法，丰富了区域旅游品牌管理研究。

（二）现实意义

1. 有利于“好客山东”旅游品牌设计目标的实现

旅游目的地品牌具有良好的识别功能、信息浓缩功能、利益承诺功能和招徕功能，是旅游者目的地决策、目的地质量感知、满意度、重游意愿及推荐意愿的先导，是吸引旅游者的关键因素。因此，旅游地品牌一旦被旅游者了解、熟悉和接受，就会在其脑海中形成品牌效应，这对目的地旅游品牌设计、推广、品牌建设和舆情管理等具有关键性的意义。

几年来，围绕“好客山东”品牌的塑造，山东省做了许多营销推广工作，如在中央电视台等电视媒体做广告，“好客山东”航空号命名，与央视网、中国金桥国际传媒公司等合作召开“好客山东”品牌传播论坛，在北京大学“齐鲁讲坛”活动中宣传“好客山东”品牌等。但是，对于设计出的旅游品牌形象在多大程度上被旅游者认知、旅游者对该旅游品牌的评价如何、品牌形象是否真正起到刺激旅游者决策和行为的作用，这都需要相关部门进一步深入调查和研究。因此，从品牌战略管理的视角，可以对山东旅游品牌设计实施效果从各方面进行全方位的客观评估、从各个层面评价山东旅游品牌形象效果的优劣，从而进一步了解旅游品牌形象设计方案在实际运作中存在的问题，从而全面掌握出现的问题是与旅游品牌形象设计方案有关，还是与品牌实施管理过程有关，从而进一步将这些问题及时反馈到相关部门，采取相应措施对症下药，保证旅游品牌形象设计目标的实现。

2. 有利于“好客山东”旅游品牌的管理

当前，旅游地品牌形象设计已经成为旅游目的地发展和规划的重要内容。国内不少区域也设计了反映本地特色的旅游地品牌形象，比如“老家河南”“七彩云南”等。但是许多地方都存在重设计轻管理的现象，在旅游地品牌形象策划结束后，规划专家完成任务后就很少关注旅游地品牌形象的实施效果；同时旅游管理部门对品牌形象也疏于管理，这很容易造成区域旅游品牌形象绩效的低下（谢朝武等，2002）。本书不仅从市场方面反映“好客山东”旅游品牌形象的绩效；还将从品牌传播、品牌舆情管理等各方面对管理部门的管理绩效进行评价和管控，促进旅游地品牌形象绩效达到最优化。这有利于提高管理部门对山东旅游品牌形象的有效管理。因此，从战略管理的视角研究“好客山东”旅游品牌，构建科学的旅游地品牌管理方法论，是促进山东旅游形象实现品牌化管理的重要举措。

3. 有利于提升山东旅游产业竞争力

由于旅游业的综合性以及山东省下属各个旅游地区（市、县等）资源的差异性和多样性，目前存在山东省与下属各个旅游地之间在营销推广中缺乏协同合作的现象。具体表现在，虽然山东省提出了统一的旅游品牌形象口号，但是下属各县市区在营销过程中仍然以各自的旅游资源为主，单兵作战，因此区域很难在旅游者心目中树立统一的品牌形象。“好客山东”品牌把以往对山东旅游资源定位即对“物”定位的旅游品牌，上升到对山东旅游文化的核心精髓即“山东人”的定位上。这标志着管理者对山东旅游产业本质特征和发展规律的认识又上升到了一个新水平。体现了山东旅游的核心竞争力。

对“好客山东”旅游品牌从战略管理的视角进行全面评估，有利于树立区域旅游品牌，是区域旅游资源整合的结果。同时，通过品牌的战略管理有利于发现山东省下属各级政府、旅游相关企业在旅游品牌统一宣传、旅游线路设计以及旅游产品开发等方面存在的问题，这有利于加强山东省下属市、县、乡、村之间的合作，增强区域凝聚力，发挥规模效应，形成竞争优势，从而提升山东旅游产业竞争力（马明，2011a）。

4. 有利于“好客山东”旅游品牌的可持续发展

对旅游目的地来说，构成旅游品牌竞争力的最核心的要素是人，是当地居民的好客度。“好客山东”品牌建设是否成功，其核心在于旅游者对该品牌的认同度和评价。本书除了对“好客山东”品牌的建设管理进行研究外，还将从旅游地全面质量管理的角度提出提升“好客山东”品牌的具体策略，提升“山东人形象”，借助旅游业将山东人的“好客山东”精神文化转变为生产力，建立山东旅游品牌形象与旅游者之间的稳定情感关系，影响旅游者的旅游决策和偏好，塑造“好客山东”旅游品牌形象，提高“好客山东”旅游品牌的价值。

从品牌战略管理的视角表明，“好客山东”作为山东旅游产业竞争力中的文化“软实力”部分（褚艳兵，2009），要求我们在建设和发展“硬实力”的同时，要特别注重通过旅游目的地的全面质量管理提升服务质量，用“好客山东”精神规范山东人的行为准则，提升山东旅游产业的“软实力”，确保“好客山东”品牌的可持续发展。

第二节　品牌与旅游地品牌战略管理

一、旅游地

旅游地也称为旅游目的地，在英文文献中均为“tourism destination”，基本上是可以通用的概念（崔凤军，2002）。例如，高等教育出版社出版的《旅游地理学》中对旅游地的定义是：“一定地理空间上的旅游资源同旅游专用设施、旅游基础设施以及相关的其他条件有机地结合起来，就成为旅游者停留和活动的目的地，即旅游地”（保继刚等，2009）。旅游地在不同情况下，有时又被称为旅游目的地，或旅游胜地（魏小安，2002）。

目前，关于旅游地概念仍然没有形成一致的意见。例如，霍洛韦（1997）认为，从地域范围上看，旅游地可以是一个具有具体的风景胜地，或者是一个城镇、一个国家内的某个地区、整个国家，甚至是地球上一片更大的地方，旅游地的共同特征是吸引力、舒适性（设施）和可进入性。该定义是从经济地理导向对旅游地进行解释。也有学者从旅游地管理的角度进行解释。例如布哈利斯等（2000）将旅游地定义为“一个特定的地理区域，被旅游者公认是一个完整的个体，有统一的旅游管理与规划的政策司法框架，也就是说由统一的目的地管理机构进行管理的区域”。该定义以对旅游地管理为介入点，强调了“旅游业管理与规划”的地域统一性与整体性。也有学者（Saraniemi et al.，2011）提出旅游地的文化概念，认为旅游地是存在于现实或虚拟空间的一系列的组织和行动者（包括旅游者、当地居民、旅游经营批发商、旅游代理商、公共组织、旅游地相关企业等），在那里与市场营销相关的交易和活动会发生。作者指出，旅游地边界很难确定，对于不同的组织和行动者，旅游地呈现不同的边界、内容和关系，是一个松散和开放的系统。

本书认为：旅游地是具有统一的和整体的形象的旅游吸引物体系的开放

系统。从作用上来看，旅游地是旅游活动中最重要和最有生命力的部分，也是旅游接待的载体，是建立旅游者所需要的旅游吸引物和服务设施的所在地（马明等，2014）。并且，本书认为旅游地、旅游目的地和旅游胜地是可以通用的概念。

二、品牌

（一）品牌的含义

品牌一词的英语为“brand（branding）”，最早的含义是“打上烙印”（张焱等，2003），目前是国际上通行的、最核心的统一用语（黄军，2006）。1955 年博雷等（Burleigh et al.，1955）最早发表了关于品牌的论文。不同的学者对品牌的含义提出了不同的看法，品牌有狭义和广义之分。

狭义上，品牌是指用以识别某个（或某群）销售者的产品或服务，并使之与竞争对手的同类产品或服务区别开来的商业名称及其标志（凯文，2014；吴健安等，2017）。

广义上，品牌不仅仅是指商业名称和标志，还包含了企业的产品质量、附加值、历史声誉、愿景以及消费者的感知印象，是企业所有要素的载体，是企业的象征（梁中国，2001）。

本书认为：品牌是品牌主体（包括组织和个人）一切无形和有形资源的浓缩。从视觉角度看，品牌可以用特定的“名称”和“符号”来识别；从市场角度看，品牌是在品牌主体与消费者之间进行交流互动的过程中产生的，品牌的专属权归属品牌主体，但是品牌存在于社会环境及消费者的脑海中，是消费者对其的感知、体验和总体评价。

（二）品牌的作用

1. 品牌对营销者的作用

品牌对营销者的作用体现在四个方面。（1）有利于促进产品销售。对于第一次购买的消费者来说，知名品牌树立的良好形象，有利于消费者通过品牌认知减少购买风险，促使其进行商品的初次购买，增加新顾客；对重复购买者来说，品牌有利于消费者通过品牌熟悉度认知进行商品的重复购买，维护忠诚顾客。(2)有利于保护品牌所有者的合法权益。品牌经过注册成了商标，即获得了商标专用权，商标属于品牌的法律形式，这表明品牌名称和品牌标志受到法律的保护。(3)有利于约束品牌所有者的不良行为。品牌本身对品牌的持有者也有一种监督和约束的作用，因为任何对品牌主体产生不良影响的行动或事件，最后都会对其维护的品牌产生负面影响，使品牌的美誉度下降，从而最终导致品牌价值的下降。(4)品牌有助于扩大产品组合。如果把品牌当作一棵果树，产品就是树上的果子。如果消费者发现这棵品牌树上的一个果子是甜的，就会推理认为这棵树上的其他果子都是甜的。所以，企业要倾力打造自己的品牌，品牌成功之后，再推出新的产品，只要贴上品牌的标签就可以了，消费者通过品牌识别来购买产品，提高购买效率。

2. 品牌对消费者的作用

品牌对消费者的作用体现在四个方面。(1)有利于消费者选购商品。品牌专指性强，能够刺激消费者的感觉和情绪，唤起消费者的记忆和联想，并能起到激发消费者的购买动机和欲望的作用。在长期市场竞争中获得较高的知名度和美誉度的品牌，能给消费者带来购买信心和信誉保证，便于消费者辨认和识别商品，从而做出购买决策。(2)有利于维护消费者的权益。品牌实质上是品牌所有者对消费者在利益方面的承诺。当消费者购买到不符合品牌属性的产品或服务，就有权力向品牌经营者或者工商部门进行投诉维权，从而有效保护了消费者的利益。(3)有利于促进产品改良。对品牌的管理是一个长期的过程，任何产品都有生命周期，当消费者对目前的产品不满意时，其体验和评价有助于品牌经营者进行产品的改良，不断开发新的产品以便不断维系忠诚顾客，提升品牌的竞争力。(4)品牌有利于促进产品创新。品牌的塑造是为了便于消费者识别品牌经营者的产品或服务。为了在与竞争对手的比较中保持竞争优势，品牌经营者需要不断进行产品创新以保持垄断优势。

3. 品牌对国家的作用

(1)对国家经济的作用。一个国家或地区的经济实力，与其品牌的多与少、强与弱密切相关（孙俪辉等，2015）。例如，美国品牌所创造的价值在GDP中的比重达到60%，而中国品牌产品对经济增长的贡献率仅为25%（孙俪辉等，2015）。由于品牌少而弱，虽然我国对外贸易规模不断壮大，但效益并不是很高。以旅游业为例，入境旅游业一直是中国赚取外汇和解决就业的重要途径，也是中国建设世界旅游强国建设的重要指标（孙根年，

2005）。因此，培育品牌无疑是中国实现经济强国目标的关键。（2）对国家政治的作用。品牌是国家形象的代表，以旅游业为例，发展入境旅游、建设国际旅游目的地品牌，其动机除了建设旅游强国的经济目标外，更重要的动机是通过入境旅游帮助全世界旅游者了解中国、客观认识中国，从而借助旅游业的发展来彰显中国的国家形象（鲁明勇等，2010）。

（三）品牌形象

1. 形象

“形象”最初是指能引起人们思想和感情活动的具体姿态（杨森林等，1999）。它包含四层含义：第一，形象是直观和具体的；第二，形象是客观事物的外观形式；第三，形象是人们思想感情活动的结果；第四，形象一旦形成，将会影响人们的感情，进而影响其行为选择（黄军，2006；施拉姆等，2010）。

2. 品牌形象

品牌形象是依据消费者有关品牌的推断形成的，是消费者对品牌的总体感知和综合评价（张钟琴，2011）。良好的品牌形象是企业在市场竞争中获得竞争优势的法宝，是企业获得新顾客和保持忠诚顾客的重要途径。

三、旅游地品牌

（一）旅游品牌

旅游品牌属于品牌范畴（王崧等，2001）。它体现着旅游目的地产品和服务的独特个性特征以及旅游者对目的地在情感上的高度认同（蔡善柱，2004）。狭义上，旅游品牌一般指旅游产品品牌；广义上，旅游品牌是指某一地理位置（或空间区域）的旅游品牌，也就是旅游地品牌（黄燕凤，2013）。

（二）旅游地品牌

随着旅游市场的快速竞争发展，单个旅游品牌已经不能独自面对日趋激烈的市场竞争。旅游利益相关者必须协同合作塑造统一的品牌（于锦荣等，2017）。在此背景下，旅游地品牌应运而生（冯冈平等，2017；陆林，2013）。它是指一个区域下的多个子区域或多个旅游区域组合在一起创立的旅游品牌（陈小洁，2006）。因此，旅游地品牌属于广义的旅游品牌（梁涛，2004）。

旅游地品牌概念的思想最早由凯勒提出（Keller，2001）。他认为具体的空间区域，和产品或者人一样，也可以成为品牌。旅游者也可以通过品牌识别系统，例如旅游地品牌的名称、标识和口号来区分不同的旅游地（黄燕凤，2013）。另外，旅游地品牌也和其他品牌一样，可以进行资产和绩效评估（崔凤军，2009；胡北忠，2005）。

旅游地品牌是指旅游目的地根据其发展战略定位，将目的地的核心概念高度概括，并在旅游目的地的形象推广过程中使用的品牌名称、标识和口号（母泽亮，2006）；其目的是建立目的地与旅游者之间的情感联系，是目的地与旅游者之间的一种契约和利益的长期承诺（马勇等，2008；张祥胜，2008）。

旅游品牌和旅游地品牌的关系见图 1－1。旅游品牌是一个多层次的复杂系统（邓辉等，2002）。旅游品牌可以分为旅游产品品牌，旅游企业品牌和旅游地品牌（于锦荣等，2017）。其中，旅游地品牌主要用于国家、省区市、城镇、乡村和景区景点，也可以进一步进行细分（钟洁，2012）。从一个大的旅游目的地来说，下属旅游区域和企业的旅游品牌可以看成是这个大的旅游

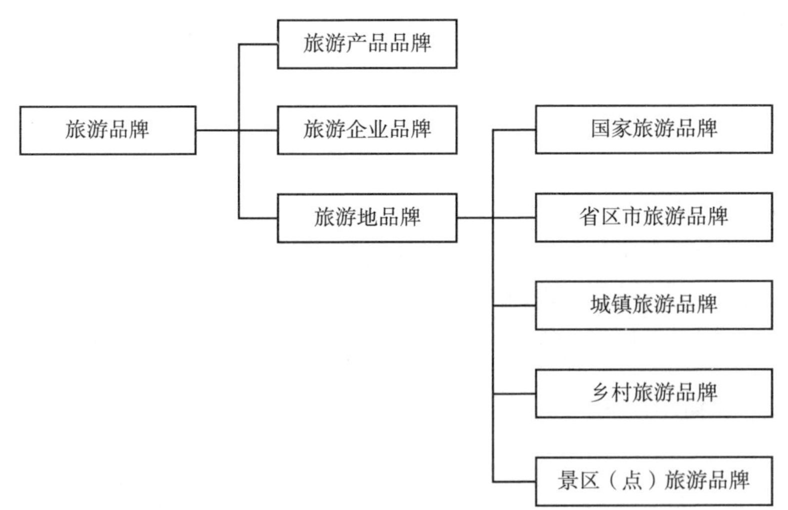

图 1－1　旅游品牌和旅游地品牌的关系

资料来源：钟洁（2012）。

地品牌下的子品牌。例如，“好客山东”旅游品牌从形式上看就属于省级区域旅游地品牌，泰安市属于其下属的市级旅游地品牌，泰山属于旅游景区品牌，泰安市、泰山景区都属于“好客山东”下属的子品牌。

（三）旅游地品牌与旅游地形象

旅游地品牌和旅游地形象既紧密联系又有一定的区别（梁明珠，2004）。

一方面，两者在多数情况下是相互重合的（李蕾蕾，1999）。旅游地品牌从某种角度来讲是指旅游地在旅游者心目中的形象，形象是品牌的心理载体，品牌构建的过程也即形象树立的过程，两者之间密不可分（李树民等，2002；钟洁，2012）。首先，树立旅游地品牌的首要问题是对旅游地进行定位，即研究旅游地应该在旅游者心目中树立什么样的旅游形象（陈传康等，1996；梁明珠，2006）。其次，需要设计具体的旅游形象标识和口号，包括文字、字母、数字等主要要素，还涉及图形、三维标志和颜色等其他要素，其目的是通过视觉要素帮助旅游者跨越语言和文化障碍，快速识别旅游地品牌。再次，旅游地需要通过有效的传播途径将旅游形象准确无误地传递给旅游者，在旅游者心目中确立独一无二、无法替代的旅游品牌形象，形成竞争优势，最终树立旅游地品牌。最后，旅游目的地品牌是树立旅游目的地形象的工具，构建旅游目的地品牌是为了向旅游者传递目的地的旅游形象。因此，旅游地在花费巨资进行旅游地形象定位后，需要对旅游形象在定位、设计、传播、管理等各个环节的绩效进行评估，以加强对旅游地形象的有效管理，树立旅游地品牌。

另一方面，两者之间存在差别。旅游形象是旅游地的识别标志，是旅游者对旅游地的认知和综合评价。旅游地品牌是旅游地根据其发展战略定位专门设计的，是旅游地核心资源和文化价值的高度概括（李树民等，2002）。旅游形象并不等同于旅游地品牌，两者的区别和联系见表 1 – 1。

表 1 – 1　　旅游地品牌和旅游地形象的区别和联系

	旅游地形象	旅游地品牌
区别	1. 旅游者自然形成的、被动的； 2. 抽象的、模糊的，可能会因人而异； 3. 形象有好坏之分，只有正面的形象才会产生品牌效应	1. 旅游地创造规划的、主动的； 2. 具体的、鲜明的、统一的，具有很好的识别性； 3. 只体现正面的形象

续表

	旅游地形象	旅游地品牌
联系	1. 旅游地品牌是旅游地形象的商业属性，树立形象是旅游地品牌运作的一部分； 2. 旅游地形象是旅游地品牌的心理载体，品牌构建的过程就是形象树立的过程； 3. 旅游地品牌的构建可使其形象更加鲜明和被旅游者认知。旅游地需要对旅游形象在定位、设计、传播、管理等各个环节的绩效进行评估，树立旅游地品牌	

四、品牌战略管理

面对趋激烈的市场竞争，学界和业界开始认识到品牌在市场竞争中的战略性地位，开始把品牌作为一种核心竞争力，上升到战略的高度去研究品牌管理（安彦明，2016；华巧巧，2013；梁中国，2002）。生奇志等（2014）进一步指出，品牌战略管理应该是国家、城市、组织、个人等品牌的所有者为了提高自身的市场竞争能力，围绕产品的品牌所制定的一系列系统的、长期的和总体的目标和使命。下面对品牌发展中比较有代表性的品牌战略管理理论进行概述。

（1）品牌形象理论。品牌形象理论由奥格威（Ogilvy）1962 年提出。作者认为做广告不仅要考虑某一个细小的营销目标，还应该对构成整个品牌的长期发展规划进行考虑（奥格威，2008；华巧巧，2013）。奥格威虽然没有明确使用品牌战略管理一词，但是其提出的品牌形象理论，蕴含对品牌形象进行长期战略规划的管理理念。此后，品牌形象管理一直是消费者行为研究领域的重要概念（Dobni et al.，1990）。对它的研究也成为营销和广告研究的一项核心内容（Hsieh et al.，2004；Park et al.，1986；王长征等，2007）。

（2）定位理论。定位理论由特劳特和里斯（Trout and Reis）于 1972 年提出，作者把品牌定位管理放到战略的地位（里斯等，1991）。作者认为，品牌定位战略实质就是利用差异化定位使品牌在消费者心中占据最有优势的位置，使其成为满足消费者某种需求的代表性品牌。定位并不是产品本身有很大的改变，而是名称和沟通等要素，在消费者心目中确立一个适当的位置。后来，基于市场环境的变化，作者又提出了品牌重新定位理论，即企业基于三个方面的考虑（竞争、变化和危机），重新审视原来的定位，对以往的定位进行调整。作者指出重新定位理论并不是对之前定位的否定，而是进一步的发展（荣振环，2011）。定位理论至今仍然是最具有魅力的营销理论。这种先在外部竞争中确立价值独特的定位，十分有利于品牌所有者将自己的产品与竞争对手进行区分，从而获得竞争优势。

（3）目标市场营销战略。科特勒在市场细分理论（史密斯于 1956 年提出）、定位理论的基础上，提出了目标市场营销战略，简称为“STP 营销”（吴健安等，2017），即企业的一系列营销活动需要通过市场细分、市场选择和市场定位三个重要的战略步骤来实现。通过目标市场营销战略，企业精准地选择目标市场，并为其制定和实施市场营销组合战略、策略提供了基础和保障。目标市场营销战略是现代企业营销战略的核心（科特勒等，2005）。

（4）品牌资产管理战略。品牌资产管理战略由阿克（Aaker）于 1991 年提出。作者指出，品牌是企业竞争优势的主要源泉和战略财富，是一种资产。阿克指出，品牌资产可以从品牌认知度、品牌忠诚度、品牌知名度、品牌联想度和其他资产等五个方面进行衡量（阿克，2018）。凯勒（Keller，2001）则认为品牌资产包括品牌知识、品牌联想、利益维度、属性和非属性维度。通过对品牌战略的实地调查和对多个案例的分析，作者阐明如何创建、维持和利用这种品牌资产，并指出这不仅需要战略上的规划，也需要战术上的策略。

（5）品牌战略管理理论。阿克（Aaker）提出品牌战略管理的思想，其所著的《管理品牌资产》（1991）、《创建强势品牌》（1995）和《品牌领导》（1998），被喻为“品牌三部曲”。另外，凯勒（Keller，2014）的著作《战略品牌管理》对品牌战略管理问题进行全面论述。该著作被称为品牌研究的圣经（安彦明，2016）。战略品牌管理涵盖品牌管理的全过程，涉及创建、评估和管理品牌资产的营销计划，以及后续营销活动的设计和执行（谌莉，2013）。品牌战略不仅仅是市场营销或者是营销管理中的某一个环节，品牌战略就是企业战略（余明阳等，2010）。其核心思想就是有效监控品牌与消费者的关系，通过品牌战略管理实现品牌的愿景（丁家永，2007）。

五、旅游地品牌战略管理

（一）旅游地品牌战略管理概念

旅游地品牌战略管理，即以品牌战略管理理论为支撑，针对如何实施区域旅游品牌管理这一命题，提出理论框架和实施构想（张钟琴，2011）。更进一步说，就是把旅游地品牌界定为一种资产，从战略管理的角度对旅游地品牌进行定位、传播、绩效评估和提升维系品牌资产的全部过程。

（二）旅游地品牌战略管理流程

根据战略品牌管理流程（凯勒，2014），旅游地品牌战略管理将从以下四个方面进行。

（1）识别和确立旅游地品牌定位和价值。实现战略品牌管理，最首要的任务就是品牌定位（Keller，2001；丁家永，2007）。旅游地品牌定位的目标就是要确定旅游地的形象，使其在旅游者头脑中占据位置，并进一步使旅游者认识到该旅游地的价值和与众不同的特点，使该旅游地与竞争对手区别开来。

（2）规划和执行旅游地品牌营销活动。良好的品牌可以通过各种营销活动快速地建立起来，管理者要将旅游地品牌整合到具体的营销活动中，通过各种途径传播旅游地形象，从而塑造旅游地良好的品牌形象。

（3）评估和诠释旅游地品牌绩效。旅游地通过定位策划确立旅游形象后，就必须将方案付诸行动来强化维持品牌形象，并对旅游地品牌形象实施的效果进行评估。可以通过营销调研去测量旅游地品牌绩效，了解营销方案效果。

（4）提升和维护旅游地品牌资产。品牌资产的管理是从更多的角度来了解品牌战略应该如何反映品牌实施的绩效，并且根据地理位置、时间或者细分市场来进行调整；同时还需要通过加强品牌的日常管理来维系和保护品牌资产，从而实现品牌价值的提升（科特勒等，2005）。

图1－2为旅游地品牌战略管理流程图。

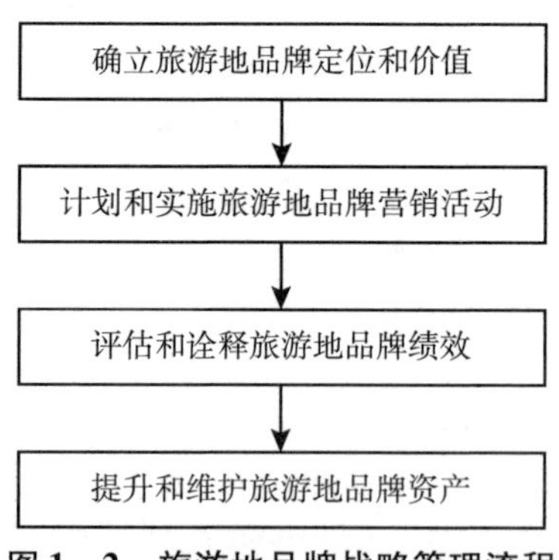

图1－2　旅游地品牌战略管理流程

第三节　研究内容与方法

一、研究框架

基于旅游地的内部和外部因素的综合分析，根据旅游地品牌战略管理流程，本书从品牌定位、品牌传播、品牌绩效评价和品牌提升与维护几个方面对“好客山东”旅游品牌进行研究。研究框架见图1－3。

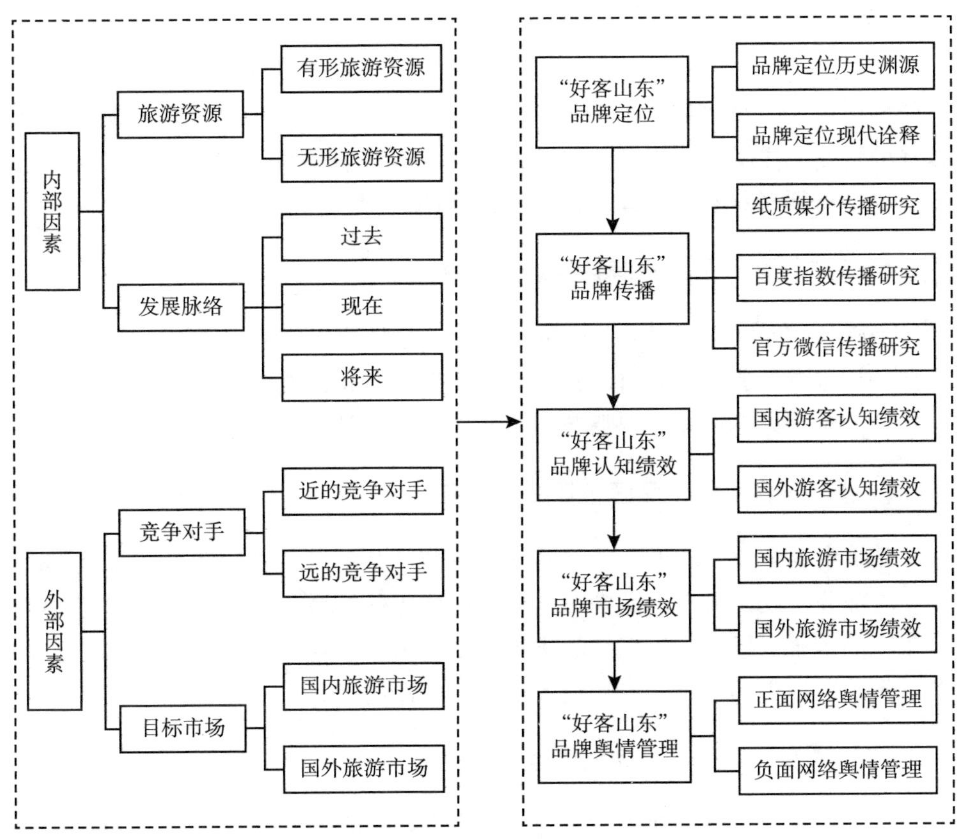

图1－3　研究框架

二、研究内容

根据研究框架，本书的研究内容涉及“好客山东”品牌定位、品牌传播、品牌认知绩效、品牌市场绩效和品牌维护与提升几个方面。

（一）“好客山东”品牌定位研究

实现战略品牌管理，最首要的任务就是在旅游者头脑中进行旅游品牌定位，确定山东省的旅游品牌形象。本部分从“好客山东”品牌定位的历史渊源和现代诠释两个方面对“好客山东”品牌定位进行诠释。

（二）“好客山东”品牌传播研究

在旅游品牌定位之后，实现品牌战略管理的第二步就是研究如何采用有效的传播活动，对“好客山东”品牌进行传播。本部分从“好客山东”品牌传播的百度关注度、纸质媒介传播、官方微信传播等几个方面，对“好客山东”品牌传播现状和存在问题进行分析和评价。

（三）“好客山东”品牌认知绩效研究

品牌认知度，体现了品牌的内在价值，是品牌传播绩效的主要指标之一。本部分从旅游者感知的视角，建立“旅游地品牌认知绩效评估指标体系”和方法论，对“好客山东”品牌推广以来旅游者的认知绩效进行评估。

（四）“好客山东”品牌市场绩效研究

品牌市场绩效，体现了品牌的交易价值，是品牌传播绩效的主要指标之一。本部分建立“旅游地品牌市场绩效评估指标体系”和方法论，对“好客山东”品牌推广以来的市场绩效进行评估。另外，还利用该模型对“好客山东”下属各地市的子品牌市场绩效进行全面评估。

（五）“好客山东”品牌舆情管理研究

品牌战略管理要以长期的视角来对品牌进行维护和提升。本部分从品牌的正面舆情管理和负面舆情管理两个方面探讨了“好客山东”品牌的维护与提升。

三、研究方法

旅游学科作为综合性的交叉边缘学科，其研究方法应该是多元化的。本书基于旅游地品牌传播模式的复杂性，以及大数据背景下旅游地品牌营销绩效数据的网络可获得性，根据不同的研究问题采取了不同的研究方法，力求对“好客山东”旅游品牌战略管理进行全面深入的研究。

（一）数据挖掘方法方面

获得研究需要的相关数据是进行“好客山东”品牌战略管理的依据。在采用传统的数据获得方法方面，主要通过问卷调查、座谈、访谈等方式获得第一手数据资料。另外，大数据的运用使得研究者通过网络途径获得大量数据成为可能，在采用网络获得大量的数据方面，主要途径是：（1）通过专门的网络问卷调查网站对被访者进行调查获得相关数据；（2）通过旅游地官方网站获得相关数据；（3）通过旅游社交网站获得相关数据；（4）通过八爪鱼采集器抓取相关数据；（5）通过百度指数应用平台获得相关数据。

（二）数据分析方法方面

第一，在定性研究方法方面，对不能量化的现象进行系统化理性分析。同时根据研究需要对大量的文字材料进行定量的分析和描述，例如采用内容挖掘软件（如 ROST CM）对资料进行内容分析。第二，在定量研究方法方面，主要包括描述性统计分析、IPA 分析等，例如利用 SPSS 统计软件和 Excel 统计软件进行定量分析和描述。

（三）传统分析方法与大数据分析方法相结合

采用传统分析方法与大数据分析方法相结合对“好客山东”品牌战略管理进行研究。

在传统方法方面，采用了定性和定量相结合的方法。例如，对“好客山东”品牌定位的研究采用了定性研究方法；在对“好客山东”品牌的认知绩效研究中，采用了定量研究方法，即设计问卷进行调查获得第一手数据资料，再针对数据资料进行进一步的统计分析；在对“好客山东”品牌的市场绩效研究中，利用官方网站发布的第二手数据，采用了定量研究方法进行分析。而对“好客山东”品牌的传播绩效的研究中，同时使用了定性和定量研究方法。

网络时代大数据的利用也是本书研究方法的主要方面。例如，本书在对“好客山东”品牌的传播绩效研究和“好客山东”品牌的舆情管理研究中，通过网络的各种渠道，包括百度搜索引擎、旅游地官方网站、门户网站、社交媒体等各种途径获取海量数据，并利用相关软件对数据进行整理和分析，以求获得科学的结论。

| 第二章 |

旅游地品牌定位概述

第一节 旅游地品牌定位的含义和作用

一、旅游地品牌定位的概念

定位也称作产品定位或竞争性定位，是营销管理者为了在目标市场（指该市场上的潜在顾客和现实顾客）的心目中塑造本企业产品与众不同的形象或个性的营销技术（吴健安，2017）。旅游地品牌定位是旅游地根据竞争者现有产品在市场上所处的位置，结合旅游地核心资源属性和旅游者对该产品某种属性的重视和喜好程度，塑造出本旅游地与众不同的个性或形象。换句话说，旅游地品牌定位就是在旅游者心目中树立独特的旅游地形象。

在旅游者心目中树立一种独特的、无法替代的品牌地位绝非一朝一夕之功，需要有持续的品牌管理过程来实现这个目标。目的地定位是这个过程的基础和灵魂，品牌能否成功首先取决于其定位战略（卡菲勒，2000）。

对旅游地来说，通过旅游品牌定位，塑造旅游地品牌形象，是目的地品牌管理的核心工作。特别是20世纪80年代以来，旅游地规划在资源导向和市场导向的思潮之后，开始出现以“旅游形象”为导向的新规划思想，“形象战略”成为目的地提升旅游产业竞争力的重要战略，几乎被旅游地奉为在客源市场竞争中的制胜法宝，受到当地政府的高度重视（马明等，2011a）。

二、旅游地品牌定位和旅游地品牌设计的关系

旅游地品牌定位的作用在于寻找和选定能体现差异化的品牌核心个性的目的地特有品质，从而为有效影响潜在旅游者的决策倾向提供沟通内容，指引沟通方向（李天元等，2010）。

旅游地品牌定位的核心工作包括以下几个方面：第一，确定目标市场的需要。管理者需要通过大量的市场调研以了解目标市场（包括潜在旅游者和现实旅游者）的需求。第二，提炼旅游者追求的利益价值。根据旅游者需求，提炼旅游者追求的某种利益或者利益价值的组合（功能利益、情感利益、自我表现利益等）。第三，寻找能反映独特性利益的目的地特质。旅游地的资源多种多样，管理者需要通过对旅游地的所有资源进行全面调查和分析，以便寻找到能反映旅游者独特性利益的目的地特质。第四，选定核心的特质。将旅游者的利益与目的地的特质相结合，精准选定旅游地的核心特质，从而为旅游者到该地旅游提供一个强有力的理由。

旅游地品牌设计，是指根据旅游地定位，通过构建有效的形象识别系统将旅游地品牌传递给旅游者。它是目的地定位的表现和反映，是目的地定位思想的高度浓缩。换句话说，旅游地品牌设计就是通过名称、标志和口号等基本表现元素，以及形状、声音、色彩、动画等其他表现元素去有效地反映和强化定位的内容，使得这些定位内容的核心个性和价值在品牌传播过程中能够被旅游者迅速、充分地了解和记忆，成为最终促使旅游者来访的有力说服词。

旅游地品牌定位与旅游地品牌设计的关系总结见图2－1。

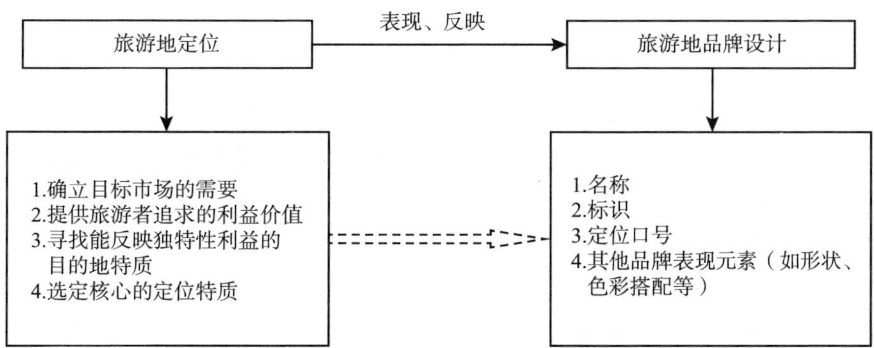

图 2－1　旅游地品牌定位与旅游地品牌设计

三、旅游地品牌定位的作用

（一）旅游地品牌定位是联系品牌形象与目标市场的纽带

旅游地品牌定位的目的在于培养与塑造符合目标市场（包括潜在旅游者和现实旅游者）需求的品牌形象，从而在旅游者的心中占据一个有利的位置，并与之建立稳定、长期的关系。也就是说，旅游地品牌定位是通过对旅游地品牌整体形象的设计，使之更贴近目标市场的需求，反映目标市场的利益，是对目标市场的心智和情感进行的营销管理。因此，旅游地品牌定位是寻找旅游地品牌形象与目标市场实现完美结合的过程，是联系旅游地品牌形象与目标市场的纽带。

（二）旅游地品牌定位是塑造品牌个性的重要途径

当前，很多旅游地在旅游产品和线路设计上同质化现象日益严重，无法满足旅游者在情感表达上的个性化需求。同质化竞争逼迫很多旅游地必须通过树立强有力的品牌来与竞争对手进行区别。因此品牌的情感诉求成为品牌竞争的焦点之一。品牌个性则是品牌情感诉求的集中表现，而品牌定位是体现品牌个性的有效途径。品牌定位不同，所体现的品牌个性就不同。只有品牌定位清晰，才能塑造品牌的鲜明个性；反之，如果旅游地品牌定位不明确，或者与竞争对手雷同，其反映的旅游地品牌个性就模糊，没有特色。因此，旅游地品牌定位是确立旅游地品牌个性的重要途径。

（三）旅游地品牌定位是旅游地占领市场的重要保证

在当今社会里，旅游者每天接受的是超饱和的信息。各种信息媒体向旅游者发出的信息大大超过了个人的记忆范围。因而，旅游者总是有意识或无意识地对接触到的产品信息进行筛选和区别定位。旅游地品牌形象存在于旅游者的意识中，无论是现实旅游者还是潜在旅游者，都会根据他们对各个旅游地品牌形象的认知，将其进行排序，从而形成一个旅游地的品牌阶梯。在这个品牌阶梯中，位置越高的旅游地品牌或占据某种特定位置的旅游地品牌，就容易受到旅游者的青睐与注意，使之产生兴趣，并促成其做出到该目的地出游的旅游行为。另外，定位主题口号还是一种平台，有了对它的深刻理解，目的地管理组织在其持续的品牌管理过程中就能够适时地推出系列产品品牌，通过品牌的延展衍生出针对不同细分市场的各种旅游产品。因此，旅游地品牌定位是旅游地占领市场的重要保证。

第二节 旅游地品牌定位的影响因素

旅游地通过富有诱导性和策略性语言让旅游者选择其品牌而不是竞争对手的品牌。因此旅游地品牌定位既是旅游市场营销活动的起点，也是旅游市场营销活动的终点，它为旅游地的品牌发展规划蓝图并指明了方向（唐玉生，2013）。旅游地的资源很多，但是旅游资源在大多数时候并不能被旅游者认知，因此也就不能对旅游者产生吸引力并促使其到目的地进行消费。旅游地品牌定位的目的就是使旅游地的旅游资源通过品牌定位，塑造旅游地品牌形象，从而激发旅游者产生旅游动机。同时，旅游地品牌定位还需要考虑目标市场的需求和竞争对手的定位，从而达到旅游地品牌定位的独特性和吸引旅游者的有效性。

一个成功的旅游地品牌定位要综合考虑内部和外部因素。一是从内部因素来看，旅游地的定位既要考虑旅游地本身拥有的旅游资源，又要考虑旅游地的发展脉络；二是从外部环境看，旅游地的定位既要考察目标市场的需求，同时也要考虑竞争对手的旅游品牌定位。旅游地品牌定位的影响因素见图 2 - 2。

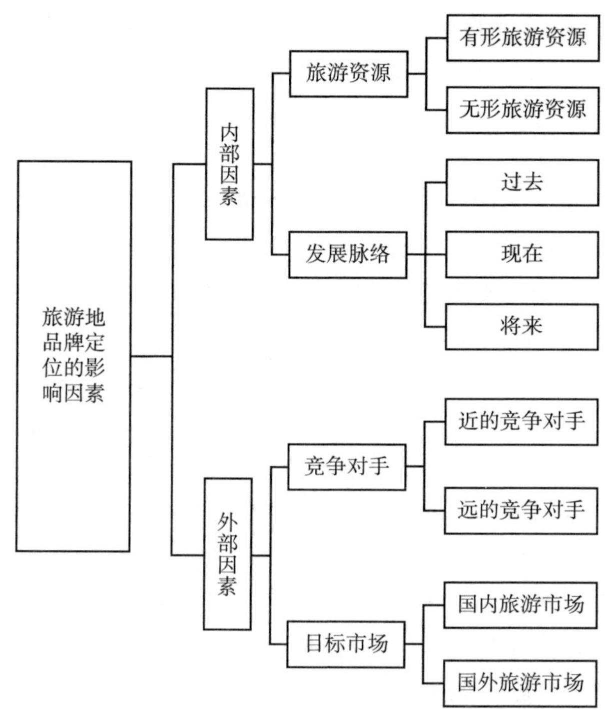

图 2－2　旅游地品牌定位影响因素

一、内部因素

（一）旅游资源

品牌定位设计时必须考虑的重要因素之一就是旅游地本身拥有的资源。根据旅游资源是有形还是无形进行分类，旅游资源分为两类：第一，有形的旅游资源，包括有形的自然旅游资源和有形的人文旅游资源，例如旅游地的自然风光、气候条件等属于有形的自然旅游资源，历史文物古迹和当代的人造资源等属于有形的人文旅游资源。第二，无形的旅游资源，属于人文旅游资源的一种，是指必须依附于群体、个人的各种实践、角色扮演、知识和技能等才能存在的旅游资源，例如，民族文化及其表现场景、重大的体育和文化事件、人类口头文化与非物质文化遗产等属于这一类。另外，当地居民对旅游者的好客程度也属于当代无形的旅游资源（李天元，2017）。因此，旅游地品牌定位要对自身的资源及其优势有充分的了解，进行资源优化组合，发挥旅游资源在旅游地定位中的最大效益，避免资源的闲置。

（二）发展脉络

首先，旅游地因其特有的地域性而形成的传统历史和文化积淀，是旅游地品牌形象定位需要考虑的核心因素（黄军，2006；李雷雷，2012）。地域文化的形成往往和当地的历史传统与文化传统紧密相关，不同地域由于自然环境和社会环境的制约和影响，经过时代的变迁，会形成不同的地域文化（张东升等，1998）。这种地域性对于外来旅游者有着独特的吸引力。因为旅游者到旅游地所追寻的就是与其日常生活和惯常环境不一样的自然景观和人文景观。因此旅游地品牌定位要考虑目的地独特的发展历史和地域文化，提炼出目的地的核心特质，只有这样，旅游地定位才能满足细分市场的需求。其次，旅游地的发展现状也是定位需要考虑的重要因素。因为品牌定位的最终目标是在旅游者心目中确立旅游地的独特形象，所以如何把当前旅游地的发展现状和旅游者的需求结合起来，针对性地设计符合当前时代发展需要的形象十分重要。最后，旅游地定位需要有创新精神，根据旅游业发展的未来趋势，需要同时展现旅游地面向未来的发展形象，做到旅游地品牌定位核心个性的可持久性、可更新性和可拓展性。

二、外部因素

（一）目标市场

旅游地品牌定位设计成败的关键是能否迎合旅游者的心理需求。因为品牌定位是预设品牌在目标市场心理空间的位置，所以只有清楚地了解目标市场的心理，才能建立他们的心理空间。因此，旅游地需要通过大量的市场调研，了解旅游者的认知、情感、态度以及动机，并选择与其相对应的定位维度（吴必虎等，2001）。这是旅游地品牌定位的关键技术。心理学家米勒通过研究指出，真正能够进入消费者大脑的信息是少量的，从数量上看，不同概念的信息单元等于或小于 7 个才能被消费者进行有效处理（唐玉生，2013）。因此，在进行旅游地品牌定位设计时，应做到信息简洁明了，这样才能有效刺激旅游者的记忆点，做到信息快速被旅游者认知和记住。

（二）竞争对手

对竞争者进行分析是进行旅游地品牌定位时需要考虑的另一个重要的外部因素。旅游地必须进行定位的另一个主要原因是竞争对手的存在。没有竞争对手，定位就失去了价值和意义。在激烈的市场竞争环境中，竞争对手抢占市场份额，不仅使得旅游地本身的市场份额下降，而且使得旅游地可以开发的新的市场份额也越来越少。因此，在进行品牌定位时，旅游地必须先分析竞争者的品牌定位，并在此基础上，实施差异化战略，做到旅游地定位与竞争对手品牌定位之间形成明显的区分和隔离，从而真正使旅游地的定位在旅游者心目中占据与众不同的有价值的位置。

第三节　旅游地品牌定位的策略

旅游地品牌定位策略主要包括两大类：一是基于旅游地资源的定位；二是基于旅游者需求的定位（见表2－1）。

表2－1　　旅游地品牌定位策略

定位类型	定位类型	旅游地	旅游形象定位口号
基于旅游地资源视角	自然资源诉求	四川省	天下四川，熊猫故乡
		浙江省	诗画浙江
		峨眉山市	云上金顶，天下峨眉
		三亚市	三亚——中国度假天堂
		无锡市	太湖明珠，中国无锡
		桂林市	桂林山水甲天下
		哈尔滨市	哈尔滨：冰城
		镇江市	天下第一江山
	文化资源诉求	南京市	南京：博爱之都
		承德市	游承德，皇帝的选择
		河南省	心灵故乡，老家河南
		澳门特别行政区	中西交汇，文化传承

续表

定位类型	定位类型	旅游地	旅游形象定位口号
基于旅游者需求视角	情感诉求	深圳市	精彩深圳，欢乐之都
		珠海市	浪漫之城，中国珠海
		大连市	浪漫之都，中国大连
	综合诉求	苏州市	苏州：人间天堂
		成都市	一个你来了就不想离开的城市
		上海市	上海，精彩每一天
		重庆市	重庆非去不可
		新疆维吾尔自治区	新疆是个好地方

资料来源：谢朝武等（2010）。

一、基于旅游地资源视角的定位

基于旅游地资源视角的定位是指旅游地的定位主要依托于当地独具特色的自然和人文旅游资源，通过资源诉求的主题表达满足旅游者的需求，从而达到吸引旅游者的目的。

（一）基于自然资源诉求的定位

基于自然资源诉求的定位即以自然资源例如山水、气候、动植物资源等的描述、概括和突出作为定位基础。例如：哈尔滨市的“冰城”突出冰雪资源；桂林的“桂林山水甲天下”和镇江的“天下第一江山”突出山水资源；三亚的“中国度假天堂”突出度假资源（谢朝武等，2010）；四川的“天下四川，熊猫故乡”则以全世界都知名和喜爱的国宝——熊猫作为旅游形象口号的内容，大熊猫活泼可爱的形象暗示了四川优美的生态环境，也让四川旅游形象定位更生动、吸引人。

（二）基于旅游地文化资源的定位

旅游业的延续和拓展都需要旅游文化作为指导。基于旅游地文化资源的定位就是在结合旅游地历史和人文资源的情况下展开联想来进行定位表达。

例如，河南的“心灵故乡，老家河南”旅游品牌明确彰显了中国人的“根亲”文化定位。因为追根问祖是每一个中华儿女的终极诉求，先祖所在地当然是人类心灵最值得顶礼膜拜的地方。河南是华夏文明开始的地方，也是海内外华人寻根谒祖的圣地。因此，河南基于“根亲”文化的定位，超越了政治和宗教界限，能够激起旅游者的共鸣。

二、基于旅游者需求视角的定位

基于旅游者需求视角的定位是指旅游地的定位在自然和文化资源的基础上，“拔高”出更多抽象化、情感化的诉求主题，以便更贴近旅游者的需求方式，从而达到吸引旅游者的目的。

（一）情感诉求

情感诉求即以爱情、亲情、友谊、关怀、快乐等情感类需求作为定位主题，来表达旅游地的精神特征。比如以浪漫的爱情元素来吸引旅游者的大连（旅游形象口号是“浪漫之都，中国大连”）和珠海（旅游形象口号是“浪漫之城，中国珠海”）。再比如使用“精彩、欢乐”作为情感宣泄主题的深圳（旅游形象口号为“精彩深圳，欢乐之都”）。

（二）综合诉求

综合诉求即通过综合式、抽象化的主题词汇表达较为广泛的主题定位方向，以满足旅游者的综合情感需求。例如上海的“精彩每一天”、成都的“一个来了就不想走的城市”、重庆的“非去不可”等口号就表达了旅游者较为综合的主题倾向。这些旅游地利用了更包容、更丰富的综合主题内容来吸引更广泛的旅游客源市场。

| 第三章 |

“好客山东”品牌定位研究

第一节 “好客山东”品牌定位的历史渊源

一、齐鲁文化

齐鲁文化在中国传统文化占有很重要的地位。“齐鲁”有两个方面的含义：一是从空间区域来看，古代早期（大约从西周时期到东周时期）在现在的山东地盘上存在两个最大的诸侯国即齐国和鲁国，“齐鲁”由此成为“山东”的代名词。二是从时间维度来看，齐国大约从公元前1046到公元前221年，鲁国大约从公元前1046到公元前256年。这两个国家历时大约在800年左右，并在长期的社会发展中产生了大量灿烂的文化和文明成果，“齐鲁文化”由此成为“山东文化”的代名词（王修智，2008）。

有学者认为，齐鲁文化是指以先秦齐、鲁两国文化为内核和主干，以两国文化的渊源发生和延续展现为主要描述对象的文化（杨向奎，1994；曹丙燕等，2011）。春秋战国时期，鲁国和齐国先后成为中国文化的中心，许多先哲自成体系，创立各自的学术派别，形成百家争鸣的繁荣局面，创造了中国文化的第一个高峰，因而成为现代中国文化的根基和重要组成部分（曹丙燕等，2011）。代表性的有以下四个：一是儒家学说（代表人物孔子、孟子）；二是墨家学说（代表人物墨子）；三是兵家学说（代表人物孙子）；四是阴阳家学说（代表人物邹衍）；五是纵横家学说（代表人物淳于髡等）。西汉以后，儒家学说得到统治者的进一步推崇和发扬光大，成为治理国家的政治学说，以儒家思想为代表的齐鲁文化逐步上升为中国社会的主流文化（班若川，2009）。

因此，齐鲁文化作为中国文化的主流，在中华民族文化的形成发展进程中发挥着基石和主导作用（王志明等，2005）。植根于山东文化的山东人则是“最有做中国标准人的资格”（钱穆，2012）。

二、“好客”精神与齐鲁文化

山东是中华文明的发祥地之一，也是齐鲁文化的发源地，因此山东人受齐鲁文化的熏陶最深（宋振春，2005）。在齐鲁文化的影响下，山东人继承“周孔遗风”，坚持“孔颜人格”（王修智，2008）。这造就了山东人大多彬彬有礼、勤俭节约、喜好读书、知识渊博、贤良忠厚和扶贫济困的人格形象。齐鲁文化加上山东特殊的地理环境条件，造就了山东人特殊的气质（宋芹，2017）。在山东人的内心世界和为人处事的价值体系中，一直受到两类人物的影响和熏陶：一个以孔子孟子为代表，崇尚好客礼仪；另一个以《水浒传》的梁山泊英雄人物为代表，崇尚侠义助人（宋佳，2010）。因此，齐鲁文化体现在山东人的为人处世上，即好客和乐于助人（马明，2011b）。

换句话说，山东人具有很高的辨识性，无论走到哪里，都很容易通过其言谈举止和待人接物被辨认出来（王修智，2008）。山东是“礼仪之邦”。孔子思想以“仁”为核心，以“礼”为准则，尊崇“礼尚往来”。这造就了山东人在思想上注重宽厚待人，行为上注重礼貌礼节和乐于助人，体现了最朴素的待客之道。孟子的“老吾老以及人之老，幼吾幼以及人之幼”的思想，体现了山东人推己及人的博大情怀，奠定了山东好客文化的品德基础（于冲，2008）。而水浒英雄遵循的“有福同享，有难同当”和“路见不平，拔刀相助”的为人之道又为山东人的好客增添了几分侠义和豪迈。“公、信、仁、和”是山东精神的具体体现（杨朝明，2012），好客文化在山东根深蒂固。

因此，从齐鲁文化的发展来看，虽然由于齐、鲁两国的自然地理和人文环境以及治国思想存在差异，但是他们崇仁尚义的内在品质和包容天下的地域胸怀却得以融合，经过几千年来历代山东人的继承和发展，形成了具有鲜明地域文化特色的“山东性格”，即“重礼仪，讲义气，尚豪侠，贵朴质”（于冲，2008）。因此“好客文化”是齐鲁文化的本质特征，经过几千年的历史发展，已经演变为山东人的鲜明个性特征，是“山东性格”和“山东精神”的具体体现（曹丙燕等，2011；田青，2009）。

第二节　“好客山东”品牌定位的现代诠释

一、“好客山东”品牌的内在价值

（一）“好客山东”是山东精神的现代诠释

“好客”一词在现代汉语词典（第7版）中的解释是“乐于接待客人，对客人热情”。在现代社交场合一般指热诚接待和款待客人或陌生人（吴元芳，2009）。因此，“好客”是一种待人接物的态度和行为规范，它是在遵循礼仪、尊重对方的基础上，在与他人交往过程中表现出来的主动、热情、和善、友好的性格特征。从好客指向的客体来看，好客的对象不仅是亲朋好友，还包括来访的陌生人，特别是顾客（马明等，2016）。现代社会山东人继承了古人好客的优良品德，即注重诚信、质朴好客和乐于助人。概括地说，现代山东人在与外人交往中的一个最鲜明的特征就是“热情好客”（宋佳，2010）。表现之一是，不论是重大的宴席、聚会、节假日还是日常的一般接待，不论自己家中条件是贫穷、一般还是富裕，山东人对待客人在款待方式、客人的座次顺序、菜品数量和质量搭配、行酒礼仪等各个方面都有一整套严格的程序和规范，以便使客人真正体会到“客人胜似亲人”和“宾至如归”

的感觉。表现之二是，即使出门在外，山东人对待陌生人也是非常讲究礼仪、热情、诚信、豪情仗义和乐于助人。因此，在现代社会，“好客山东”是山东从古到今一直传承的“好客文化”的高度凝练，是新时代充满仁爱的山东精神的具体表现（王忠武，2003；蓝海等，2008），它已经演变为山东人品行合一的山东民俗（吴元芳，2009）。

（二）“好客山东”是山东旅游服务质量的价值体现

随着社会经济的发展、交通方式的不断进步，以及社会结构的变迁，人们进行外出旅游以及休闲社交的活动越来越多，如何利用硬件的设施和软件的服务来款待外来旅游者，并让旅游者满意，成为旅游业发展中亟待解决的问题。由此，商业化好客成为业界和学界讨论的重要课题。有学者（King，1995）对商业化好客的定义是：商业化好客是一种在商业环境下的特殊的主客关系。在组织（企业）支持下，主人（员工）非常了解客人的需求，并通过各种社会性的仪式尽最大可能创造性地满足客人的需求，以便提高客人的愉悦感和幸福感，其目标是提高顾客的满意度和发展忠诚顾客（李正欢，2009）。

从山东作为旅游目的地来说，从旅游者的角度出发，“好客山东”品牌是指山东居民在与来访旅游者接触时所表现出来的热情、友好的心理状态和言行举止，以及在此基础上形成的社会氛围（马明等，2016）。整个旅游目的地社会所展现的友善氛围和好客精神，与旅游企业的商业性好客服务，一起构成了目的地好客研究的重要内容（李天元等，2006）。也就是说，对旅游者而言，好客也能成为吸引旅游者来访的重要因素，是旅游目的地竞争力的重要体现。

“好客山东”品牌的价值本质就是，把山东看作是一个旅游目的地，使旅游者在山东旅游时，感知到其提供的服务质量和价格是真正有机结合的整体。价值不仅体现了旅游者到目的地体验到的产品和服务的使用价值，同时还体验到旅游地所具有的独特的“好客”文化价值。物有所值，物超所值是“好客山东”品牌价值的追求目标，是山东旅游服务质量的价值体现。

二、“好客山东”品牌的外在表现

为了借助山东旅游业的发展促进山东经济和文化的全面繁荣，从旅游目的地营销的角度来推广山东，山东最终把旅游品牌定位提炼为“好客山东”，并设计旅游品牌形象标识和旅游口号，对外进行统一宣传（张萍，2012；周琦，2015）。“好客山东”LOGO视觉形象见图3－1。

图3－1 “好客山东”品牌LOGO

注：LOGO实际为彩色。

“好客山东”LOGO视觉形象具有以下两个特点。

第一，“好客山东”LOGO视觉形象的设计体现了旅游地定位简洁、精准和突出特色的特点。旅游口号是旅游目的地定位的广告语，只有同时具备精准、独特和简洁这三个特征，才能真正起到有效的推广作用。首先，相对于以往基于山东具体有形的旅游资源的定位，“好客山东”口号突破常规思维，重点强调了对山东无形旅游资源即山东人的“好客”精神的定位，精准提炼了山东旅游体验的本质；而“文化圣地，度假天堂”又进一步高度概括了山东作为省域旅游目的地其下属地域旅游资源的共有特征（李玉国，2013）。其次，在当时2007年提出“好客”定位的创意时，虽然国外有旅游地采用了类似的营销策略，但是在中国还没有旅游地使用“好客”作为旅游地的品牌定位，“好客山东”提炼了“山东、山东人”的“好客之道”，个性鲜明，避免了与其他旅游地品牌定位口号的雷同，做到了与众不同，因而与竞争对手形成了明显的差异化，形成了核心竞争力。最后，“好客山东”传达的信息简洁明了、精准简约，无论是中文还是外文表达都通俗易懂，朗朗上口，易读易记，非常容易被旅游者辨识和记忆，具有很强的传播力和市场影响力（于日美等，2009a）。

第二，“好客山东”LOGO视觉形象的设计实现了旅游品牌形象外在的视觉美感与内在精神诠释的高度融合，做到了形神兼备（于日美等，2009b）。一是在字体设计上，“好客山东”通过使用了篆书、行书等多种字体，以便通过字体的变化传递旅游形象内在的多重含义；二是在颜色处理上，“好客山东”采用了五彩形象标识，色彩绚丽，造型动感；三是注重了颜色和字体的高度融合，做到传统元素与现代元素的结合，中国特色与国际视野的结合，从而传递旅游地品牌形象的内在神韵（杜金京，2009）。例如，中文“好客”使用了红色的篆体朱文印章，传递山东自古以来一贯秉承的好客文化优良传统；与中文“好客”对应的英文“Friendly”也使用了同样的红色字体与中文的“好客”遥相呼应，暗含现代商业社会山东“好客”精神的一脉相承和国际传播。再如中文的“山东”采用了黑颜色的行书，显得古朴庄重，而与中文“山东”对应的英文“Shandong”则采用了富有动感的现代英文字体，同时采用了红、黄、蓝、绿、青等八种不同颜色的形象标识，品牌视觉形象五彩缤纷，动感十足，活力四射，激情昂扬，完美诠释了山东传统的“好客”文化和现代社会的“好客”精神，做到了形神兼备（于日美等，2009b）。

| 第四章 |

旅游地品牌传播概述

第一节　旅游地品牌传播的概念和过程

一、旅游地品牌传播的概念

旅游地品牌传播，是指旅游地以品牌的核心价值为原则，以品牌定位为指导，综合采用非人际和人际的传播方式，将特定的品牌信息传递给目标市场（潜在旅游者和现实旅游者），并在其心中逐步建立起一个独特的旅游品牌形象的过程。

品牌传播是品牌战略管理的重要环节。在旅游地品牌创建过程中，旅游者对品牌的认知有一个从不熟悉品牌，到熟悉品牌，再到认同品牌的循序渐进的过程。因此，品牌传播是旅游地与旅游者连接的纽带。通过品牌传播，可以有效建立旅游地品牌的知名度和美誉度，并激发旅游者的动机，促使其做出旅游决策并在旅游地进行消费。

因而，广泛而有效的品牌传播是旅游地品牌形象建立的基础，也是旅游地品牌持续发展的关键。

二、旅游地品牌传播的过程

和传统品牌传播的过程一样，旅游地品牌的传播也是在品牌传播者与品牌接收者之间进行的。旅游地品牌传播的过程主要有以下三个重要环节（孙丽辉等，2015）。

（一）旅游地品牌信息的传达

旅游地品牌信息传达主体是品牌传播者。旅游地品牌传播者需要根据品牌定位和传播的目的，从大量信息中挑选出与旅游地品牌定位价值相关的核心内容进行传播。由于不同传播媒介的特点和使用条件不同，在确定了旅游地品牌传播的内容之后，旅游地品牌传播者还要按照不同的传播媒介的特点，将品牌传播信息转换成可供该媒介传输的符号。换言之，品牌传播者要把旅游地品牌传播的内容通过编码转变为容易被品牌接收者识别和理解的符号。这种符号也就是双方能共同理解的“代码”。品牌传播者将承载着品牌信息的代码符号通过传播媒介传达给品牌接收者。

（二）旅游地品牌信息的接收

品牌接收者接收信息后，按“代码”解释成有意义的品牌信息符号。但在此过程中，品牌接收者需要积极参与品牌的传播活动，这样传播出的内容才能引起品牌接收者的注意，品牌传播过程才得以畅通。相反，如果品牌接收者主观上只选择有价值的信息，过滤掉被认为没有价值的信息，这就意味着品牌传播的过程可能实现，但是传播目的未必能达到。

（三）旅游地品牌信息的反馈

旅游地品牌信息的反馈是指在旅游地品牌信息的传播过程中，品牌接收者在接收到信息后，运用代码将自身的感受、评价愿望以及意见向品牌传播者做出反应。如果旅游地品牌信息的传播过程得不到旅游者的反馈，说明旅游地品牌传播者和接收者之间没有进行互动或者互动很少，这种传播是不完整的，也是不合格。因为品牌传播过程不是源于传播者而止于接收者的单项过程，而是双方之间的互动和沟通。在信息沟通的反馈阶段，旅游地品牌接收者与旅游地品牌传播者之间的角色已经发生了互换，旅游地品牌接收者由被动地接受信息变成主动地分析理解和诠释信息。也就是说，品牌接收者在接受传播信息之后，能将接收到的信息结合自身情况进行主观的加工和解释，形成自有的品牌信息，并将这种一致或者不一致的信息反馈给品牌传播者。通过反馈阶段，旅游地品牌的传播过程才真正做到了双向沟通和互动分享。

总之，旅游地品牌传播过程需要在品牌信息的传播与反馈中寻找到传播者与接收者之间的有效平衡点。这个平衡的过程表现为品牌传播者与品牌接收者各自的品牌信息在持续的互动中逐步形成统一而稳固的关系。旅游地品牌传播的过程见图4－1（孙丽辉等，2015）。

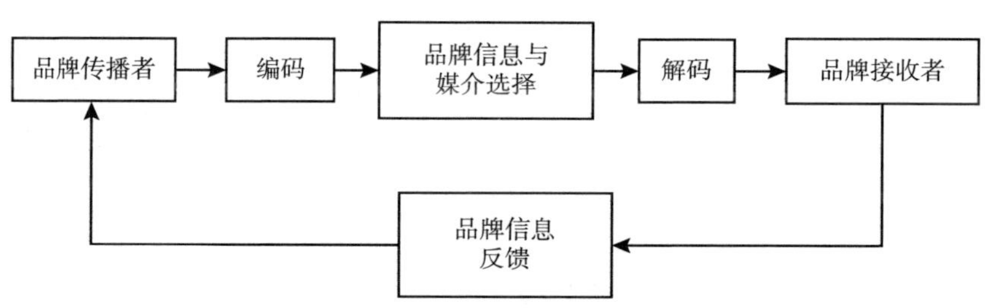

图4－1　旅游地品牌传播的过程

资料来源：孙丽辉等（2015）。

第二节　旅游地品牌传播的形式

一、广告传播

广告是以付费方式进行旅游地品牌传播的宣传活动。广告是旅游地品牌传播的一种重要手段之一，旅游者了解到的绝大多数品牌的信息都是通过广告获得的。目前，广告根据投放媒体的不同，大致可以分为以下七种类型。

（一）报纸

报纸是最传统、最悠久的传统咨询载体之一。优点是信息发送较为及时，时效性强；有固定的读者群体，目标对象明确；费用相对低廉。缺点是保存时间短，图片效果不明显，读者层有一定的局限。随着网络技术的发展，大部分报社也都建立网站、官方微信和微博等，传统的纸质报纸和电子版并存，弥补了纸质报纸传播的不足。

（二）杂志

杂志也是最传统、最悠久的传统咨询载体之一。与报纸比较，杂志的专业性较强，在杂志刊登各类专业的产品和服务的广告是比较有效的。杂志的优点是广告宣传目标对象明确，针对性强；印刷精美，吸引力强，容量大；广告附在杂志中保存时间较长，读者便于阅读，可以反复翻看。缺点是出版周期较长，读者的范围受到限制。随着网络技术的发展，大部分杂志也都建立网站、官方微信和微博等，传统的纸质杂志和电子版杂志并存，弥补了纸质杂志传播的不足。

（三）广播

广播媒体的广告形式最常见的有普通广告、特约栏目广告。此外，还有互动型广告，即制作成与消费者进行即时沟通互动的广告。广播的优点是广告制作相对比较简单，制作费用相对较低，接收者只需要携带收音机（或者具有内置收音机功能的其他设备，例如手机、汽车等）就能接收到广告信息，方便快捷；因此广播广告传播的速度较快，具有很强的移动性。缺点是信息量有限，难以存查，有声无形不足以引起人们的注意。所以美妙的音乐、个性化的音效、有悬念或幽默的对话都是广播媒体广告创意的要点。

（四）电视

电视媒体的广告形式多种多样，例如插播类、栏目冠名类、专题直销类、滚动字幕类、公益广告类等等。旅游地可以根据当前的传播目标选择不同的广告形式。电视媒体有受众最广、传播速度最快、重复能力强、表现形式多样等优势；因此最能形象而有感染力地表达信息，激发受众的记忆，是广告媒体中最重要的一种类型。但电视媒体也有一定的弊端，比如广告信息一闪而过，费用相对昂贵；广告具有强制性特点，容易引起接收者的抗拒心理。

（五）电脑网络

电脑网络媒体广告的主要形式有固定或移动条幅广告、按钮广告、文本链接广告等等。网络媒体广告具有视听结合、信息全面、灵活性高、传播范围广泛、方便计算点击率等优点。其缺点：一是创意难度大，普通的广告不容易引起接收者的注意；二是受众不明确导致浏览者过于宽泛，对其抵触性较大；三是电脑网络广告的强制弹窗也容易引起接收者的抗拒心理。

（六）户外媒体

户外媒体广告的形式多种多样，例如路牌户外广告、霓虹灯户外广告、灯箱户外广告、大屏幕显示屏广告以及汽车车身广告等。优点是制作广告的成本较低，广告语言简意赅、容易记忆，广告牌一直重复显示，传播效果强。其缺点也是显而易见的：一是信息容量较小；二是覆盖面小，只有路过的人才会成为受众；三是户外广告对创意要求比较高，要在广告语、图片、造型、画面冲击力上进行创新，才能达到更好的传播效果。

（七）手机

手机广告形式多种多样，例如视频、彩信、短信、微信、电话等。智能手机功能强大，集语言文字、音频、视频、移动性、即时性等多项功能于一体。因此手机广告结合了电视、广播、杂志、电脑网络等媒体广告的优点，具有信息承载方式多样、信息量大、移动性、即时性和便于保存性等优点，有利于广告信息的随时随地传播。其缺点：一是手机广告的传播效果会受到手机本身功能的影响，例如受到手机版本高低、手机屏幕大小、手机分辨率的影响；二是传播效果也会受到外界信号质量的影响；三是如果没有事先征得手机用户的同意发送广告，会给手机用户造成困扰，引起抗拒心理。

二、公共关系传播

公共关系的主要职责是树立旅游地品牌在旅游者心目中的形象，其传播的优势是：第一，提高了旅游地品牌的知名度；第二，塑造了旅游地品牌的美誉度；第三，增强了旅游者（潜在的旅游者和现实的旅游者）对旅游地品牌的认同感；第四，通过公共关系强化了旅游地的社会责任感，提升了旅游地品牌的影响力，有利于旅游地品牌增值；第五，通过危机公关化解矛盾，重塑形象。旅游地常用的公共关系类型有以下四种。

（一）宣传性公关

宣传性公关是指采用撰写旅游地新闻报道、报告等形式，运用报纸、杂志、电视等各种传播媒介来传播旅游地有关信息，以便树立旅游地形象。这种方式传播面广，便于旅游者全面了解旅游地各个方面的信息，也十分有利于推广旅游地品牌形象。

（二）征询性公关

征询性公关是指主要通过设立热线（投诉）电话、旅游信息咨询服务中心、志愿者服务中心以及进行问卷调查等形式，主动了解旅游者的需求，为旅游者提供帮助，并将旅游者需求及时反馈给有关部门，为旅游地品牌管理提供决策依据。

（三）交际性公关

交际性公关是指通过官方语言、文字的沟通，为旅游地传播信息。其具体形式有新闻发布会、旅游地产品发布会、旅游大篷车宣传等等。这种公关方法获得旅游者的关注度较高，能实现面对面交流，提高了与旅游者交流的广度和深度，也是旅游地常用的公关手段。

（四）赞助性公关

赞助性公关是指通过赞助国家的公共卫生、文体、教育事业，以及福利事业和弱势群体，或者参与国家重大事件等形式来塑造旅游地的社会形象。赞助性公关公益性强，有利于提高旅游地的知名度和美誉度，也是旅游地比较常用的公关手段。

三、口碑和网络口碑传播

（一）口碑、网络口碑和旅游地网络口碑的概念

口碑是指信息传播者和接收者之间关于产品、品牌、组织和服务进行的口头形式的非正式的、非商业化的人际沟通（Arndt，1967）。在互联网时代，越来越多的消费者基于非商业化目的，将自己对某一产品、服务、品牌或者组织的看法发表在互联网上，由此形成了网络口碑（Sun et al.，2006）。

旅游地网络口碑是网络口碑的一种，是针对口碑是否与旅游者在旅游地的体验相关来界定的（Litvin et al.，2008）。旅游地网络口碑是“接收者和传播者之间在社交网络上进行的关于旅游地产品、服务、品牌或旅游体验的口头的、个人对个人（或群体）的、接受者认为传播者是基于非商业性目的信息交流”（马明等，2014）。另外，旅游者在旅游地的活动涉及了食、住、行、游、购、娱等全方位的需求，为旅游者提供服务的企业和组织也涉及各个方面，涵盖旅游地管理组织、相关企业和协会、旅游地居民等。因此，只要是与旅游者旅游体验相关的网络口碑即理解为旅游地网络口碑。

（二）网络媒体时代的口碑传播路径的变化

20世纪90年代以来，互联网，尤其是web2.0技术的发展以及智能手机移动技术的发展带来了口碑传播的革命性变化。在传播路径上：一是沟通的方式由面对面转变为以计算机为中介；二是沟通的对象也由熟人传播转变为熟人和陌生人并存，弱联结成为网络环境下人际关系的主导模式；三是传播方式更加快捷，实现了随时随地的分享和互动（Sun et al.，2006）。从图4－2可见，消费者借助上网电脑或移动手机，利用互联网平台，通过电子邮件、即时通信、博客或微博、论坛或社区等方式将个人的消费体验上传至网络，形成网络背景下使用者贡献内容的集合，也就是网络口碑。信息搜寻者则通过网络浏览消费者评论，获得相关产品/服务的信息。网络环境的开放性、互动性和便利性，使得网络中的每个消费者都可能是口碑信息的发布者、浏览者，甚至是信息的传递者（指将浏览到的口碑信息转发给不是初始发布者的其他消费者），身兼多重角色，由此形成了网络环境下口碑传播循环互动的

网络（柴海燕，2011）。

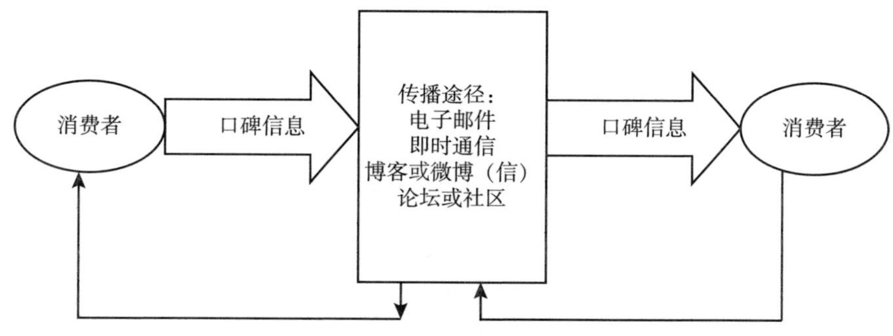

图4－2　网络媒体时代的口碑传播路径

资料来源：马明等（2014）。

（三）网络媒体时代的口碑传播模式的变化

表4－1总结了口碑发展的不同阶段，不同媒介的特征及其对口碑传播的影响，从表中的对比分析可以看出，基于网络媒介的交流既可以是一对一的交流，也可以是一对多或者多对多的交流，同时还可以实现交流后的反馈和互动，这大大增强了基于网络媒介口碑传播的扩散范围和影响广度（马明，2015）。还有一个特点是，基于网络媒介的口碑交流更多是基于文本方面的交流而非口头方面的交流，这使得网络口碑的信息更易于存储和再次加工处理，也更便于消费者及时查阅，对消费者的参考作用更大。

表4－1　不同口碑传播媒介的特征

项目		人之间的互动	人机之间的互动	链接数目	交流模式	内容	反馈系统	交流的同步性
人际交流	信件	有	无	一个	一对一	T	有	非
	传真	有	无	一个	一对一	T	有	非
	电话	有	无	一个	一对一	A	有	是
	可视电话	有	无	一个	一对一	A，V	有	是
	面对面	有	无	一个	一对一	A，V，E	有	是
	面对面（群体）	有	无	少	少对少	A，V，E	有	是

续表

项目		人之间的互动	人机之间的互动	链接数目	交流模式	内容	反馈系统	交流的同步性
大众媒体	广告牌	无	无	一个	一对多	T，I	有	非
	报纸	无	无	一个	一对多	T，I	有	非
	杂志	无	无	一个	一对多	T，I	有	非
	收音机	无	无	少	一对多	A	无	非
	广播	无	无	多	一对多	A，V，（T）	无	非
	电视	无	无	多	一对多	A，V，（T）	无	非
网络媒体	电子邮件	有	有	一个	一对一	T，I	有	非
	语音邮件	有	有	一个	一对一	A	有	非
	聊天程序	有	有	一个	一对一	T，I	有	是
	多方聊天	有	有	少	少对少	T，I	有	是
	多方互动	有	有	少	少对少	T	有	是
	视频聊天	有	有	少	少对少	A，V	有	是
	邮件列表	有	有	多	多对多	T	有	非
	新闻组	有	有	多	多对多	T	有	非
	论坛	有	有	多	多对多	T，I	有	非
	博客/微博	有	有	多	多对多	T，I	有	非
	维基	有	有	多	多对多	T，I	有	非
	社会关系软件	有	有	多	多对多	T	有	非

注：T = 文本，I = 图像，A = 声音，V = 影像，E = 体验，（T）= 存在较少量文本内容。
资料来源：黄敏学等（2011）。

（四）旅游地网络口碑的特点

（1）保存时间长久。传统口碑多数是口口相传，信息容易在多次再传播中被遗漏或曲解，一般也很少以文字的方式被记录下来。旅游地网络口碑是“写”或“拍”的口碑，可以长期保存。由于相关评论和信息可以按照时间或内容进行叠加，即使出现信息扭曲也可以追根溯源。另外，网友在写口碑表达个人想法时会经过大脑的思考后才进行文字的组织和编排，所以网络口碑比传统口头上以“说”为主的口碑更能清楚、理性地表达意见，逻辑性更强，内容也更规范化、专业化，避免了因口头表达不清造成接收者的误解。更进一步，网络口碑传播即使发生错误也能找到根源并及时在网上进行更正和说明。因此，旅游地网络口碑数据资源丰富，为旅游地应用网络口碑进行品牌管理提供了大量真实、有效的资料。

（2）信息内容丰富全面。通过广告或公共关系等途径来传播旅游地品牌形象需要大量的资金。资金的限制会导致传播篇幅和传播时间的限制，这种信息传播对旅游地的宣传不全面、不深入，传播效果有限。虽然很多旅游地或企业目前也都建立了各自的官方网站进行全面宣传，但这些信息被旅游者认为带有商业目的，对旅游者的影响有限（王晓丽，2010）。相比之下，旅游地网络口碑内容丰富，完整、图文并茂，并且还可以对不同网站、不同网友发布的有关同一目的地的旅游信息进行前后对比、分析和甄别，旅游者可以随时上网查询相关信息，并与口碑发布者进行沟通。同时口碑的非商业目的性也使潜在旅游者认为其可信度更高（马明，2012）。

（3）影响范围大。传统口碑是面对面的人际传播，不仅参与者数量有限，传播范围较小，而且其信息扩散的速度也比较慢。网络口碑以计算机为媒介，况且网络社区内参与人是匿名的，构成网络环境下典型的弱连带社会关系。传播学理论认为，弱连带关系更便于信息的传播，这使得旅游地网络口碑信息像病毒一样在网络内蔓延，产生极大的社会影响力（马明，2012）。

（4）具有更好的说服效果。旅游产品是体验性产品，这导致旅游者在消费之前，很难对该产品的质量优劣做出准确的判断，只有真正体验了才知道。为了减少购买风险，旅游者会倾向于通过非正式的渠道来了解更多的信息。旅游地网络口碑是旅游者对产品或服务的亲身体验，是旅游结束后目的地旅游信息的有效反馈和指引。另外，信息搜寻者会认为发布旅游口碑的人与自己有相同的旅游爱好，发布口碑不是为了谋取个人私利，而是为了向他人提供旅游建议，不会受企业操控，因此信息具有更强的可信度因而也就更具有说服力（马明，2008a）。

| 第五章 |

基于纸质媒介的“好客山东”品牌传播

第一节 研究概述

一、问题提出

纸质媒介，如报纸、杂志等，是最传统也是最悠久的传播媒介载体。即使在网络发展的今天，也依然是传播旅游地品牌的主要媒介之一。研究纸质媒介中的旅游报道有助于管理者了解旅游地品牌形象在纸质媒介中的传播现状和效果（刘静，2017）。

《中国旅游报》创刊于1979年，至今已有40多年的历史，是由国家旅游主管部门主办的专业性较强的旅游报纸。《中国旅游报》所刊载的旅游信息、旅游安全知识、旅游胜地介绍等，被旅游界的专业人士认定为“专业旅游指南”（胡红梅，2015）。在中国旅游类报纸中，《中国旅游报》凭借其悠久的历史、高素质的编辑团队、专业化的深度报道和广阔的市场覆盖率，使得更多的旅游者选择从其中获得相关的旅游信息，阅读群体十分广泛。因此，《中国旅游报》的旅游报道在旅游传播方面代表性很强，尤其对旅游地形象的建构和品牌传播具有重要影响（刘静，2017）。

新媒体的发展促使报纸产生了电子版。目前通过官方微信、微博、中国知网、超星移动图书馆等新媒体途径都能够非常方便地进行《中国旅游报》的阅读和下载保存相关资料。实现了与网络媒体同样的功能，报纸的阅读和保存比以往更加方便。

作为在全国极具影响力的传播媒介，《中国旅游报》的旅游报道可以影响很大一部分旅游者对旅游地的感知与评价。换句话说，《中国旅游报》的旅游报道可以帮助旅游者感知旅游地形象，当然也有利于管理者利用该平台塑造旅游地品牌。“好客山东”品牌可以通过《中国旅游报》在目标市场中得到广泛的传播和展示。因此，本书选取《中国旅游报》这样具有代表性、专业性且有广泛影响力的纸质媒体作为研究对象，研究“好客山东”品牌在纸质媒介中的传播现状和特点，并提出利用纸质媒介传播“好客山东”品牌的具体策略。

二、研究现状

虽然目前旅游地品牌建设、品牌传播的研究有一些成果，但是以报纸作为载体来研究旅游品牌传播的并不系统，以实证方法进行相关研究的并不多见（丁丹丹，2013）。前期学者的相关研究大致可以分为以下几类。

（1）研究了报纸广告对旅游地形象传播的作用。如吴晓山（2010）探讨了《中国旅游报》中刊登的广告对于扩大旅游区域影响力的作用，指出旅游的广告投入和旅游地的旅游直接收入成正相关关系。

（2）探讨了报纸报道对旅游形象建构的作用。例如胡红梅（2015）以《中国旅游报》为例探讨了旅游报刊对城市旅游形象宣传的作用。刘静（2017）选取《中国旅游报》中2016～2018年的有关景区方面的报道为样本，就报纸对旅游地形象的构建影响进行研究。聂远征等（2011）以武汉报纸对辛亥革命百年纪念的报道内容为案例，探讨了纸质媒介的集体报道行动对于武汉城市形象建构的作用。张丹青（2017）以《华西都市报》为例，探讨了新闻摄影对城市形象的表征，总结纸质媒体传播对成都形象建构的作用。

（3）以具体的目的地为案例研究对象，研究媒介对旅游地形象的具体呈现和传播。包括以下几个方面：第一，报纸媒介传播的中国国家形象的研究，例如曾慧岚（2016）以印度尼西亚《罗盘报》为媒介研究了中国国家形象在印度尼西亚的传播。第二，报纸媒介传播的省域旅游形象的研究，例如李梦龙（2015）、苏令军（2015）和孙玉铖（2019）分别研究了报纸报道对河南、山西和山东旅游形象传播的影响。第三，报纸媒介传播的城市旅游形象的研究，例如丁丹丹（2013）就报纸对西安旅游形象的传播影响进行研究。第四，报纸媒介传播的某一旅游景区（点）旅游形象的研究，例如冯宇（2015）以《解放日报》《新民晚报》等四家报纸14年（2001～2014年）的报道为样本研究上海科技馆的媒介形象。

总的来看，研究报纸对旅游形象建构和旅游地品牌传播的文献非常有限，利用《中国旅游报》对山东旅游形象传播的研究进行简单论述的只有一篇（孙玉铖，2019），由于篇幅版面的限制，文章只是进行了初步的定性探讨，缺乏定量的数据支持。

纸质媒介中，《中国旅游报》在传播“好客山东”品牌中发挥着十分重要的作用。本书通过对《中国旅游报》关于山东旅游形象传播报道的内容分析，研究《中国旅游报》对“好客山东”品牌传播的现状，提出利用纸质媒介传播“好客山东”品牌的建议。

第二节　研究设计

一、样本选取

如前所述，基于《中国旅游报》在全国的影响力及各方面因素，本书选取2019年《中国旅游报》关于山东的报道作为研究样本，将其中所有有关山东相关的旅游介绍的全部内容作为本次统计对象。本书主要通过中国知网的网络数据库和数字图书馆搜索《中国旅游报》电子版，时间界定在2019年1月1日～12月31日。通过上述的搜索条件进行文献搜集，最终选取了与山东旅游形象宣传相关的有效样本，总计156份。

二、类目建构

类目的构建包括报道的数量、来源、篇幅、议题、地区、形式和倾向性等。

（一）报道数量

报道数量是统计总数以及每个月份发表的报道数量，按照月份进行分类统计。

（二）报道来源

报道来源是统计发布报道的作者所属单位，将报道来源分为本报记者、通讯员和其他三个方面。

（三）报道篇幅

报道篇幅是按照字数进行统计，将其分为500字及以下、501～1500字、1501～2500字、2501～3500字和3500字以上。

（四）报道议题

根据旅游者在旅游活动中依赖的主要要素，结合《中国旅游报》的分类板块以及有关山东旅游相关报道的内容特点，把报道按照议题分为综合报道、旅游地（景区）推介、酒店推介、旅游商品推介、旅游公共服务、旅游交通推介、娱乐推介、院校·人才、人物·故事、旅行社推介等10个方面。

（五）报道地区

报道地区是统计报道中主要涉及的区域。一是将描述山东整体发展和提到山东多个城市的报道统计为山东省整体报道；二是将描述山东下属各个地市的报道按照现行2019年的区域划分进行分类，由于2019年莱芜合并到济南，山东省按照16个地市进行分类。

（六）报道形式

报道形式是按照报道的体裁进行分类，分为消息、通讯和理论政策三类。

（七）报道倾向

将报道成绩、宣扬精神的表扬类归为正面；客观描述的动态消息、介绍情况类和理论政策的报道归为中性；揭发不良问题类的批评性报道归为负面。因此，报道倾向分为三种类型：正面（表扬性）倾向、中性倾向（态度基本中立，表扬和批评都不明显）和负面（批评性）倾向。

三、研究方法

主要采用内容分析法对《中国旅游报》呈现的有关山东旅游的报道进行研究。

（一）内容分析法的含义

内容分析法（content analysis、textual analysis）是在20世纪30年代随着研究学者们对报纸宣传和传播的内容进行分析研究而兴起和发展起来的。换句话说，此方法最先也是被用在对报纸传播内容的研究中（刘毅，2006）。运用这种研究方法，可以展现出报纸媒介报道的倾向性、传播特征、传播效果等有价值的相关信息（柯新惠等，2010）。

内容分析法是客观系统并量化地描述显性的传播内容的一种研究方法（Berelson，1952；马明等，2014）。系统性、客观性和量化性是内容分析法的三大基本特征（里夫等，2010）。也就是说，内容分析法透过量化的技巧和质的分析，以客观和系统的态度对文件内容进行研究和分析，分析信息传播内容中各种语言和特性，不仅分析信息传播内容的讯息，而且分析信息传播内容对于整个信息传播过程所发生的影响，藉以推论产生该项内容的环境背景和意义的一种研究。因此，内容分析法虽然被列为社会科学研究方法，但是又明显受到自然科学研究方法的影响，例如对文本的量化分析、计算机软件的使用等。它既是独立的研究方法，又具有交叉性、边缘性的特点（邹菲，2004）。

（二）内容分析法的一般过程

内容分析法的一般过程包括以下三个步骤（里夫等，2010；马明等，2014）。

1. 概念化研究目的

概念化研究目是内容分析法的第一步，也是十分重要的一步。概念化研究目的包括确认研究问题、对相关文献进行回顾，以及提出明确的研究问题和假设这三个部分。

2. 研究设计

研究设计包括界定分析的内容、产生可操作化的编码表格、说明总体样本和抽样计划，以及对文本的内容分析进行信度检验等。其中建立分析类目系统是内容分析的核心问题。对内容进行正确的编码，根据特定的研究目的建立清晰明确的类目，这些类目应该与研究提出的问题一致。并且，研究者应该对类目系统进行信度检验，确保研究的可信度。另外，在抽取样本过程中，对调查样本的选取包括普查和抽查两种。当分析某些资料的样本不大时，可以采用普查的方式；当分析某些资料的样本很大，进行普查很困难时，就可以考虑进行抽样调查。

3. 数据处理与分析

包括数据处理和解释报告结果两部分。根据研究目的不同采用不同的分析方法，例如可以采用频次、百分数、平均值、相关分析、方差分析等方法。最后，研究者应该根据样本的内容描述，对量化数据做出合理的解释和分析，得出研究结论。

（三）内容分析法的优势和不足

1. 优势

内容分析法在自然属性方面是定性的，但其最显著的特征是通过定量分析方法，对传播信息内容的精确量化描述，以此来发现所分析的内容对社会现实的意义。这种方法使用了统计数字来分析文本，所以报告显得更直观和更有说服力。

2. 不足

理解一篇文章最基本也是最有效的办法是仔细阅读，但是，不同的作者对同一内容会有不同的理解。为了将不同作者对文本的理解统一起来，最简单的方法是计算文本中特定元素的数目，用客观数字来说明问题，即使用内容分析法（赵蓉英等，2005）。但这样做也有一个缺点，即很多情况下研究者获得的只是某一主题的量化数据，作者反映的真实想法可能很难把握。另外，定量内容分析法的分类条目所产生的语言观点和测量，是由研究者所感兴趣的文本中更深层次和更细致化的信息来检测的，也可能会出现因为研究者不同出现分析上的差异。

（四）研究的信度和效度

定性研究因受到收集资料、分析工具、研究者主观性以及被研究者的主观性等多方面因素的影响，其精确性和可信性时常受到质疑（Walle，1997）。一个提高定性研究可靠性的有效方法是三角互证法，即指从不同来源的数据考察同一现象和问题，减少个人的和方法论的偏差，提高研究的概括性（Decrop，1999；张宏梅等，2005）。

本研究主要采用研究者三角交叉校正法。在研究过程中，对编码的过程严格遵守编码程序，由研究团队的三个人员，在对研究主题、研究方法以及研究内容的具体内涵了解之后，对相关研究问题进行预编码，之后对编码和诠释过程进行讨论，确定是否存在误解或过于主观的问题，取得一致意见后，才加以使用，以减少个人主观性带来的误差（马明等，2014）。

第三节　研究结果分析

一、报道数量方面

根据报道发布月份进行分类，按每个月份的报道进行统计，得到图 5－1。

图 5－1 统计了 2019 年《中国旅游报》中山东旅游相关报道数量在各月份的变化情况。发表在 9 月的报道最多，为 19 篇，占报道总数的 12.2%。报道篇数排在最后三位的由高到低依次是 1 月、3 月和 2 月，报道篇数分别是 10 篇、8 篇和 6 篇，分别占报道总数的 6.4%、5.1% 和 3.8%。其余月份报道

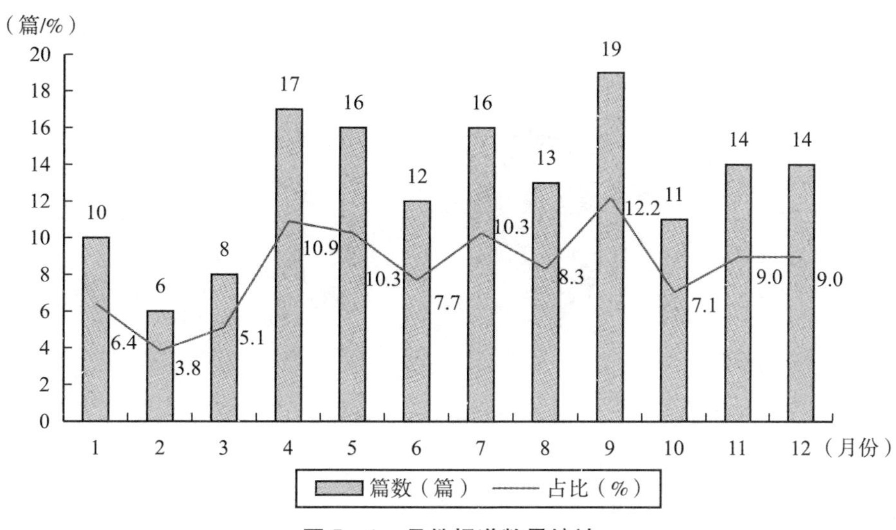

图 5－1　月份报道数量统计

篇数在 11～17 篇之间，占报道总数的 7.1%～10.9%之间。根据统计分析可以看出，总体上，在年初三个月的旅游淡季报道篇数较少，随着 4 月份旅游旺季的到来，旅游报道篇数逐渐增加，到了 9 月份达到最大值，10～12 月份开始回落。

二、报道来源方面

报道来源按发布报道作者的身份分为本报记者、通讯员和其他三类。其中，其他类是指除了以上两类之外的作者，包括专业人士、各机构作者和未注明作者的报道。统计结果见图 5－2。

从图 5－2 中可以看出，《中国旅游报》关于山东旅游相关报道的来源，排在第一位的是通讯员，有 100 篇，占报道总数的 64%；其次为本报记者，有 42 篇，占总数的 27%；其他作者有 14 篇，占总数的 9%。总体上看，报道来源具有多元化的特点，但多元化程度较低。

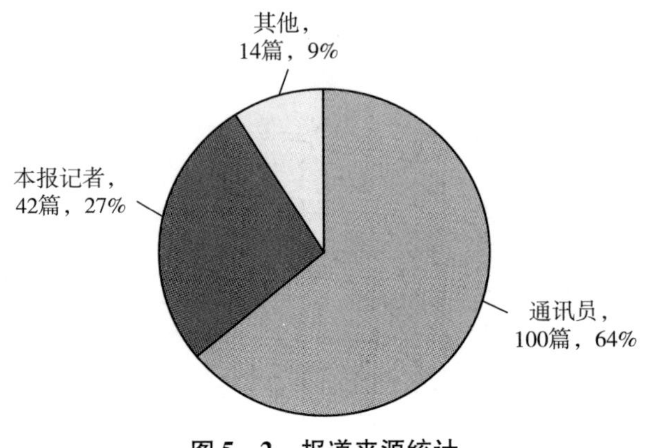

图 5－2 报道来源统计

三、报道篇幅方面

根据报道字数将报道篇幅分为以下五类：（1）500 字及以下；（2）501～1500 字；（3）1501～2500 字；（4）2501～3500 字；（5）3500 字以上。统计结果见图 5－3。

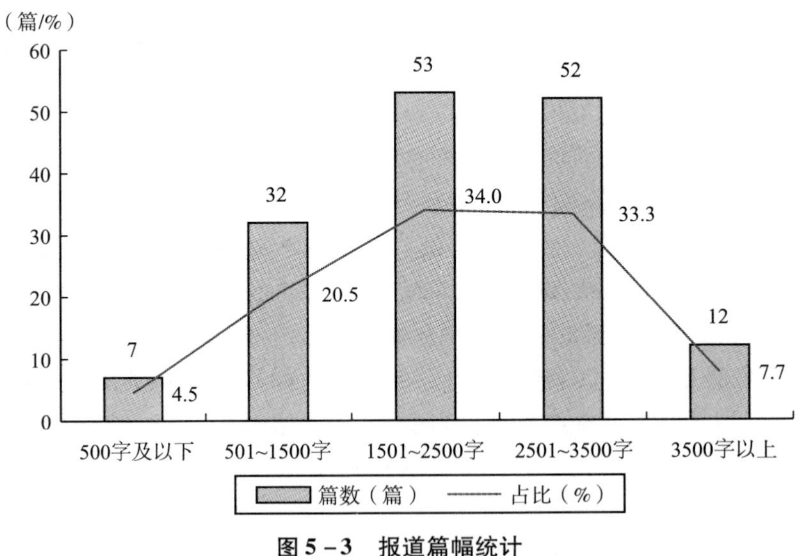

图 5－3 报道篇幅统计

图 5－3 数据显示，报道篇幅在 1501～2500 字的报道最多，有 53 篇，占

比为34%；其次是报道篇幅在2501～3500字的，有52篇，占比为33.3%；排在第三位的是报道篇幅在501～1500字的，有32篇，占比为20.5%；排在第四位的是报道篇幅在3500字以上的，有12篇，占比7.7%；报道篇幅在500字以下的最少，有7篇，占比4.5%。通过统计分析可以看出，《中国旅游报》对山东的报道以中等篇幅的为主，大部分报道字数集中在501～3500字之间，占所有报道总数的比例达到88%。短篇（500字及以下）和长篇报道（3500字以上）的比例较少。

四、报道议题方面

根据旅游者在旅游活动中依赖的主要要素，结合《中国旅游报》的分类板块以及有关山东旅游相关报道的内容特点，把报道按照议题分为综合报道、旅游地（景区）推介、酒店推介、旅游商品推介、旅游公共服务、旅游交通推介、娱乐推介、院校·人才、人物·故事和旅行社推介等10个方面。需要说明的是：第一，如果某一篇报道同时涉及以上的两个或多个主题，则会根据报道的重点结合《中国旅游报》的板块分类，归纳到其中的一类中，避免重复统计同一篇文章。例如有一篇报道介绍了某酒店董事长的先进事迹，则根据报道的侧重点将其放到“人物·故事”一类中；第二，《中国旅游报》中有专门开设“好客山东”专题栏目，相关报道有20篇，文章内容涵盖动态消息、酒店、景区、发展成果、文旅融合、人物·故事等多个议题，因此将其归纳到以上议题中。统计数据见表5－1。

表5－1　　报道议题统计

报道议题	主要内容	各类报道内容		各类报道议题		“好客山东”专题	
		篇数（篇）	占比（%）	篇数（篇）	占比（%）	篇数（篇）	占比（%）
综合报道	动态消息	17	10.9	57	36.5	9	5.8
	文旅融合	17	10.9				
	发展成果	12	7.7				
	全域旅游	11	7.1				

续表

<table>
<tr><th rowspan="2">报道议题</th><th rowspan="2">主要内容</th><th colspan="2">各类报道内容</th><th colspan="2">各类报道议题</th><th colspan="2">“好客山东”专题</th></tr>
<tr><th>篇数（篇）</th><th>占比（%）</th><th>篇数（篇）</th><th>占比（%）</th><th>篇数（篇）</th><th>占比（%）</th></tr>
<tr><td rowspan="8">旅游地（景区）推介</td><td>服务质量</td><td>8</td><td>5.1</td><td rowspan="8">38</td><td rowspan="8">24.4</td><td rowspan="8">4</td><td rowspan="8">2.6</td></tr>
<tr><td>乡村旅游</td><td>6</td><td>3.8</td></tr>
<tr><td>研学旅游</td><td>5</td><td>3.2</td></tr>
<tr><td>红色旅游</td><td>4</td><td>2.6</td></tr>
<tr><td>工业旅游</td><td>4</td><td>2.6</td></tr>
<tr><td>体育旅游</td><td>3</td><td>1.9</td></tr>
<tr><td>景区治理</td><td>3</td><td>1.9</td></tr>
<tr><td>其他</td><td>5</td><td>3.2</td></tr>
<tr><td rowspan="4">娱乐推介</td><td>旅游节庆</td><td>6</td><td>3.8</td><td rowspan="4">18</td><td rowspan="4">11.5</td><td rowspan="4">1</td><td rowspan="4">0.6</td></tr>
<tr><td>非遗</td><td>5</td><td>3.2</td></tr>
<tr><td>戏曲演艺</td><td>4</td><td>2.6</td></tr>
<tr><td>夜经济</td><td>3</td><td>1.9</td></tr>
<tr><td rowspan="3">旅游公共服务</td><td>厕所革命</td><td>10</td><td>6.4</td><td rowspan="3">16</td><td rowspan="3">10.3</td><td rowspan="3">2</td><td rowspan="3">1.3</td></tr>
<tr><td>智慧旅游</td><td>5</td><td>3.2</td></tr>
<tr><td>城市公共交通</td><td>1</td><td>0.6</td></tr>
<tr><td rowspan="3">酒店推介</td><td>民宿与主题酒店</td><td>5</td><td>3.2</td><td rowspan="3">9</td><td rowspan="3">5.8</td><td rowspan="3">2</td><td rowspan="3">1.3</td></tr>
<tr><td>节能减排</td><td>2</td><td>1.3</td></tr>
<tr><td>服务质量</td><td>2</td><td>1.3</td></tr>
<tr><td rowspan="4">人物·故事</td><td>企业先进人物</td><td>2</td><td>1.3</td><td rowspan="4">7</td><td rowspan="4">4.5</td><td rowspan="4">2</td><td rowspan="4">1.3</td></tr>
<tr><td>志愿者</td><td>2</td><td>1.3</td></tr>
<tr><td>非遗传承人</td><td>2</td><td>1.3</td></tr>
<tr><td>导游</td><td>1</td><td>0.6</td></tr>
<tr><td rowspan="4">旅游交通推介</td><td>航空公司</td><td>1</td><td>0.6</td><td rowspan="4">4</td><td rowspan="4">2.6</td><td rowspan="4">0</td><td rowspan="4">0</td></tr>
<tr><td>邮轮</td><td>1</td><td>0.6</td></tr>
<tr><td>旅游专线</td><td>1</td><td>0.6</td></tr>
<tr><td>高速公路</td><td>1</td><td>0.6</td></tr>
</table>

续表

报道议题	主要内容	各类报道内容		各类报道议题		“好客山东”专题	
		篇数（篇）	占比（%）	篇数（篇）	占比（%）	篇数（篇）	占比（%）
院校·人才	产教融合	1	0.6	3	1.9	0	0
	实习实训	1	0.6				
	实践教学	1	0.6				
旅游商品推介	文创产品	3	1.9	3	1.9	0	0
旅行社推介	旅行社	1	0.6	1	0.6	0	0
总计		156	100	156	100	20	12.9

首先，综合类报道最多，57 篇，占了 36.5%。其中，动态消息占了第一位（17 篇，10.9%），文旅融合并列第一位（17 篇，10.9%），这主要是因为 2018 年国家旅游局与文化部合并后，文旅融合成为热点议题有关。此外，发展成果和全域旅游也超过 10 篇（比例分别为 7.7% 和 7.1%）。

排在第二位的是旅游地（景区）推介，38 篇，占了 24.4%。其中，服务质量较多（8 篇，5.1%），景区治理也有 3 篇（1.9%），两者合计占了 7%。此外，乡村旅游、研学旅游、红色旅游、工业旅游和体育旅游的报道也占了一定的比例（1.9% ~3.8%）。

排在第三位的是娱乐推介，18 篇，占了 11.5%。从报道内容来看，包括以下四个方面：一是旅游节庆（6 篇，3.8%），主要报道了各地举办的重大旅游节庆；二是非物质文化遗产（5 篇，3.2%），介绍了山东的面塑、皮影戏、剪纸等；三是戏曲演艺（4 篇，2.6%）介绍了山东的戏曲演艺节目；四是夜经济（3 篇，1.9%），报道了山东、济南和青岛的“夜经济”发展。

排在第四位的是旅游公共服务，16 篇，占了 10.3%。从报道内容来看，包括以下三个方面：一是厕所革命（10 篇，6.4%）；二是智慧旅游（5 篇，3.2%）；三是城市公共交通（1 篇，0.6%）。

排在第五位的是酒店推介，9 篇，占了 5.8%。从报道内容来看，包括以下三个方面：一是民宿与主题酒店（5 篇，3.2%）；二是节能减排（2 篇，1.3%）；三是服务质量（2 篇，1.3%）。

排在第六到第十位的从高到低依次分别是人物·故事、旅游交通推介、院校·人才、旅游商品推介和旅行社推介，篇数分别是7篇（4.5%）、4篇（2.6%）、3篇（1.9%）、3篇（1.9%）和1篇（0.6%）。

五、报道地区方面

根据文章主要报道的地区进行分类，将描述山东整体发展或者提到山东多个城市的报道统计为山东省整体报道，将乡村县级区域归到所在市，统计结果见图5-4。

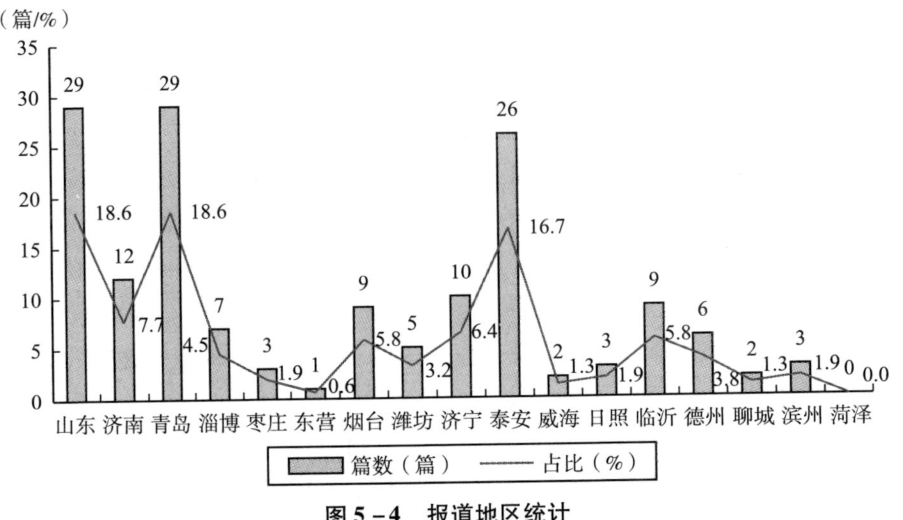

图5-4 报道地区统计

数据显示，山东省整体报道最多，有29篇，占18.6%。16个地市中，排在前四位的从高到低依次是青岛（29篇，18.6%）、泰安（26篇，16.7%）、济南（12篇，7.7%）和济宁（10篇，6.4%）。其中青岛和泰安明显比其他城市做得好，篇数超过20篇，所占比例超过15%。特别是青岛，报道篇数与山东省整体的报道篇数一样，并列第一，远远高于其他15个地市，说明青岛旅游部门对通过报纸传播旅游地品牌非常重视。排在第二梯队的是济南和济宁，报道篇数超过10篇，所占比例近在6%~8%之间。其他12个地市报道篇数均低于10篇。其中，烟台和临沂均为9篇（5.8%）、淄博7篇（4.5%）、德州6篇（3.8%）、潍坊5篇（3.2%）。这5个地市排在第三梯队。排在第四梯队的是报道篇数低于5篇的地市，枣庄、日照和滨州3篇（1.9%），威海和聊城均为2篇（1.3%），东营（1篇，0.6%），菏泽为零。由此可见，在旅游经济发展越活跃和成熟的地市，越重视利用纸质媒介来传播旅游地品牌形象。

六、报道形式方面

根据报道形式，也就是报道体裁进行分类，具体数据见图5－5。

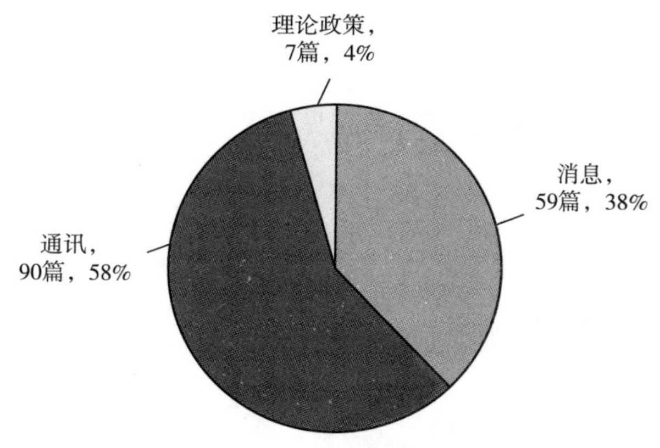

图5－5　报道形式统计

从报道形式看，最多的是通讯，有90篇，占比58%；其次是消息，有59篇，占比38%，最后是理论政策，有7篇，占比4%。可以看出《中国旅游报》中与山东旅游相关的报道，在形式上主要以通讯和消息为主，两者合计占了96%。这与上文提到的报道来源有很大关系，从图5－2报道来源可以看出，来自通讯员和本报记者的报道一共有142篇，占比91%。这就决定了报道形式也主要由消息和通讯构成。

消息性报道方面，内容主要是报道山东省以及下属地市在2019年举办的与旅游相关的重要会议会展，各地在旅游营销方面的特色活动等。例如，2019年5月21日第1版头条报道了“2019中国旅游日”山东分会场活动的情况（郭琪，2019a）。2019年7月29日第1版报道了山东发放文化消费券促进旅游消费的情况（张令伟，2019）。

通讯方面，主要是对山东在旅游方面的相关要素例如旅游景区、旅游基础设施建设、旅游市场以及先进的管理经验的新闻事件进行系统的报道和评论。例如2019年1月3日第16版报道了青岛改革开放40年以来的旅游业发展历程和经验（佚名，2019a）。再如2019年2月25日第A3版报道了山东航空集团投身“全国精准扶贫美丽乡村建设”的管理经验（佚名，2019b）。

理论政策方面，主要介绍了山东及下属地市当前的一些新政策和新做法，缺少理论性的报道。例如，2019年6月6日第6版以及6月20日A1版，报道了济南市出台民宿管理办法的事件（李晶媛，2019；郭琪等，2019）。

七、报道倾向方面

根据报道倾向进行分类，具体数据见图5－6。

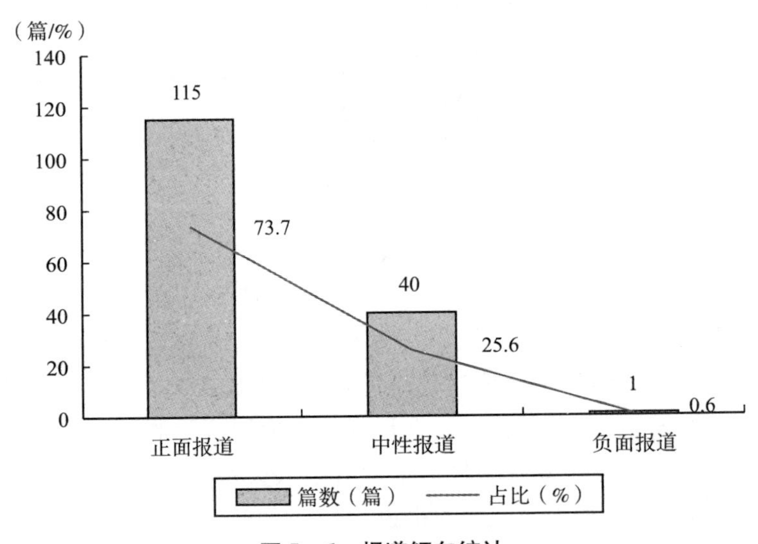

图5－6　报道倾向统计

数据表明，从报道倾向看，排在第一位的是正面报道，有115篇，占比73.7%；排在第二位的是中性报道，有40篇，占比25.6%；最少的是负面的批评性报道，仅有1篇，占比0.6%。可以看出《中国旅游报》作为官方报纸，大量篇幅报道了旅游地正面的新闻事件，这些报道有利于树立旅游地积极的品牌形象。

第四节 结论与建议

一、结论

通过以上内容分析，2019 年《中国旅游报》对“好客山东”品牌的传播特点总结如下。

（一）优势

1. 突出“好客山东”品牌推广

自“好客山东”品牌推出以来，《中国旅游报》设置有专门的“好客山东”板块，以便加强对“好客山东”品牌的塑造和推广。2019 年“好客山东”专题栏目的篇数为 20 篇，比例为 12.9%，在所有的报道议题中所占比例最大（见表 5－1）。在这一板块中，内容涵盖消息动态、发展成果、文旅融合、旅游地（景区）推介、民宿、旅游公共服务、人物·故事等各个方面。这说明，山东省旅游管理部门充分认识到纸质媒介对传播旅游地品牌的重要作用，对借助《中国旅游报》传播“好客山东”品牌是非常重视的。

2. 重视国家政策热点的报道

2019 年超过 10 篇的报道议题中，除了动态消息和发展成果外，主要是有关文旅融合（17 篇）和全域旅游（11 篇）方面的报道，分别排在第二位和第四位。2018 年国家旅游局和文化部合并成立文化和旅游部，如何实现旅游和文化的融合发展以促进旅游产业的高质量发展是每一个旅游地都必须面对的问题，山东在这方面进行了许多有益的探索。另外，2018 年国务院专门发布《关于促进全域旅游发展的指导意见》，以促进各地通过发展全域旅游，实现旅游地的统一规划布局、综合管理和系统营销等，进而推进产业融合，提升旅游业的现代化、集约化、品质化和国际化水平。山东在这方面也进行了许多有益的探索。因此，有关文旅融合和全域旅游方面的报道比例相对较多。

3. 重视乡村和县级区域的发展

通过研究分析看出，《中国旅游报》中有关省级和地市的相关推广较多。另外，报道也开始涉及一些地市以下的县和乡村。所有报道中，涉及乡村旅游和扶贫的有6篇（3.8%），涉及县或以下的乡村的有25篇（16.0%）。

近年来，山东省针对贫困乡村脱贫、乡村振兴、建设美丽乡村等方面发布一系列政策，发展较好的乡村及县级地区作为正面的典例被报道传播。这些报道可以帮助还在探索发展道路中的贫困乡村结合本村的实际情况摸索适合自身发展的道路。如2019年7月4日第4版报道了泰安市岱岳区道朗镇下属的朱家洼村、北张村和大地村等的旅游扶贫做法和经验（郑燕，2019a）。再如2019年11月18日第4版报道了泰安市宁阳县的“蟋蟀文化”推动村民致富的经验（郑燕，2019b）。

此外，有关乡村和县级地区的报道还涉及全域旅游、文旅融合和厕所革命等方面。例如2019年1月16日第4版报道了青州市推进全域旅游的做法（郭琪，2019b）；2019年7月9日第4版报道了庆云县推动“旅游＋体育”融合发展的成果（李占钢等，2019）；2019年1月10日第3版则报道了微山县的旅游厕所的建设和管理（张令伟等，2019）。

（二）不足

1. 报道深度有待提高

《中国旅游报》作为具有代表性的媒体，对地方报道的文章需要保持客观的态度，基本上以纪实类为主，报道主要集中记录会议详情、具体政策介绍、发展成果和经验推广等。对事件的深度报道，即通过分析事件，进一步探索它们的本质以及思考事件背后的意义类报道较少。从图5－3报道篇幅来看，虽然大部分篇幅较长（1500字以上的有117篇，占比75%），但在报道深度方面做得并不够，对报道的事件缺少深入思考，在理性分析方面不够深入细致，未能从宏观方向对事件发展做出思考。此外，也缺少对事件的进一步追踪性的深度报道。

深度报道以独特的视角做出深入的报道，深刻的文章需要在报纸导语部分抓住读者，在文章中用一些烘托、对比等写作手法突出报道内容，文章主体和细节描述清晰（龚立堂，2017）。新闻对热点事件做到了短时间内迅速跟踪报道，在报道深度方面可能没有引起足够的重视，导致文章缺少深度。

2. 传统文化类报道不足

山东省具有深厚的文化底蕴，通过报纸弘扬和传播山东传统文化是非常必要的。但根据收集到的样本显示，《中国旅游报》中关于传统文化的报道较少。表 5 – 1 中，娱乐推介类，旅游节庆 6 篇（3.8%），非遗类仅 5 篇（3.2%），戏曲演艺类仅 4 篇（2.6%），人物推介中对非遗传承人的介绍仅 2 篇（1.3%）。

3. 头版头条报道较少

头版，也称为“第一版”，是指报纸的第一版发表的新闻或报道。头条，就是在报纸第一版中标题字号大且在最明显的版面位置的新闻事件或报道，有的还可能配有图片，或者用彩色文字作为标题，在视觉上处于突出位置，以便最大限度引起读者的关注。一般来说，报纸版面位置是新闻报道的内容价值高低的具体体现，在头版头条的新闻报道更能吸引读者的眼球，从而起到更好的传播效果。经统计，本次样本中，报道版面为头版情况见图 5 – 7，报道版面既是头版又是头条的情况见图 5 – 8。

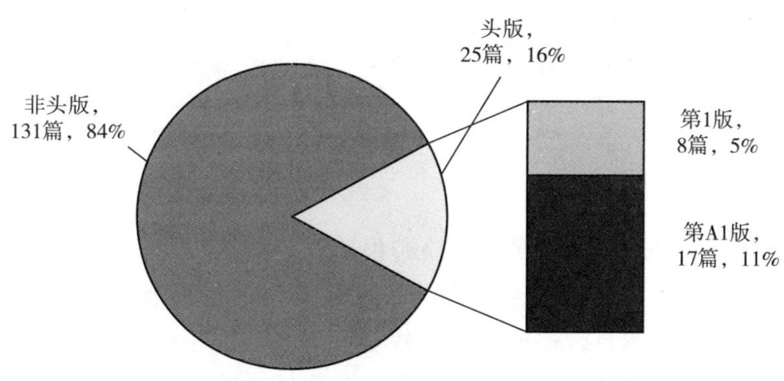

图 5 – 7　报道版面中头版统计

图 5 – 7 数据显示，2019 年的 156 篇报道中，头版报道（包括新闻版第 1 版和专题版的 A1 版）共 25 篇（16%），非头版的报道 131 篇（84%）。在 25 篇头版报道中，新闻版（即第 1 版）8 篇（5%），专题版（即 A1 版）头版为 17 篇（11%）。

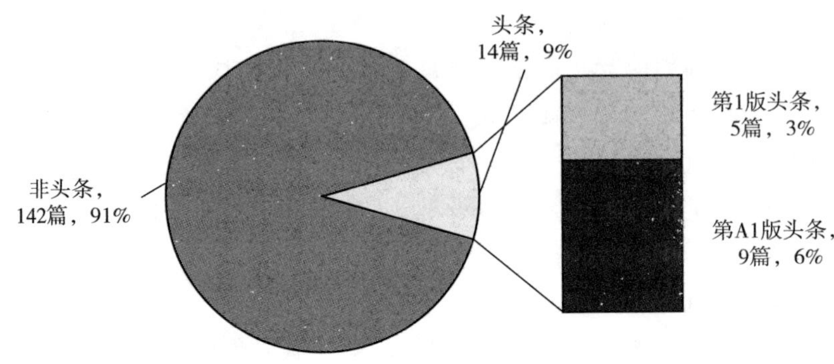

图5－8　报道版面头版头条统计

图5－8数据显示，2019年的156条报道中，既在头版又是头条的报道共有14篇（9%），非头条的报道142篇（91%）。在14篇头版头条报道中，新闻版（即第1版）头版5篇（3%），专题版（即A1版）头版为9篇（6%）。

因此，总体上看，《中国旅游报》有关山东的报道中，头版头条比例较低，需要提高。头条增加之后，阅读报纸的读者会有更大的可能性关注到山东的相关报道，有利于“好客山东”旅游品牌的传播。

二、建议

从2019年的报道来看，《中国旅游报》对“好客山东”的报道注重“好客山东”品牌的推广，重视乡村和县级区域的发展，报道议题也比较全面。但是，也存在一些不足，报道虽然比较全面但是各类报道之间不平衡，缺少报道深度，传统文化类报道不足以及头版头条较少等。今后需要强化《中国旅游报》对“好客山东”品牌的宣传，借助该报纸强大的市场提高“好客山东”品牌的知名度和美誉度。

（一）注重各类报道之间的平衡

第一，注重报道议题之间的平衡。首先，从表5－1报道的议题看，目前的报道主要侧重于综合报道（36.5%）和旅游地（景区）推介（24.4%），两者之和超过了60%以上。旅游者在旅游地需求的多样性要求在宣传报道方面也应该注重报道内容的丰富化。目前，需要在娱乐推介、旅游公共服务、酒店推介、旅游交通推介、旅游商品推介、旅行社推介方面增加报道的数量。其次，156篇报道中，95%的报道是有关事件的报道，有关人物·故事的报道只有7篇（4.5%）。今后应该增加这方面的报道，利用有血有肉的典型人物报道，增加“好客山东”品牌传播的温度。最后，重视人才培养的报道。2019年《中国旅游报》中有关院校·人才的报道仅有3篇（1.9%），内容分别是产教融合、实习实训和实践教学三个方面。旅游院校是培养高质量旅游专业人才的摇篮，山东是旅游大省，加强旅游院校以及人才培养的报道对山东旅游业的可持续发展意义重大。

第二，注重报道形式丰富化。从图5－5报道形式看出，报道形式最多的是消息和通讯（96%），理论政策仅占了4%，并且理论政策方面的报道均为政策性报道，缺少具备一定理论性深度的报道。虽然消息和通讯是报纸报道的主要形式，但是也应该增加其他类型例如理论政策方面的报道，以提高“好客山东”品牌传播的全面性和深度。

第三，注重月份报道数量的均衡。从图5－1月份报道数量可以看出《中国旅游报》在1～3月份报道数量最少，在10篇及以下。这可能与这三个月是旅游淡季以及春节放假员工也休假有关。实际上，春节期间人们休假时间长，旅游动机更强烈，更可能花费更多的时间通过各种渠道获取旅游相关信息，旅游地品牌的宣传不应该有季节性，建议每个月份在《中国旅游报》上发表的报道应注重均衡。

第四，注重各个地市的报道数量之间的平衡。从报道数量的地市分布看，2019年只有青岛、泰安、济南和济宁的报道超过10篇，其他地市均低于10篇。可以看出，《中国旅游报》对山东旅游经济发达地区报道较多，今后在重视旅游经济发达地区报道的同时，也应该关注旅游经济不发达地区的相关报道。

第五，增加批评性报道。数据表明，目前批评性报道很少（1篇，0.6%），正面性的报道（73.7%）和中性报道（25.6%）占了绝大多数的比例。由于负面新闻事件会对旅游地品牌产生消极影响，因此新闻报道对此一般保持着十分谨慎的态度。当然，旅游地在积极宣传正面形象的同时，也需要揭示一些不良现象，增加这类事件的报道，促使山东改进在旅游发展中存在的问题和不足，帮助山东旅游业更好地向前发展。建议可以通过先抑后扬的方法，对负面性事件以及管理者的后续解决措施进行追踪报道，提高读者的关注度，也促使管理者把负面事件变成提高管理水平和服务质量的机会，塑造“好客山东”品牌。

（二）注重对山东文化的报道

文化是激发人们外出旅游的重要因素。山东具有独特的文化基因，更应该将文化和旅游结合，开发出独特的“文化 + 旅游”模式的旅游产品以及增加相关的宣传。2019 年的报道中，有关旅游节庆、非遗和戏曲演艺的报道占了一定的比例（分别是 3.8%、3.2% 和 2.6%），但是与山东丰富的文化资源相比，《中国旅游报》报道的数量极为有限。

山东节庆类活动较多，各个地市都有不少代表性的知名节庆，如青岛啤酒节、潍坊风筝节、寿光蔬菜节、菏泽牡丹节、烟台葡萄酒节等等。此外，山东各地市还有很多非物质文化遗产，国家级的例如青岛的胶东大鼓、济南和泰安的皮影戏、烟台的螳螂拳等；省级的如梁山传说、潍坊茂腔、聊城杂技等。截至 2018 年，山东拥有的国家级非物质文化遗产 173 项，省级非物质文化遗产 751 项；现有国家级非物质文化遗产传承人 51 名，省级传承人 296 名；此外还有市级、县级非物质文化遗产数千项，市级、县级非物质文化遗产传承人数千人（刘一颖等，2018）。旅游地需重视对它的宣传与推广，才能让更多的旅游者了解。

此外，山东鲁菜是中国四大菜系之一，是山东文化的重要组成部分，也是吸引和提高旅游者体验的重要因素之一。目前缺少有关山东餐饮文化的报道。应该对山东的餐饮文化传播引起足够的重视，借助《中国旅游报》对山东的餐饮文化和美食做相应的宣传和推广。

最后，建议可以在《中国旅游报》开辟一个专题，专门讲述山东的旅游节庆、非物质文化遗产、餐饮美食等。在具体的报道内容挖掘上，可以重点关注文化和旅游相结合的创意类报道，开发文化创意产品，开展“文化 + 旅游”的创意活动，促进文化和旅游的融合发展。

（三）重视报道深度

报纸针对新媒体的竞争最有效、最具优势的措施是增强报道深度。当前对“好客山东”品牌的深度报道方面并没有引起足够的重视。深度报道应该立足新闻事实真相，通过深入挖掘事件和理性分析得出事件的本质（张平，2017），从宏观背景探索事件的发展及意义，通过写作将事件的发展和探索到的内容写出来。这就要求记者具有较高的写作能力和探索能力，将事件做出深入挖掘后可以完整清楚地写下来，做出报道。在对有新闻价值的新闻事件做出报道时，可以体现出事件的独家观点，从独家观点方面做出深度报道。

一方面，深度报道对通讯员的文学积累和写作技巧有一定的要求，提高其业务素质势在必行。第一，应该列出专项基金，定期加强对山东以及下属各个地市的通讯员进行专业培训。第二，借助高校的教学资源，把通讯员委派到高校进行专项学习。第三，招聘优秀的人才，充实通讯员队伍。

另一方面，报道渠道不平衡，即主要是通讯员和本报记者（91%），其他渠道仅占9%，作者中缺乏旅游专家和学者的报道，这可能也是目前相关报道缺乏深度的原因之一。应该增加其他渠道，例如业界专业人士、学界的专家和学者等对山东旅游形象的报道，从专业方面进行分析，提高报道的理论水平和深度。

（四）增加报道头版和头条

头版头条报道对突出“好客山东”品牌形象、增加媒体关注度、突出传播效果有很重要的作用。从图5－7和图5－8看出，有关山东报道的文章在头版和头版头条的比例都较低（分别是16%和9%）。这说明大部分报道在关注热点和报道质量方面可能存在一定的不足。建议如下：一是新闻题材尽量选取选择吸引眼球的、新颖的和当下人们关注的热点问题。二是提高稿件质量。旅游管理部门应该对分布在各个地市的通讯员加强统一管理，对稿件的质量进行统一的把关。三是建立头版头条激励政策。报道登上头版头条之后，对作者采取一定的激励措施，如物质奖励、精神奖励等。四是加强与《中国旅游报》的合作，从而增加报道上头条的可能。

第六章

基于百度指数的“好客山东”品牌传播

第一节 研究概述

一、问题提出

随着科学技术的快速发展，网络信息资源呈现爆炸式增长的态势。但其优势和劣势并存。一方面，人们可以从网络上非常方便的获取大量信息；另一方面数量庞大和杂乱无章的信息也使得人们无所适从，很难快速获得最需要的信息。因此，信息化的大数据时代，如何通过高效搜索、获取精准的网络信息以满足消费者的信息搜索需求成为一个亟待解决的重要问题。在此背景下，催生了一个新产业，搜索引擎技术应运而生。其中百度搜索因其网络信息资源丰富、搜索智能化和服务多元化等特征，成为众多搜索引擎中的佼佼者（王奕文，2017）。

基于网络可以提供巨大信息，搜索引擎成为互联网时代信息搜寻的基础工具，是网民获取信息十分重要的手段。中国互联网络中心（CNNKI）的数据显示，截至2019年6月，我国搜索引擎用户规模达6.95亿，搜索引擎使用率为81.3%。旅游信息搜寻方面，搜索引擎也逐渐成为旅游者使用互联网的主导模式。有研究指出，大约2/3的网络旅游者使用搜索引擎完成旅行计划（Xiang et al.，2010）。来自市场研究机构西特维斯（Hitwise）的研究报告也表明，搜索引擎在生成旅游网站访问量方面有重大影响（Hopkins，2008）。艾瑞咨询（2009）的研究也显示，旅游者搜索旅游信息的途径中，排在第一位的是亲朋好友（66.6%），排在第二位是旅游网站（45.2%），排在第三位是搜索引擎（44.4%）。这说明搜索引擎也是旅游者获取旅游相关信息的最主要渠道之一。

相对于其他商品来说，旅游产品更适合与搜索引擎进行结合（艾瑞咨询，2018）。主要原因有以下几个方面：第一，到某一目的地旅游是目的性相对明确的产品，而搜索通常是在有较明确的需求后产生的行为，旅游和搜索引擎的结合能够更好地满足旅游者出行前的预期计划的信息需求。第二，旅游产品是一项综合性的产品，除了会涉及旅游活动过程中的主要需求，例如行、住、食、游、购、娱之外，还可能会涉及通信、卫生、医疗等一些其他方面的需求，因此，旅游者在异地对旅游及其相关信息的需求量非常大，需要借助搜索引擎才能进行更有效的筛选，以便获得自己最需要的信息。第三，旅游产品是一项体验性的产品，具有生产和消费同步的特点，在购买前无法提前试用，购买之后也很难退货，因此为了减少购买风险，需要搜索引擎帮助旅游者进行各种信息的比较，选择最佳方案，以便最终做到旅游决策的最优化。

显然，网络搜索引擎作为旅游者开展行前信息检索、行程规划和行后总结的重要工具，其作用和重要性无论对旅游者还是旅游产业都意义重大。一方面，对旅游者来说，旅游者只要在搜索引擎中输入相应的关键词，庞大的网络搜索数据就会被记录下来，搜索引擎会提供一个由大量信息组成的在线信息集合（黄先开等，2013），这些信息成为旅游者外出旅游的主要参考依据，也是旅游者之间传播旅游地网络口碑的最重要渠道之一。另一方面，对旅游地来说，搜索引擎已经成为一个强大的接口，成为旅游地和相关企业传播旅游地品牌、说服潜在旅游者成为现实旅游者的重要营销渠道。在使用搜索引擎搜索旅游信息背景下，越来越多的旅游者参与在网络中共享信息，这使旅游地和旅游企业现有的营销实践面临巨大的挑战。因此，本章将对搜索引擎在旅游地品牌传播中发挥的作用进行探讨，为旅游地利用搜索引擎进行品牌传播提供参考依据。

二、研究现状

网络搜索引擎是旅游者进行信息搜寻的重要工具。网络中的搜索数据记录了旅游者关注的信息以及他们的需求。有研究显示，这些被网络记录的旅游者的搜索行为与旅游者现实的社会行为是有一定联系的。即旅游者的网络搜索行为与旅游者对于旅游目的地选择的心理倾向有一定的相关性（黄先开等，2013）。因此，这些有关旅游者网络关注度的数据也为旅游研究提供了相关数据资源，同时也为旅游研究视角和研究方法的创新提供了思路（邓爱民等，2014）。目前，从搜索引擎排名来看，百度作为国内最大的搜索引擎，为研究消费者的需求和行为提供了重要的数据来源（马明等，2014）。旅游研究方面，目前有关百度指数的研究主要分为以下四个方面。

（1）旅游产品、旅游事件网络关注度的时空分异研究。旅游产品方面，刘岚等（2017）对旅游演艺产品进行了研究；此外，还有对邮轮旅游产品（李霞等，2016）、温泉旅游（何小芊，2017）的研究。旅游事件方面，管陈雷等（2018）对重庆马拉松网络关注度时空特征进行研究。旅游话题方面，林炜铃等（2014）以旅游安全热点话题作为研究议题，对其关注度的区域分异进行分析。

（2）旅游地网络关注度的时空分异研究。这方面研究分为以下四类：一是对省域旅游地的研究，如黄文胜（2019）以 2016 ~ 2018 年的百度数据为依据，以广西为旅游地进行的研究。二是对城市旅游地的研究，主要有对厦门（丁鑫等，2018）、韶山（蔡卫民等，2016）、武汉（邓爱民等，2014）、连云港（孟思聪等，2017），日照（郭丽丽，2018）、青岛（李世霞等，2014）等旅游地的研究。三是对旅游景区的研究，如林志慧等（2012）选择了中国百强景区中排名前 47 的景区进行研究；也有作者选择某一区域下属的景区进行综合研究，例如对中国 5A 级景区（王芳，2015）、上海 4A、5A 景区（戈丽，2019）、浙江 5A 级景区（户文月，2015）、安徽 5A 景区（李经龙等，2019）、长三角 5A 景区（徐凡等，2016）和东北三省 4A 级以上景区（曾可盈等，2019）的研究；此外，还有作者选择具体单一的景点进行的研究，例如对南京夫子庙（陈芸，2019）、杭州千岛湖景区（沈啸等，2018）、安徽万佛湖风景区（余佳华等，2017）的研究。四是对旅游地旅游形象口号网络关注度百度指数的研究。如张艳蓉等（2019）选择了8个省域旅游地形象口号的百度指数进行了时空分异特征的对比分析。

（3）网络搜索指数和实际客流量之间的关系研究。这方面研究分为两类。第一类是有关网络关注度和实际客流量之间的关系研究。其中，对旅游省域（龙茂兴等，2011；宋增文，2016）、旅游城市（马丽君等，2011）、旅游景区（李山等，2008；马莉等，2018）、某一个单一旅游景点（刘月红等，2014；奚万松等，2019；薛玮等，2019）的研究表明，无论时间还是空间角度，网络关注度与实际客流量具有较强的相关关系，网络关注度是其现实游客量的前兆。第二类是有关移动端和电脑端的差异研究。例如，郑玉莲等（2018）以芜湖方特欢乐世界为例，探讨了在移动端和电脑端的网络关注度和实际客流量的差异特征。

（4）网络搜索指数和预测客流量模型研究。张玲玲等（2018）探讨了基于搜索指数构建预测模型的具体方法。胡倩倩（2019）和秦梦等（2019）建立模型，分别对海南省、三亚市的旅游客流量进行预测。黄先开等（2013）则对有百度关键词和无百度关键词的预测模型进行了比较研究。孙烨等（2017）以三清山为例研究了电脑端和移动端之间的差异，发现移动端对真实游客量具有更好的预测性。

总体而言，由于百度指数官网的建立，目前基于百度指数对旅游地产品、话题、事件、旅游形象口号、旅游景区，以及旅游市场预测的相关研究开始引起了学者们的关注，并进行了创造性的有益探索。但是总的来说，研究处于初步阶段。关于旅游地品牌形象网络关注度的研究很少。因此，本部分以“好客山东”品牌为例，对其网络关注度进行研究，揭示旅游地品牌推广的现状，提出旅游地品牌传播的对策和建议。

第二节 研究设计

一、数据来源

目前，网民搜索信息时可以使用的搜索引擎有百度、谷歌、搜狗等。其中，谷歌公司与百度公司分别推出了谷歌趋势和百度指数功能，通过这项统计功能，用户可以获取到某个搜索关键词在某一特定时间段内分别在谷歌和百度搜索引擎中的搜索量和关注度趋势。有研究发现，从 2018 年下半年到 2019 年上半年的数据来看，中国网民使用的国内外搜索引擎中（见图 6－1），百度排在第一位，谷歌排在第五位（百度，2019）。单纯比较国内搜索引擎市场方面（见图 6－2），中国互联网络中心（CNNKI）2019 年 6 月的调查数据显示，百度搜索也是位居第一，比其他搜索引擎有更强的说服力。

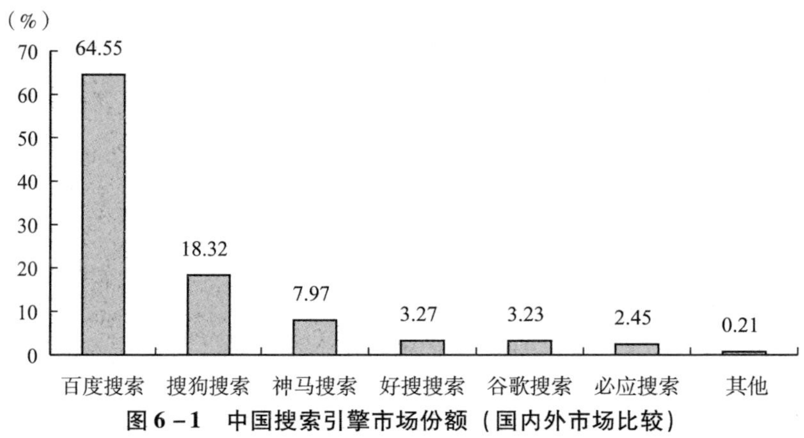

图 6－1　中国搜索引擎市场份额（国内外市场比较）

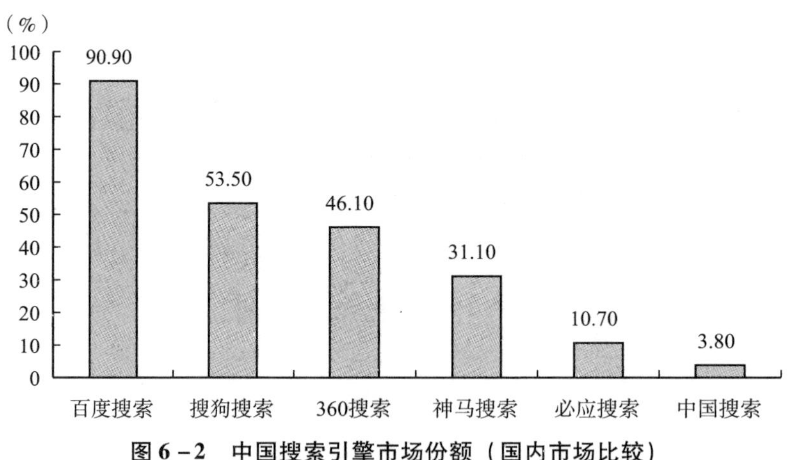

图 6－2　中国搜索引擎市场份额（国内市场比较）

本书的数据来源于百度公司。百度（www. baidu. com）是全球最大的中文搜索引擎。其中百度搜索指数是通过统计搜索关键词的用户关注数值，其统计依据依赖于旅游者的网络搜索需求和搜索行为，为旅游活动中各要素网络关注度的研究提供了有力的数据支持，现在已经成为大数据时代最重要的统计分析平台之一（邹永广等，2015）。百度公司基于其海量数据推出百度指数功能。百度指数是以百度网页搜索和百度新闻搜索为基础的免费海量数据分析服务，用以反映不同关键词在过去一段时间里的“用户关注度”和“媒体关注度”。通过百度指数可以发现、共享和挖掘互联网上最有价值的信息和资讯，直接、客观地反映社会热点、网民的兴趣和需求。百度指数目前提供自 2006 年至今不同关键词的网络日搜索量数据。

二、研究内容

研究内容分为两大部分。

（一）“好客山东”品牌的网络关注度研究

主要是从年度搜索特征、月时段搜索特征、周时段搜索特征、节假日搜索特征、PC 端与移动端的搜索特征对比等方面对“好客山东”的网络关注热度进行分析。根据百度指数搜索发现，有关“好客山东”品牌的数据只提供了 2011 年以来的数据，因此年度搜索特征使用了 2011 ~ 2019 年的数据，其他方面的特征重点分析了 2019 年的数据。

（二）“好客山东”与竞争对手的网络关注度对比研究

在进行比较时，最初计划选择与山东地缘接近，市场竞争比较激烈的华东六个省域（福建、江西、安徽、江苏、上海、浙江）和华北两个省域（河南、河北）进行对比。这些省域在近十几年来也曾经先后推出各自不同的旅游品牌。例如，福建省的“清新福建”、安徽省的“旅游难忘安徽”或“美好安徽”、江西省的“江西风景独好”、浙江省的“诗画浙江”、江苏省的“美好江苏”或“水韵江苏”或“精彩江苏”、河南省的“老家河南”、河北省的“胜境河北”或“乐享河北”、上海市的“上海精彩每一天”或“发现更多体验更多”等。通过百度指数搜索发现，江苏、上海、浙江、河北、江西的数据均无法查到。因此，本书最后选择了可获得的河南、福建和安徽三个省域的数据，与“好客山东”进行比较。从品牌推广的开始时间来看，“好客山东”“老家河南”“清新福建”和“美好安徽”推出的时间分别是2007年、2012年、2013年和2015年。因此，最终选取了近三年即2017~2019年的数据进行对比研究。

三、研究方法

主要运用描述性统计分析方法进行，根据相关数据画出趋势图以便更加直观地进行比较。此外，采用对比研究方法，将山东省数据与竞争对手的数据进行对比研究。

第三节 研究结果分析

一、“好客山东”品牌网络关注度分布特征

（一）年时段特征

图6-3和图6-4分别是2011~2019年“好客山东”品牌的年度搜索值趋势曲线和年度搜索的整体日平均值。

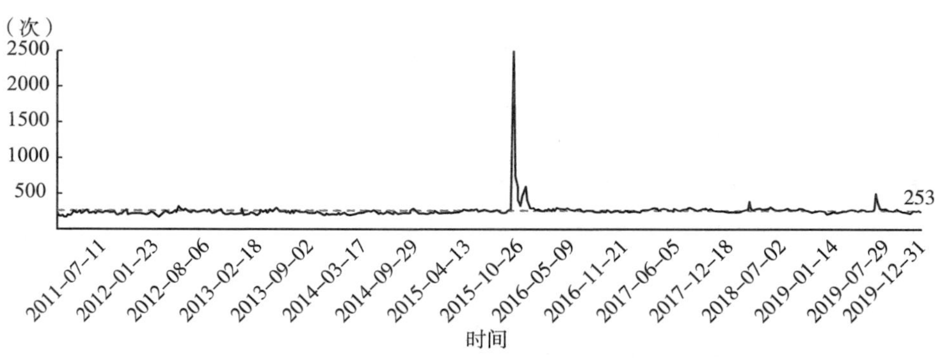

图6-3 “好客山东”年度搜索值趋势（2011~2019年）

资料来源：百度指数。

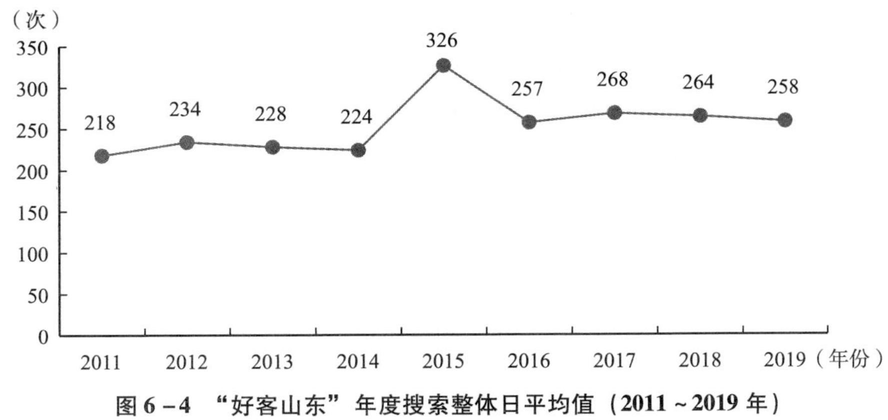

图 6－4 “好客山东”年度搜索整体日平均值（2011～2019 年）

从图 6－3 和图 6－4 的趋势图可以看出，2011～2019 年间，“好客山东”网络搜索值大部分年份比较平稳，接近一条直线，九年间的整体日平均值为 253 次。特殊年份是 2015 年，整体日平均值为 326 次，最大值为 6517 次（2015 年 10 月 8 日），主要原因是由于 2015 年国庆节期间“青岛大虾事件”负面网络舆情的影响，导致“好客山东”品牌的网络关注度迅速飙升。当然，这种由于负面网络舆情导致的旅游地知名度的迅速上升对旅游地品牌的塑造是十分不利的，本书将在第十一章进行详细探讨。

（二）月时段特征

图 6－5 是对 2019 年“好客山东”的百度指数搜索值以月为单位进行统计，得出每个月的搜索值的总次数。从不同月份总的搜索量来看，排在前三位的搜索值的总次数从高到低依次是 7 月份（11009 次）、8 月份（8558 次）和 5 月份（8108 次），这三个月的网络搜索值超过 8000 次。排在倒数最后的三位由高到低依次是 1 月份（6954 次）、11 月份（6916 次）和 2 月份（6531 次），这三个月的网络搜索值低于 7000 次。其他月份的搜索值在 7000～8000 次之间，处于中等水平。从图 6－5 中也可以直观地看出，不同月份网络关注度存在区别，1～2 月份呈下降趋势，3～12 月属于搜索值先上升然后下降，呈现上下波动变化，11 月份降到最低值，到了 12 月份稍微有所上升。这说明，“好客山东”品牌的网络关注度与其旅游的季节性有一定的关联。每年的三月开始到十月是旅游者关注“好客山东”品牌，计划到目的地旅游的高

峰期，这一时期假期多，气候适宜出游，这也是大多数旅游目的地的旅游旺季和平季；而每年的十一月份到下一年的二月份处在冬天季节，山东的气候相对比较寒冷，并不是旅游者外出旅游的首选，因此属于旅游淡季，旅游者的关注度则开始下降。

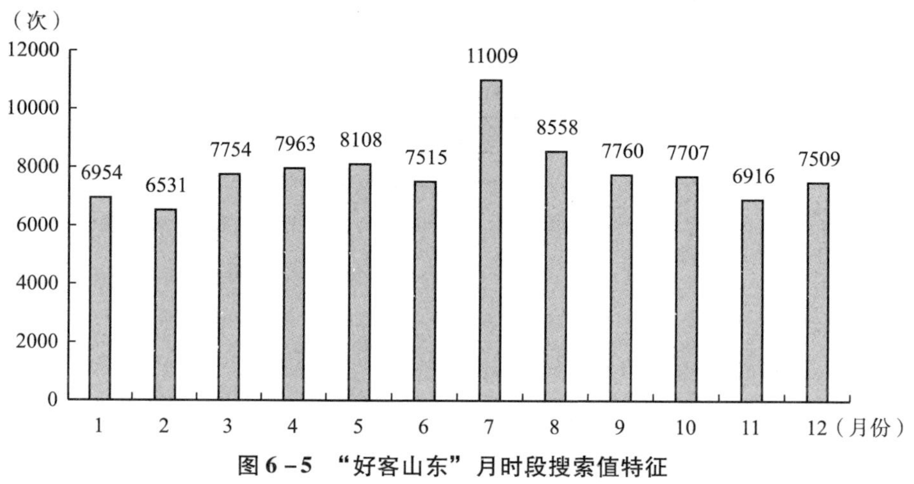

图6－5 “好客山东”月时段搜索值特征

（三）周时段特征

图6－6是2019年“好客山东”品牌的周时段网络关注度的平均值。具体计算方法是，首先获得2019年“好客山东”的百度指数数据，然后按照周一到周日分别进行拆分，并计算平均值。

从周时段的网络关注度平均值次数来看，周一最高（274次），最低是周日（236次）。从2019年一周的网络关注度发展趋势来看，周一到周日呈现逐渐下降的趋势，但是周一到周五的搜索量上下波动不大（周一的最高值与周五的最低值相差5次）；周六和周日明显下降，其中周六搜索值（244次）与周一的最高搜索值（274次）相差30次；周日搜索值（236次）与周一的最高搜索值（274次）相差38次。总体来说，数据说明，计划进行省域旅游的潜在旅游者一般会在出游前利用较长的时间关注旅游地品牌，周时段内周一到周五持续关注，做好旅游前的攻略准备，周六和周日出游或休息反而会关注较少一些，周日结束后的周一可能会进行旅游行程后撰写游记评论或者是进行下一个行程的准备，网络关注度又会上升。

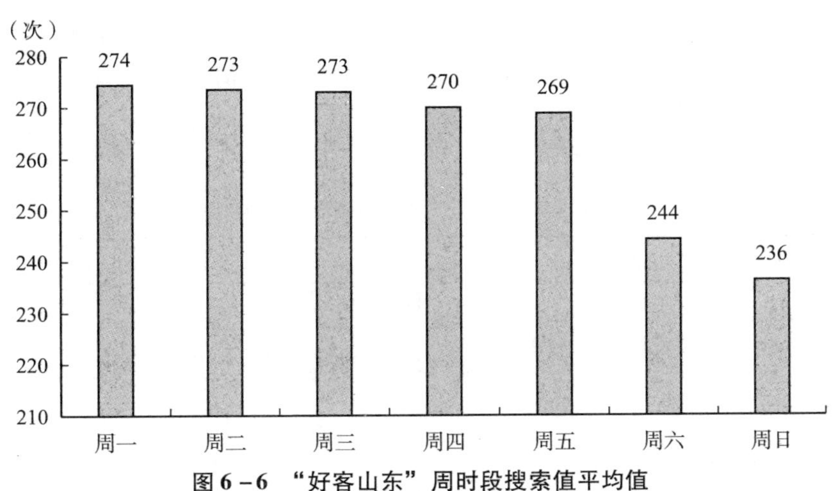

图 6－6 “好客山东”周时段搜索值平均值

（四）节假日时段特征

本书截取的是 2019 年国庆黄金周及其前后时间段的搜索值变化趋势（见图 6－7）。通过对 9 月份和 10 月份的搜索值进行研究发现，在这两个月中，搜索值次数最高的是 9 月 23 日，为 309 次；搜索值次数最低的是 10 月 19 日，为 202 次，平均数搜索值次数为 253 次。

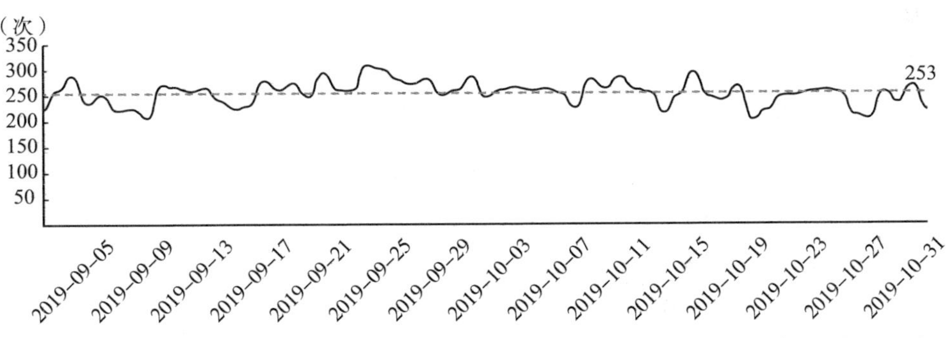

图 6－7 “好客山东”国庆节前后搜索值特征（2019 年 9 月 1 日～2019 年 10 月 31 日）

资料来源：百度指数。

因此，根据 2019 年 9 月到 10 月份的搜索趋势，最终选取了 9 月 20 日到 10 月 18 日的数据，包括国庆节放假前一周多（11 天）、国庆节放假（7

天）以及国庆节放假后一周多（11 天），一共 29 天的数据进行分析，包括总搜索值、PC（personal computer）端即电脑端搜索值和移动端搜索值，具体见表 6－1。

表 6－1　2019 年国庆节前后“好客山东”搜索值特征　单位：次

时间段	日期	PC 端	移动端	总和	平均值
放假前	9 月 20 日	114	180	294	278
	9 月 21 日	97	163	260	
	9 月 22 日	83	178	261	
	9 月 23 日	139	170	309	
	9 月 24 日	139	163	302	
	9 月 25 日	114	166	280	
	9 月 26 日	106	165	271	
	9 月 27 日	116	165	281	
	9 月 28 日	83	166	249	
	9 月 29 日	102	157	259	
	9 月 30 日	116	171	287	
放假期间	10 月 1 日	83	163	246	253
	10 月 2 日	82	178	260	
	10 月 3 日	89	176	265	
	10 月 4 日	85	174	259	
	10 月 5 日	82	180	262	
	10 月 6 日	93	159	252	
	10 月 7 日	78	147	225	
放假之后	10 月 8 日	129	151	280	260
	10 月 9 日	112	151	263	
	10 月 10 日	114	171	285	
	10 月 11 日	106	155	261	
	10 月 12 日	112	144	256	

续表

时间段	日期	PC 端	移动端	总和	平均值
放假之后	10 月 13 日	70	144	214	260
	10 月 14 日	110	139	249	
	10 月 15 日	139	155	294	
	10 月 16 日	93	154	247	
	10 月 17 日	85	155	240	
	10 月 18 日	112	155	267	

从国庆节放假前后的搜索值变化的总体趋势来看，整体曲线呈现不同时期上下波动的变化（见图 6－7、表 6－1）。“好客山东”网络关注度高峰是国庆放假前的 9 月 20～30 日，在这 11 天中，搜索次数平均值为 278 次，远远高于这两个月的平均值 253 次。其中 9 月 23 日和 24 日的搜索值分别是 309 次和 302 次，是这两个月以来排在前两位并且超过 300 次的搜索值；9 月 20 的搜索值为 294 次，排在第三位；9 月 25 日、27 日和 30 日搜索值也超过 280 次以上。这说明旅游者在放假前两周内已经开始通过网络搜索大量相关的旅游信息以便为假期的到来提前做好旅游攻略及相关准备，规划旅游行程。

国庆节放假之后，即 10 月 8～18 日的“好客山东”网络关注度搜索值次数在 214～294 次之间，搜索平均值为 260 次，高于这两个月的平均值（253 次）。最大值是 10 月 15 日搜索值为 294 次，10 月 8 日和 10 日搜索值也超过 280 次以上，最小值是 10 月 13 日搜索值为 214 次。这说明在放假回到居住地之后，旅游者还会持续对旅游地进行关注，以便处理旅游结束后的相关事宜，例如售后服务、撰写游记和点评等等。

国庆节期间，即 10 月 1～7 日的“好客山东”网络关注度搜索值次数在 225～265 次之间，最大值是 10 月 3 日搜索值为 265 次，10 月 7 日降到假期的最低值（225 次）；搜索平均值为 253 次，与这两个月的平均值相等（253 次）。数据显示，旅游者在国庆节期间对“好客山东”品牌的网络关注度低于放假前和放假之后。这说明在国庆放假旅游期间，虽然旅游者也会进行网络信息搜索，但是与假期前规划行程时和假期后处理售后时比较，均相对较低，也比较平稳。

（五）PC端搜索值和移动端搜索值的对比

表6－1和图6－8显示了2019年国庆节前后一段时间内（9月20日～10月18日）PC端即电脑端搜索值和移动端搜索值的对比。

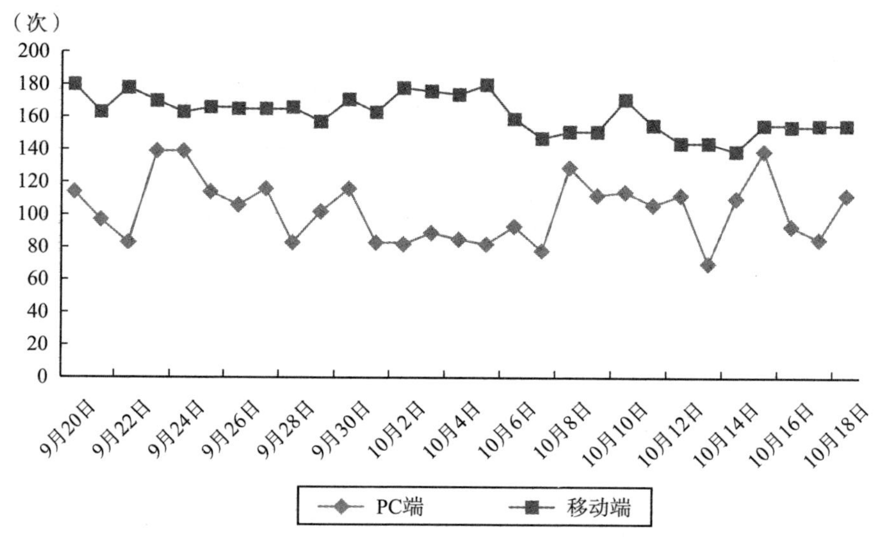

图6－8　2019年国庆节前后“好客山东”PC端和移动端搜索值对比

第一，从PC端搜索值和移动端搜索值的对比来看，移动端的搜索值一直都高于PC端。说明更多旅游者是通过移动手机进行搜索，旅游者的搜索习惯移动化成为主要特征（艾瑞咨询，2017）。现代技术的快速发展、智能手机的普及，以及手机具备的便于携带、操作简单的优势，让智能手机在多数智能产品中脱颖而出，成为网络搜索的主要工具。

第二，从PC端搜索值和移动端搜索值变化的总体趋势来看，移动端的曲线是接近直线，比较平稳，9月20到10月18日搜索值次数变化在139～180次之间，最大值与最小值相差41次；而PC端在不同的时间变化幅度较移动端大，在70～139次之间，最大值与最小值相差69次。进一步分析，PC端在周日（例如9月22日、10月13日）以及国庆节的放假的七天搜索值较低，其他时间相对较高，搜索值次数最高的是9月23日（周一）、24日（周二）和10月15日（周二），均为最高值139次。移动端最高值是180次，具体时间是9月20日（周五）和10月5日（放假期间）；其次是搜索值178次，时间是9月22日（周日）和10月2日（放假期间）。说明周末和放假期间更多的旅游者会通过移动端进行网络信息搜索。

以上数据显示，人们可能在出游前的非周末时间会大量使用电脑端搜索做出旅游安排，假期结束后使用电脑做出游后总结和评价；而在周末和假期更多使用移动端搜索信息。当然，不管是周末，假期还是非周末，手机搜索的数量均高于PC端。这种趋势也进一步体现了现在智能手机的普及，它方便、易操作的优点得到充分的发挥，使得人们不管是在出游期间还是出游前后使用手机查询“好客山东”相关信息更多一点。

中国互联网络中心（CNNKI）2019年的调查数据显示，截至2019年6月，97.1%的搜索引擎用户通过手机使用该服务，而通过电脑使用该服务的用户比例仅为65.0%。手机作为用户使用搜索引擎的主要设备，其地位已经十分稳固，而通过台式电脑或笔记本电脑使用搜索引擎的用户的比例则明显偏低。本次研究再次证实了这一结论。

二、“好客山东”与其他省域旅游口号的对比

（一）年时段特征比较

利用百度指数，以“好客山东”“老家河南”“清新福建”和“美好安徽”为关键词进行搜索。分别搜索2017～2019年这三年的百度指数，得到各年份的整体日平均值，统计结果见图6－9。

如图6－9所示，“美好安徽”和“好客山东”网络关注度年度的整体日平均值较高，“老家河南”和“清新福建”网络关注度的年度整体日平均值关注度整体较低。

一方面，“好客山东”在四个省域中排在第二位，年度的整体日平均值在200～300次之间，从2011～2019年的年度的整体日平均值（见图6－4）也可以看出，“好客山东”的年度百度关注度除了2015年比较特殊之外，基本变化不大，年度的整体日平均值次数一直维持在200～300次之间。

另一方面，排在第一位的是“美好安徽”，2017年整体日平均值次数达到最高值（909次）。从百度指数搜索发现，“美好安徽”旅游品牌在官方还

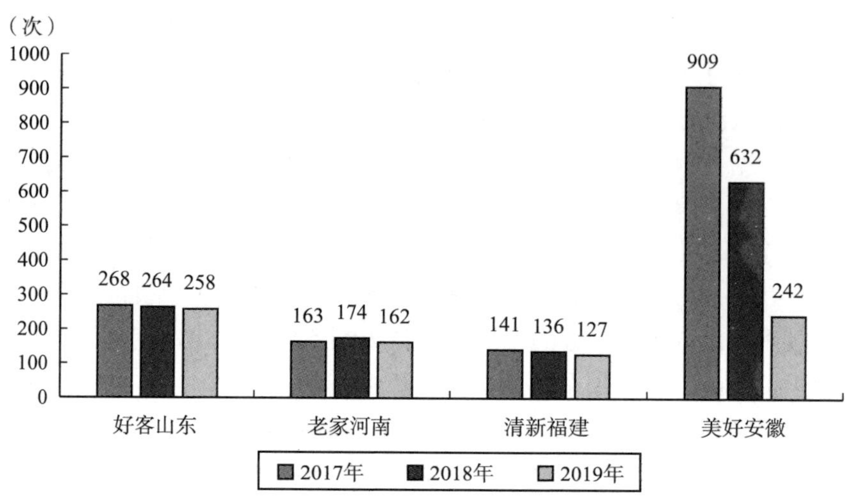

图6-9　旅游地品牌年时段搜索值比较（整体日平均值）

没有确定为统一推广的省域旅游品牌之前，就有了一定的关注度，有学者早在2013年就提出了“美好安徽”旅游品牌网络形象塑造的建议（王慧，2013）。但是在2015年之前，安徽省官方使用的是“旅游，难忘安徽”。“美好安徽”是安徽省从2014年9月份开始进行网络公开征集活动后，在2015年2月份宣布使用的新的旅游品牌。因此，在官方推广后，品牌知名度迅速上升，2017年达到最高值，2017~2019年呈现快速下降的趋势，但是搜索值高于“老家河南”和“清新福建”。这也说明，随着旅游目的地之间竞争的日益激烈，管理者根据百度关注度适时提出新的旅游品牌口号并进行重点推广是有效的。

（二）月时段变化特征比较

利用百度指数搜索自定义时间，本书选取2019年的数据来对比“老家河南”“清新福建”“美好安徽”和“好客山东”四个省份旅游品牌的月时段关注度特征（见表6-2、图6-10）。

表 6-2　　2019 年旅游地品牌月时段搜索值比较　　单位：次

月份	好客山东	老家河南	清新福建	美好安徽
1 月	224	160	117	721
2 月	233	150	107	381
3 月	250	147	135	246
4 月	265	155	138	197
5 月	261	177	123	183
6 月	250	172	119	247
7 月	355	159	137	209
8 月	276	163	125	182
9 月	258	177	132	157
10 月	248	166	125	170
11 月	230	160	135	115
12 月	242	162	127	102
平均值	258	162	127	242

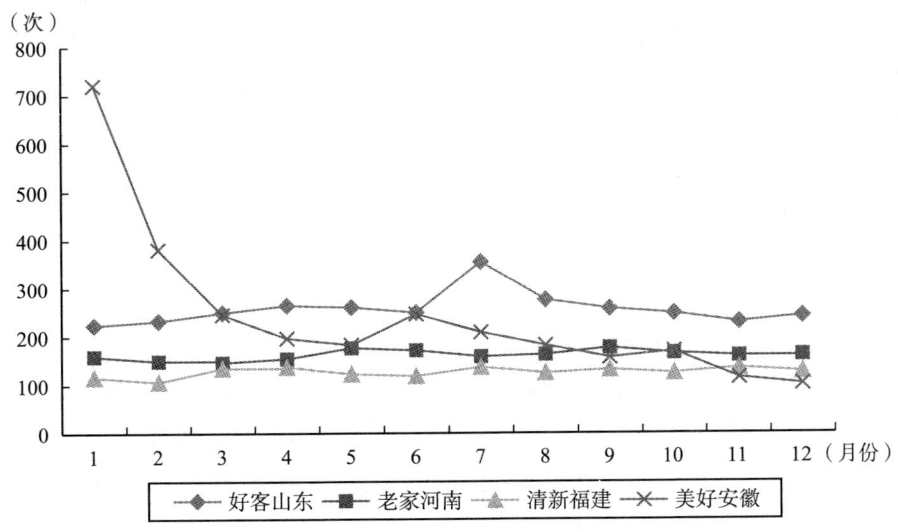

图 6-10　2019 年旅游地品牌搜索值月时段比较

从2019年整体日平均值次数来看，排在第一位的是“好客山东”（258次），排在第二位的是“美好安徽”（242次），“老家河南”和“清新福建”分别排在第三和第四位（整体日平均搜索值分别为162次和127次）。从整体日平均值可以看出，“美好安徽”和“好客山东”的搜索值远高于“老家河南”和“清新福建”的搜索值；“老家河南”和“清新福建”整体搜索值比较相近，其中“老家河南”的搜索值略高于“清新福建”。这说明总体上看“好客山东”品牌自建立以来网络关注度相对还是比较高的。

从曲线的发展趋势来看，“好客山东”和“美好安徽”在不同的月份上下波动趋势明显，而“老家河南”和“清新福建”变动趋势则会平缓一些。

其中“美好安徽”波动最大，1~2月份明显高于其他三个旅游地品牌，4月份开始逐渐下降低于平均值，6~7月开始上升，高于平均值。可能的原因：一是，官方在年初的1~2月份加大了品牌推广和宣传的力度；二是临近元旦春节，以及6~7月份旅游旺季来临，旅游者到安徽旅游意愿较为强烈，因此网络搜索信息的频率较高。“好客山东”的月关注度曲线趋势是，1月份开始逐渐上升，到了7月份达到最高值，然后8月份开始有逐渐下降的趋势，其关注度与山东省的旅游淡旺季的变化基本类似。

“清新福建”和“老家河南”的关注度总体上比较平稳，也没有出现在10~12月份明显下降的趋势。这预示着，与山东地缘接近的河南的旅游市场在这三个月也保持平稳的态势，没有出现淡季明显降低的现象；而山东旅游市场网络关注度趋势则与淡季市场的同步性更强，没有扭转淡季网络关注度不减少的局面。因此，如何解决淡季不淡，激发旅游者的关注度和旅游动机是山东旅游市场开发亟待解决的问题。

（三）省际平均值比较

利用百度指数搜索的自定义时间和地区的功能，自定义不同时间范围和省域，对四个省域的旅游地品牌口号进行数据收集。基于数据精确性和可比性的考虑，选择了最近三年（2017~2019年）我国34个省域（包括23个省，5个自治区、4个直辖市和2个特别行政区）的整体日平均值数据进行比较分析（见表6-3、图6-11）。

表 6-3　2017~2019 年旅游地品牌省际搜索值比较（整体日平均值）　单位：次

省区市	好客山东	老家河南	清新福建	美好安徽
安徽	33	13	3	549
北京	100	59	28	45
澳门	0	0	0	0
重庆	20	7	1	4
福建	29	10	121	10
广东	78	49	17	48
广西	14	5	1	7
甘肃	6	3	0	2
贵州	9	5	1	3
河北	59	20	3	14
黑龙江	19	4	0	5
河南	53	125	3	20
湖南	24	7	3	12
湖北	33	17	4	14
海南	5	3	0	1
吉林	16	4	1	3
江苏	83	40	9	73
江西	18	5	6	11
辽宁	37	12	2	11
内蒙古	10	3	1	3
宁夏	1	0	0	0
青海	1	0	0	0
上海	63	28	11	39
四川	41	18	5	21
山东	185	37	7	27
山西	21	8	1	6
陕西	22	14	2	9
天津	25	9	2	4

续表

省区市	好客山东	老家河南	清新福建	美好安徽
台湾	1	0	1	0
西藏	0	0	0	0
香港	2	0	0	0
新疆	6	4	0	2
云南	9	4	2	4
浙江	68	34	11	48

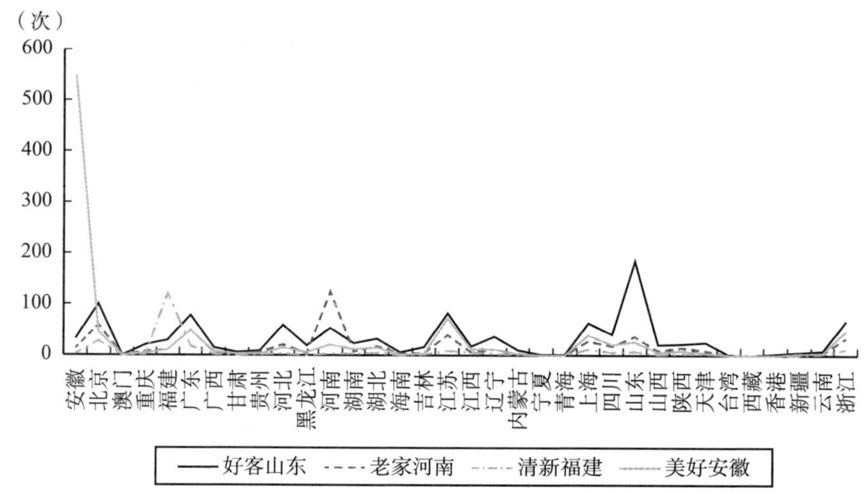

图 6－11　2017～2019 年旅游地品牌搜索值省际比较（整体日平均值）

从表 6－3 和图 6－11 可以看出，"好客山东"的省际传播有以下特点。一是在本省的网络关注度最高（整体日平均值次数接近 200 次），在省外的网络关注度低于本省（低于 100 次）。二是在经济发达的省域或者山东省周边的省域网络关注度较高；例如，在北京（100 次）、广东（78 次）、江苏（83 次）、浙江（68 次）、上海（63 次）、河北（59 次）、河南（53 次）这 7 个省份的日平均网络关注度均高于 50 次。三是在经济不发达的省域或者与山东省距离较远的省域网络关注度较低。例如，在西藏（0 次）、澳门（0 次）、香港（2 次）、宁夏（1 次）、青海（1 次）、台湾（1 次）、海南（5 次）、甘肃（6次）、新疆（6次）、云南（9次）、贵州（9次）这11个省域的日平均网络关注度均低于10次。

从“好客山东”与其他三个旅游品牌的对比来看，四个省域旅游品牌口号的省际网络关注度存在以下共性：一是在本省的网络关注度最高，在省外的网络关注度低于本省；二是在经济发达的省域或者该省周边的省域网络关注度较高；三是在经济不发达的省域或者与本省距离较远的省域网络关注度较低。

从四个省域旅游品牌口号网络关注度的省内外差别看，省内和省外差别最大的是“美好安徽”，在本省的网络关注度整体日平均值超过500次，但是在外省的关注度除了临近的江苏（73次）高于50次以外，其他省份的关注度均低50次，旅游品牌在省外影响力明显下降；相比之下，“好客山东”在本省的网络关注度接近200次，但是在其他省份的关注度在0～100次之间，省内外差别相对较小。

从四个省域旅游品牌口号网络关注度的省外关注度来看，“好客山东”在省外的关注度比“美好安徽”“老家河南”“清新福建”相对更高，影响力更强。例如“好客山东”在北京、广东、江苏、浙江、上海、河南和河北这7个省份的网络关注度整体日平均值均高于50次，这些省份或者是经济比较发达，或者与山东省地域上接近，而其他口号仅在某一到两个省份中网络关注度高于50次。

第四节　结论与建议

一、结论

利用百度指数进行网络数据挖掘，从年时段、周时段、月时段、节假日、PC端与移动端对比以及“好客山东”与竞争对手的对比等方面，分析了“好客山东”品牌网络传播的特征，得出以下结论。

（一）“好客山东”品牌传播的时间特征

（1）年时段特征表现为，从2011年开始，除了特殊年份（2015年）较高外，大部分年份网络关注度保持了平稳发展的趋势（搜索值的整体日平均均值在200~300次之间），大致呈“一”字形。这表明“好客山东”品牌经过十几年的培育，网络关注度趋于稳定，品牌较为成熟。（2）月时段特征表现为，7月为最高峰，3~10月相对较高，11月至次年2月相对较低，大致呈倒“U”形。（3）周时段特征表现为，周一至周五网络关注度相对较高，比较平稳；周六和周日相对较低，迅速下降；一周内呈逐渐下降的趋势。（4）节假日特征曲线大致呈“U”形，表现为节前和节后关注度较高，节日期间平稳。（5）从节假日PC端搜索值和移动端搜索值的对比来看，移动端的搜索值一直都高于PC端，说明更多旅游者是通过移动手机进行搜索，旅游者网络搜索的习惯移动化成为主要特征。

（二）“好客山东”品牌传播的空间特征

（1）在本省的网络关注度最高（接近200次），在省外的网络关注度低于本省（低于100次）。（2）在经济发达的省域或者山东省周边的省域网络关注度较高，例如在北京、广东、江苏、浙江、上海、河南、河北这7个省份的日平均网络关注度均高于50次。（3）在经济不发达的省域或者与山东省距离较远的省域网络关注度较低，例如在西藏、宁夏、青海、海南、甘肃、新疆、云南、贵州等省域的整体日平均网络关注度均低于10次。

（三）“好客山东”品牌与其他旅游地品牌的对比

通过“好客山东”品牌与“美好安徽”“老家河南”“清新福建”对比发现，总体上“好客山东”网络关注度低于“美好安徽”，高于“老家河南”和“清新福建”，并呈现以下特征。（1）“美好安徽”在本省内的网络关注度明显高于“好客山东”，“好客山东”排在第二位。（2）“好客山东”在省外的关注度比“美好安徽”“老家河南”“清新福建”相对更高，影响力更强。例如，“好客山东”在经济比较发达或者与山东省地域上接近的省份，如北京、广东、江苏、浙江、上海、河南、河北等的关注度均高于50次，而其他旅游品牌仅在某一到两个省份中网络关注度高于50次。（3）河南与山东地缘接近，其旅游品牌“老家河南”在 11 ~ 12 月份的淡季网络关注度表现为持续平稳，而“好客山东”则呈现为与淡季同步的持续下降，表明山东省在如何突破淡季不淡的困境中缺乏有效的措施。

二、建议

网络关注度是旅游者旅游需求和旅游行为在网络上的反映（张艳蓉等，2019）。根据旅游者旅游前期搜索信息的相关行为，通过对用户搜索行为的追踪和分析，更有利于旅游地进行精准营销，提高网站搜索的转化率，使更多的搜索用户转变为现实旅游者的可能性。因此，通过采取有效措施刺激旅游者旅游需求，可以相应的提高旅游地品牌的网络关注度。

（一）在周末和节假日到来之前加大宣传力度

研究发现，旅游信息搜寻开始于周末休息或放假之前，从周一开始的一周前几天和节假日到来之前的接近两周是“好客山东”网络关注度的高峰。这表明，在外出旅游之前，人们会提前做出大量的准备工作和制订旅游计划，通过搜索旅游目的地的关键词来了解当地旅游情况。因此，旅游地品牌的宣传需要未雨绸缪，提前进行。即从周一开始的一周前几天以及在节假日来临之前接近两周需要加大旅游地品牌的宣传力度，为潜在旅游者的决策提供更多全面的和有价值的信息。可以借助搜索引擎、网络旅游代理商（OTA），以及官方网站、微信、微博和博客等各种网络平台提前进行周末和节假日旅游特色产品的宣传。特别是官方的网站、微信、微博和博客等宣传途径，在旅游者网络关注度高峰时间段，一要提高宣传稿件的质量，明确主题，全方位宣传旅游地的旅游产品；二要增加宣传稿件的数量，通过持续不断提供旅游地大量的相关信息，加深旅游者对目的地的认知和熟悉度，满足其对信息搜索的需求。

（二）提高淡季时期的网络关注度

研究显示，与竞争对手比较，“好客山东”冬季特别是 11 月份至次年 2 月份的网络关注度明显较低。这虽然与山东的气候和地理位置因素有关，也表明管理者对这一问题需要引起重视加以解决。建议如下：（1）重视成功的节庆活动对于调节旅游淡季的重要作用。继续提升“好客山东贺年会”对于调节旅游淡季的重要作用，提前“好客山东贺年会”的举办时间，建议可以从原来的两个月（1 月 1 日至 2 月 28 日）延长为三个月（12 月 1 日至 2 月 28 日）。(2) 在所有景区实施淡季免门票（11 月 1 日至 2 月 28 日）。免门票已经成为旅游地淡季吸引旅游者的重要因素之一，目前很多省已近开始大力推行，建议山东省也应该加大力度实施这一政策。(3) 加大淡季旅游产品的创新。一方面要进一步宣传打造“好客山东贺年会”期间各地市的“元宵节灯会”这一传统节事品牌活动，除了着力于丰富现场的活动和创新花灯产品外，可进一步增强线上和线下的互动。如基于虚拟现实技术进行灯会全景直播；与手机游戏合作进行线下元宵节场景设计；通过抖音、快手等视频直播平台实时直播灯谜竞猜活动等；增强节庆活动的辐射力和旅游者的参与度。另一方面，利用山东冬季寒冷的特点，适度开发以滑雪运动为主题的冬季旅游项目。

（三）扩大旅游地品牌宣传的省域

研究显示，“好客山东”品牌关注度具有地域性和定向性的特征，表现为经济比较发达的省份和地域邻近的省份旅游需求更旺盛，这与前期学者的研究结论类似（张艳蓉等，2019）。具体措施如下。(1) 继续加强对主要客源地的宣传和推广，主要是经济比较发达的省份和地缘接近的省份，例如北京、广东、江苏、浙江、上海、河南、河北这些网络关注度很高的省域应该列为每一年大篷车的重点宣传省域。(2) 临近的一些省份和经济发达的距离较远的省域，目前网络关注度中等，但是具有开发潜力，应该列为下一步潜在客源市场开发和宣传推广的主要省域。例如，从 2017 ~ 2019 年的整体日平均值次数来看，四川（41 次）、辽宁（37 次）、湖北（33 次）福建（29 次）、天津（25 次）等属于这一类需要下一步重点进行推广的省份。

（四）提高本省旅游者的网络关注度

与安徽比较，山东本省旅游者对“好客山东”品牌的网络关注度比较低。本省居民既是本地旅游资源的重要组成部分，是“好客山东”品牌传播的重要力量，也是区域内其他旅游地的主要旅游者。因此，需要加大力度提高本省旅游者的网络关注度。(1) 可以通过对本省的旅游者给予更多的优惠政策来提高其网络关注度，例如可以采用节假日优惠、淡季免门票、凭身份证半价、办理山东旅游一卡通多次重复旅游、特殊日子（生日、纪念日等）送旅游线路等做法。（2）重视共享游憩空间的创造。要完善公共游憩空间，优化服务设施，如建设具有文化特色的步行街、商业广场、滨水廊道、休闲场所等，为旅游者和当地居民共同创造一个舒适自由休闲的环境空间，通过促进旅游者和当地居民的互动来增进彼此间的了解，从过去的走马观花式的大众旅游过渡到慢游品味的度假休闲式旅游。

（五）加强与搜索引擎公司的合作

（1）加强与百度公司合作。中国互联网络中心（2019）数据显示，百度搜索在 PC 端排在第一位（占有率 82.4%），远远高于排在第二位的 360 搜索引擎（占有率 57.4%）；同样，百度搜索在手机端也是排在第一位（占有率 87.2%）也是远远高于排在第二位的搜狗搜索引擎（占有率 46.5%）。因此，为了提高“好客山东”品牌传播的深度，管理者应该首先选择与百度公司合作，通过该公司强大的数据平台获得相关数据进行精准营销。

（2）加强与其他实力较强的搜索引擎公司的合作。数据显示，从用户首选率来看，PC 端用户排在第一位的百度搜索的首选率为 57.2%；第二位的 360 搜索的首选率为 28.1%；排名第三的搜狗搜索首选率为 5.0%。这表明，PC 端搜索用户的集中度较高，排名前两名的搜索引擎占据了超过 85% 的用户首选率，排名前三名的搜索引擎占据了超过 90% 的用户首选率。在手机端搜索引擎用户中，排在第一的百度搜索的首选率为 66.8%；排在第二和第三的搜狗搜索和神马搜索首选率分别为 13.9% 和 10.9%，排名前三名的搜索引擎也占据了超过 90% 的用户首选率，市场集中度也比较高（中国互联网络中心，2019）。因此，在财力许可的条件下，也需要考虑增加其他搜索引擎公司，例如增加与搜狗搜索、360 搜索和神马搜索的合作，提高“好客山东”品牌传播的广度。

（六）推广移动手机技术在旅游地的使用

研究显示，目前手机移动端已是搜索信息的主要工具，因此在旅游景区建设时要加强网络建设的资金投入力度，加强与通讯企业的合作。一是，提高网络覆盖面和网速，做到网络 WiFi 覆盖无死角，手机上网不卡顿。二是，借助二维码和云闪付等技术，推行移动手机查询、网上购票、智能讲解、移动手机支付、移动检票入园，移动签到排队等服务。三是，打造移动智能客服，为旅游攻略搜索、交通食宿预定、全景地图导航、返程特产选购等提供互动化的便利服务。

| 第七章 |

基于官方微信的“好客山东”品牌传播

第一节 研究概述

一、研究背景

自 2011 年 1 月腾讯公布了第一个微信版本以来，微信功能不断完善，发展迅速（王彦彬，2012）。2014 年微信全面开放了在线支付功能，正式开启了微信的商业化进程（李思，2014；陆军，2014）。据统计，截至 2019 年 3 月底，微信及 WeChat 合并的每月活跃用户数已经超过 11 亿，成为国内最大的移动流量平台之一，远超 QQ 和微博（中商产业研究院，2019）。从用户数量看，截至 2017 年底，微信公众号数量已超过 3000 万个，第三方开发者超过 20 万人（马克婷，2018）。

作为最受追捧的新媒体移动平台，微信以其“零距离、低成本、高效率、沟通方便”的特点，成为新媒介平台的典型代表，也通过其强大的分享功能，实现了网络口碑的快速传播（冯悦，

2015；胡丹，2017）。同时，微信公众号作为目前新媒体活跃度最高的重要平台之一，在短短的几年凭借着自身优势迅速抢占用户市场，并且开始被很多政府部门、组织、企业和个人所使用，他们用自己的名称开通微信号进行营销，或者用第三方软件来扩宽微信号后台，以此拓宽营销渠道。

旅游行业也不例外。目前，国内从国家、省域到市县、乡村，大部分旅游地及相关企业都有设立自己的微信公众号平台，清博大数据平台也对这些旅游类微信公众号的影响力进行定期评价。微信支付方面，旅游微信支付不仅在中国十分普遍，而且中国旅游者同样带动了微信支付在国外的快速发展，目前在日本、韩国、德国和法国等都有支持微信支付的商店，其数量还在快速增长（马克婷，2018）。旅游者借助微信平台不仅可以了解相关的旅游信息，而且可以快速实现在线旅游支付，其方便快捷的功能深受旅游者青睐。

在市场竞争中，竞争的优势来源于比对手更早发现市场需求，并满足市场需求（彭程，2018）。微信营销就是以微信为媒介，发现目标市场需求，同时充分满足市场，为消费者提供更加周到和便捷的网络消费体验的一种网络营销方式。微信的用户群增长迅速，数量庞大，这为旅游地和相关企业创造了一个绝佳的营销平台，使用微信公众号进行营销开启了一种网络互动的营销新模式。

当然，微信号的运用也为旅游目的地的品牌推广提供了新的途径，成为旅游地品牌营销的利器。旅游类微信公众号凭借其强大的定位服务、丰富的信息实时推送以及低廉的建设成本等优势被旅游地及相关企业大力推崇和广泛使用。这些微信公众号平台的推广对传统旅游应用 APP 以及旅游类网站产生了较大冲击。

总之，微信营销作为一种新型营销方式，给旅游业的营销带来了新的机遇；同时，由于微信是一个新事物，从诞生至今还不到 10 年的时间，对微信营销缺乏可以借鉴的经验，还存在着许多未知性，这也使旅游微信营销面临着巨大的挑战。

二、研究现状

在移动终端的应用越来越广泛的大背景下，微信营销得到了更加有效的广泛应用，越来越多的旅游地以及相关企业开始重视微信用户这一庞大的群体，通过微信公众号进行旅游地相关产品和服务的推广和宣传，从而产生了“旅游微信营销”。相关的研究主要包括以下几个方面。

（一）关于旅游微信营销的特征研究

张金凤等（2013）和于桐（2015）对旅游微信营销的概念进行界定，提出微信营销已经成为旅游信息化环境下的新型网络营销模式。曾维静（2015）将旅游类微信公众号归纳为五类，分别是资讯类、咨询服务类、语音解说类、定位导航类和预订类。郭益盈等（2014）和易慧玲（2015）提出，普通城市和落后地区可以突破资金壁垒，借助微信营销实现网络时代旅游地品牌营销的革命。

（二）旅游地或相关企业微信营销的研究

（1）旅游省域和城市方面。包括对陕西省（马莉，2017）、三亚市（胡雨凯，2019）、南京市（张禹等，2018）、杭州市（饶晓娟，2019）的研究。（2）旅游景区方面。孙凯炜等（2014）分析了微信营销对旅游景区服务创新的影响；雷锦锦（2019）和孙丰国等（2019a）分别分析了眉山景区和湖南省5A景区微信公众号营销现状。（3）主题公园方面。例如，陈旭清（2015）、许晨媛（2016）分别对重庆主题公园和开封市清明上河园的微信营销现状和未来发展进行了研究。（4）其他方面。例如胡芬等（2016）对乡村旅游微信营销的研究；周云倩等（2016）对红色旅游微信营销的研究；李雅梦（2017）对酒店微信营销的研究；李云（2014）、马骏（2015）和高莎（2016）对旅游企业微信营销的研究；以及樊狄（2017）对旅游自媒体微信公众号“五星街22号”的研究；等等。由此看出，旅游微信营销的研究已经在旅游地、相关企业以及旅游自媒体等各方面全面展开，但是相关的研究还比较粗浅。

（三）微信营销对旅游者行为意愿的影响研究

进行微信营销的最终目的是为了激发旅游者的旅游动机，促进旅游者的消费决策。比较有代表性的研究包括：吴佩谕等（2019）、潘英瑛（2018）和史青霞（2015）分别研究了微信朋友圈的旅游照片、乡村旅游和旅游企业官方微信对旅游者行为意愿的影响。以上研究为旅游地了解旅游者的行为和偏好，制定网络营销策略提供了依据。

（四）旅游微信营销平台绩效的研究

对于旅游微信的营销效果评价的研究，学者们也进行了初步的探讨。一是在指标确立方面，孙丰国等（2019b）指出应该从客观指标（阅读量、点赞量和转发量等）和主观指标（文章的内容、文风和版面布局）两个方面进行评价。二是利用微信传播指数（WCI）进行评价。张云（2018）、由亚男等（2018）、王梦茵等（2019）和康玲（2019）分别以安徽省旅游政务微信公众号、新疆 5A 级景区微信公众号、福建旅游微信公众号和“襄阳旅游”官方微信公众号为例，对其微信传播指数（WCI）进行研究。三是从旅游者感知的角度进行评价。邹思雯（2018）从感知收益和感知成本两个维度进行评价；姚丽芬等（2015）利用感知重要性 - 绩效分析（IPA）进行评价。

总的来说，作为一种“互联网 +”背景下刚刚兴起不久的营销模式，学术界对旅游微信营销的研究处于探索阶段，理论的研究远远落后于实践。微信公众号作为许多旅游地及相关企业设立的微信营销手段，正在以其强大的影响力为旅游行业开启新的营销模式。如何提升旅游微信公众号的影响力以促进旅游的智能化发展成为亟待解决的问题。

就山东来说，2014 年，“好客山东”微信公众号由山东省旅游局开通并运营。该平台的运营效果如何？旅游者的评价和满意度如何？目前缺乏相关的研究。本部分以“好客山东”旅游官方微信公众号作为研究对象，根据旅游者使用过程中的感知评价，对该公众号微信营销的传播效果进行研究。

第二节 研究设计

一、研究方法

选取 IPA 分析为基本研究方法。IPA 分析（importance-performance analysis），即重要性及其绩效（满意度）分析法（陈方英，2017）。由马特里拉等（Martilla et al.，1977）在服务质量特征的重要性和绩效对比基础上提出（谢丽佳等，2010）。该理论来源于市场组合理论，后来被广泛应用于旅游业和服务业。

根据该理论，设计“‘好客山东’微信使用满意度调查问卷”，并收集数据，利用SPSS和Excel统计软件进行对重要性与满意度数值进行分析。将分析计算所得的重要性均值和实际满意度均值采用四象限图表格式进行分析（见图7－1）。重要性数值列为横轴（x轴），满意度数值列为纵轴（y轴），重要性与满意度的总平均值相交垂直分为四个象限（王延婷等，2014）。第Ⅰ象限是优势区，为满意度与重要性都高的指标因子，采取“继续努力”的策略。第Ⅱ象限是保持区，为满意度比较高但重要性比较低的指标因子，为不必花太多精力关注的区域，采取“不宜刻意追求”的策略。第Ⅲ象限是机会区，为满意度和重要性都低的指标因子，为低优先级别区域，采取“后期发展和改进”的策略。第Ⅳ象限是修补区，为满意度很低，重要性却很高的指标因子，需要高度重视，采取“重点改善”的策略（陈方英，2017；於佩红，2014）。

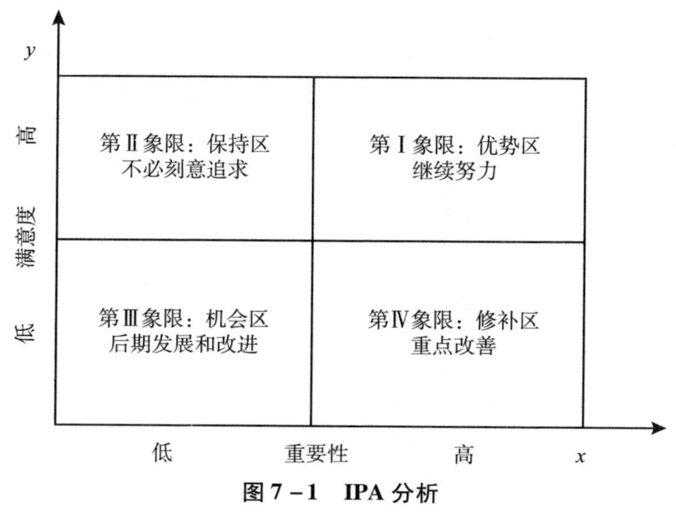

图7－1　IPA分析

二、研究问卷设计

结合旅游微信营销现状和前期研究，将旅游微信营销服务质量分为有形性、可靠性、信息质量、有用性、响应性、关怀性、交互性等7个维度（姚丽芬等，2015）。根据这7个维度初步设计调查问卷，通过与旅游相关行业的专家、学者、从业人员等进行探讨，修改问卷，并进行问卷初检验，最终确定了由20个指标组成的旅游微信营销满意度的评价指标调查问卷。

问卷包括三个部分。第一部分设计了有关旅游微信营销满意度的评价指标的具体问题，共20个题项（见表7－1）。调查问卷采用李克特5点量表，每个指标都采用1～5这5个数值进行测量，数值越大，期望越高，越满意。第二部分是受访者的个人信息，包括性别、年龄、职业等等。此外，问卷的结尾设计了一个开放性问题，让旅游者对“好客山东”微信公众号平台的建设提出建议。

表7－1　“好客山东”微信营销平台评价指标

因子	问卷中的具体问题
有形性	1. 界面视觉美观大方
	2. 界面布局清晰
	3. 界面易于浏览
	4. 界面体现了山东旅游特点
可靠性	5. 个人信息安全
	6. 隐私受到保护
信息质量	7. 推送的信息准确
	8. 推送的信息及时
	9. 推送的信息真实
	10. 推送的信息详细全面
有用性	11. 推送的信息是我想要的
	12. 推送的信息对我的出行帮助很大
响应性	13. 用户提出的问题能够及时回应
	14. 界面自助信息使用方便快捷
关怀性	15. 提供个性化产品（服务）
	16. 客服态度好且有诚意
	17. 节假日会送上问候

续表

因子	问卷中的具体问题
交互性	18. 能够参与话题讨论
	19. 能够结识朋友
	20. 能够分享知识和经验

三、问卷调查实施过程

问卷调查实施包括两种途径。一是实地调查。在山东省的主要旅游城市，例如泰安、曲阜、烟台、济南、东营、青岛等进行问卷调查。首先，询问旅游者是否有下载和使用“好客山东”微信公众号平台。如果有则发放问卷进行问卷调查；如果没有，则征求旅游者的意愿通过微信扫一扫添加“好客山东”微信公众号平台，并且使用15分钟到30分钟后，然后开始问卷调查。二是通过问卷星网站进行调查。也是要求被访者首先扫描二维码关注“好客山东”官方微信公众号，并且使用15分钟到30分钟后，再进行问卷的填写。

实地调查和网络调查共获得问卷265份，对获得的调查的问卷进行预处理，删除不合格问卷后，最终获得有效问卷213份。

第三节　研究结果分析

一、样本的人口统计特征分析

样本的人口统计特征见表7－2。

表 7-2　　样本的人口统计特征

人口统计特征		频数（人）	百分数（%）
性别	男	105	49.3
	女	108	50.7
年龄	20 岁以下	51	23.9
	21~30 岁	80	37.6
	31~40 岁	36	16.9
	41~50 岁	17	8.0
	50 岁以上	29	13.6
学历	高中/中专及以下	16	7.5
	专科	52	24.4
	本科	102	47.9
	研究生或以上	43	20.2
职业	公务员	42	19.7
	科研或技术人员	17	8.0
	经商人员	44	20.7
	教师	38	17.8
	学生	41	19.2
	公司职员	20	9.4
	离退休	4	1.9
	家庭主妇	1	0.5
	其他	6	2.8
月收入	3000 元以下	34	16.0
	3001~6000 元	53	24.9
	6001~9000 元	49	23.0
	9001~12000 元	35	16.4
	12000 元以上	42	19.7
来自哪里	山东省	72	33.8
	省外*	111	52.1
	港澳台地区	30	14.1

续表

人口统计特征		频数（人）	百分数（%）
旅游山东的经历	第一次游	69	32.4
	重复游	144	67.6
旅游目的	商务（公务）出差	22	10.3
	休闲度假	116	54.5
	探亲访友	55	25.8
	宗教朝拜	13	6.1
	其他	7	3.3

注：省外数据不含港澳台地区。

在性别方面，女性与男性相对比较均匀（男性占比 49.3%，女性占比 50.7%）。在年龄段分布上，21～30 岁的群体最多（占 37.6%），其次是 20 岁以下的占了 23.9%，31～40 岁排在第三（占 16.9%），此外，41～50 岁和 50 岁以上分别占 8.0% 和 13.6%，年龄分布总体比较宽泛。在学历上，本科学历最多占了 47.9%，排在前二位和第三位的分别是专科、研究生或以上学历（分别占了 24.4% 和 20.2%）；高中/中专及以下学历占了 7.5%，大致符合正态分布。在收入构成上，3001～6000 元的最多，占了 24.9%；6001～9000 元的排在第二，占了 23.0%。两者相加占了 47.9%；此外，3000 元以下占了 16.0%，9001～12000 元和 12000 元以上也分别占了 16.4% 和 19.7%，总体看比较宽泛，接近正态分布。在职业构成上，经商人员最多，占了 20.7%；教师、学生和公务员的比例也较多，占 17%～20% 之间；此外，其他行业的人员也占了一定的比例，总体上样本职业比较宽泛。

根据被调查者的客源地分析，大部分来自省外（52.1%，不含港澳台地区），本省占了 33.8%，港澳台地区占了 14.1%。从旅游山东的经历来看，大部分是重复旅游者（67.6%），第一次旅游者占 32.4%。从旅游目的看，大部分是休闲度假游（54.5%）；排在第二位的是探亲访友（25.8%）；排在第三位的是商务（公务）出差（10.3%）；此外，宗教朝拜占了 6.1%。

二、“好客山东”微信公众号重要性和满意度均值分析

“好客山东”微信公众号重要性和满意度平均值见表 7 –3。

(一) 旅游者对“好客山东”微信公众号重要性感知分析

采用 SPSS 软件对获得的数据进行分析。表 7 –3 数据显示，旅游者对“好客山东”微信公众号的各指标期望都很高，所有 20 个指标旅游者的期望值的平均值都在 3.38 以上，说明旅游者对“好客山东”微信公众号平台是否能够实现真正为其旅游活动过程带来便利是十分期待的，也表明从心理层面旅游者十分注重“好客山东”微信公众号的建设，认为问卷所列的题项都是比较重要的。从重要性大小来看，平均值超过 4 的有 8 项，包括隐私受到保护（4.12）、界面体现了山东旅游特点（4.11）、个人信息安全（4.10）、推送的信息准确（4.08）、推送的信息真实（4.07）、界面易于浏览（4.02）、用户提出的问题能够及时回应（4.00）、界面自助信息使用方便快捷（4.00）。

以上期望较高的指标可以分为三类：一是涉及旅游者登录微信公众号平台后个人隐私信息是否受到保护的问题，即微信公众号的可靠性问题，例如隐私受到保护、个人信息安全属于这一类指标；二是“好客山东”微信公众号平台推送信息的有形性和信息质量方面的问题，例如界面体现了山东旅游特点、信息准确、信息真实等就属于这一类指标；三是“好客山东”微信公众号平台能否及时回应旅游者的信息咨询的问题，例如问题能够及时回应、界面自助使用方便等就属于这一类指标。

相比较而言，重要性平均值最低的三项依次是：能够参与话题讨论（3.47）、节假日会送上问候（3.40）和能够结识朋友（3.38）。这说明由于目前大量其他社交媒体和社交圈的出现，旅游者期望在旅游地微信公众号中进行社交需要即对公众号的交互性的期望相对比较低。

从整体来看，20 个指标期望值在 3.38 ~4.12 之间，期望值总体平均值为 3.86，旅游者的期望相对较高。

(二) 旅游者对“好客山东”微信公众号满意度分析

从旅游者的实际满意度来看，旅游者的满意度平均值排在前 5 位的依次

是界面视觉美观大方（3.82）、客服态度好且有诚意（3.80）、界面体现了山东旅游特点（3.79）、界面易于浏览（3.79）、信息详细全面（3.79）。这五项有三项与微信公众号的有形性相关，说明“好客山东”微信公众号在有形性方面做得比较好，旅游者的满意度比较高。其他两项中，推送的信息详细全面与“好客山东”微信公众号的信息质量有关；客服态度好且有诚意与微信公众号的关怀性有关，说明“好客山东”微信公众号在这两项中也有部分指标做得不错，旅游者满意度较高。评价最低的后6位依次是：能够参与话题讨论（3.60）、推送的信息对我的出行帮助很大（3.60）、个人信息安全（3.59）、隐私受到保护（3.58）、用户提出的问题能够及时回应（3.57）、能够结识朋友（3.53）。这几项中可以分为两类，一类是与旅游者的隐私是否受到保护有关（例如个人信息安全、隐私受到保护）；第二类是与微信平台的有用性（例如推送的信息对我的出行帮助很大）、响应性（例如问题能够及时回应）和交互性有关（例如参与话题讨论）。

从整体来看，20个指标的平均值中，最小值为3.53，最大值为3.82，满意度总体平均值为3.68，旅游者的满意度属于“满意”状态，既没有出现大于“4”即“非常满意”的指标，也没有出现小于“3”即“不满意”的指标，说明大部分旅游者对这些指标的满意度处于中间状态。

三、“好客山东”微信公众号应用平台的IPA分析

对“好客山东”微信公众号应用平台的旅游者感知重要性与满意度平均值进行分析（见表7－3）。表7－3中“P－I”值为满意度均值与重要性均值之差，如果为正值，说明该项指标旅游者的实际感知高于期望值，满意度较高；如果为负值，则说明该项指标旅游者的实际感知低于其期望值，满意度较低。

表7－3　旅游者对“好客山东”微信公众号的重要性和满意度评价

问卷中的具体指标	重要性（I）			满意度（P）			P－I
	排序	平均值（M_1）	标准差（SD）	排序	平均值（M_2）	标准差（SD）	均值差（M_2-M_1）
6. 隐私受到保护	1	4.12	1.043	18	3.58	0.941	－0.54

续表

问卷中的具体指标	重要性（I）			满意度（P）			P－I
	排序	平均值（M_1）	标准差（SD）	排序	平均值（M_2）	标准差（SD）	均值差（M_2-M_1）
4. 界面体现了山东旅游特点	2	4.11	0.925	3	3.79	0.973	-0.32
5. 个人信息安全	3	4.10	1.032	17	3.59	1.045	-0.51
7. 推送的信息准确	4	4.08	1.006	6	3.77	0.896	-0.31
9. 推送的信息真实	5	4.07	1.062	7	3.75	0.874	-0.32
3. 界面易于浏览	6	4.02	0.942	3	3.79	0.950	-0.23
13. 用户提出的问题能够及时回应	7	4.00	1.019	19	3.57	0.917	-0.43
14. 界面自助信息使用方便快捷	7	4.00	0.954	9	3.73	0.847	-0.27
8. 推送的信息及时	9	3.96	1.006	11	3.64	0.844	-0.32
10. 推送的信息详细全面	10	3.93	0.998	3	3.79	0.993	-0.14
12. 推送的信息对我的出行帮助很大	11	3.93	1.014	15	3.60	0.872	-0.33
1. 界面视觉美观大方	12	3.88	1.124	1	3.82	0.95	-0.06
16. 客服态度好且有诚意	12	3.88	1.034	2	3.80	0.910	-0.08
2. 界面布局清晰	14	3.85	1.073	10	3.66	0.847	-0.19
15. 提供个性化的产品（服务）	15	3.77	0.956	11	3.64	0.919	-0.13
11. 推送的信息是我想要的	16	3.72	0.953	14	3.62	0.902	-0.1
20. 能够分享知识和经验	17	3.58	1.014	13	3.63	0.889	0.05
18. 能够参与话题讨论	18	3.47	0.974	15	3.60	0.877	0.13
17. 节假日会送上问候	19	3.40	1.143	8	3.74	0.887	0.34
19. 能够结识朋友	20	3.38	1.047	20	3.53	0.816	0.15

注：平均值采用5点量表，“1”表示“非常不期望”或“非常不满意”，“5”表示“非常期望”或“非常满意”。

从表7－3数据可以看出，除了关怀性的一个指标（节假日会送上问候）和交互性的三个指标（分享知识和经验、参与话题讨论、结识朋友）旅游者的满意度高于期望值以外，其他16个指标，旅游者的满意度均低于期望值，表明旅游者对“好客山东”微信公众号应用平台的期望高于现实体验，现实感知不能满足其心理预期（Chen et al.，2015）。

根据表7－3，运用重要性－绩效分析（important-performance analysis，简称IPA分析），对“好客山东”微信公众号应用平台建设的优势和劣势进行深入分析，具体结果见图7－2。

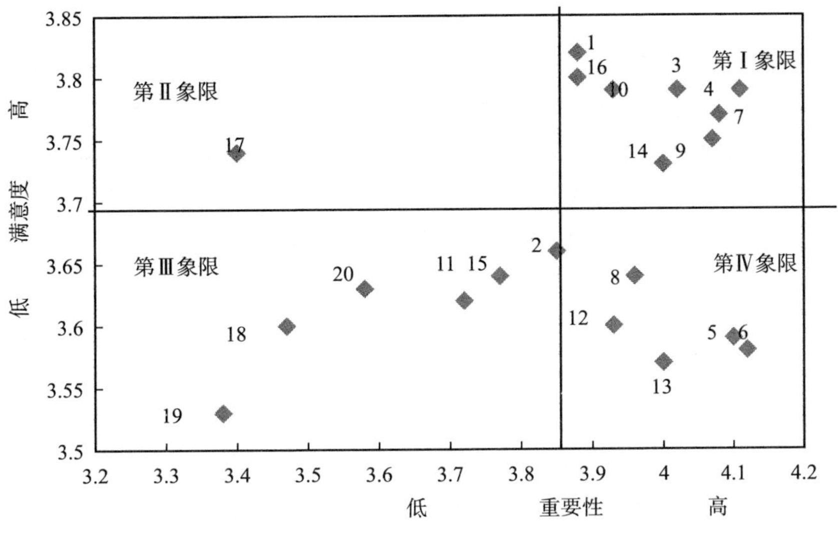

图7－2 “好客山东”微信公众号IPA分析

第Ⅰ象限为“优势区”，旅游者的感知特点是重要性和满意度评价均较高，这些是“好客山东”微信公众号应用平台必须保持优势的建设内容。共含8项建设内容，包括指标1、指标3、指标4、指标7、指标9、指标10、指标14和指标16（具体含义见表7－3），这些指标涉及旅游者在信息搜索过程中的信息浏览、营销平台使用和信息咨询等基本需求。“好客山东”微信公众号应用平台在这些方面做得比较好，应该在保持优势的基础上继续提升。

第Ⅱ象限为“过度努力”区，旅游者的感知特点是重要性评价较低，但满意度评价相对高，这是“好客山东”微信公众号建设中当前无须过度关注的项目指标。共含1项内容，即指标17“节假日会送上问候”。该项指标旅游者实际感知满意度高于期望的重要性，说明节假日送上问候已经成为各类平台惯常的营销手段，旅游者对平台在节假日送上问候已经习以为常，感知重要性并不强烈。该项指标虽然重要性不及第Ⅰ象限，但是一旦缺失或忽视也可能引起旅游者的不满意。因此，管理者应当对这项指标的满意程度保持现有的重视，维持现状，一如既往做好工作。

第Ⅲ象限为“低顺位”区，旅游者的感知特点是重要性和满意度评价均较低，属于无须过度优先发展的项目指标。此象限中包含6项建设内容，分别是指标2、指标11、指标15指标18、指标19和指标20（具体含义见表7-3）。以上指标中，指标2“界面布局清晰”反映了“好客山东”微信公众号平台的有形性，由于手机随时随地使用的便利性，大部分用户选择使用手机登录微信号，界面的清晰性和体验质量与使用电脑端登录微信相比较会差一些。因此，该项旅游者的重要性和满意度感知都较低。指标11“推送的信息是我想要的”和指标15“提供个性化产品（服务）”分别反映了“好客山东”微信公众号平台的有用性和关怀性；指标18、指标19和指标20反映了“好客山东”微信公众号平台的交互性。由于微信公众号作为新事物推出的时间较短，各个栏目都在不断完善和优化之中，平台存在很多不足，旅游者在有用性、关怀性和交互性方面的感知满意度都较低。但是旅游者也能理解微信公众号平台在建设初期的不易，升级优化并不是一个组织或企业能完成的，需要与其他部门进行合作才能实现。这几项旅游者感知的重要性和满意度都较低。因此管理者对这些项目指标没有必要优先改善，循序渐进发展即可。当然，无须过度优先发展并不代表可以置之不理。维持现状，加强维护和管理，在条件允许的情况下及时改进，保证旅游者能够正常使用是非常重要的。否则，也可能会由于管理者的忽视，引起这些指标旅游者满意度的下降。

第Ⅳ象限为“重点改善”区，旅游者的感知特点是重要性感知高，但满意度感知低，属于必须引起重视且优先发展重点改善的建设指标。此象限包含5项建设项目内容，分别是指标5、指标6、指标8、指标12和指标13（具体含义见表7-3）。根据指标的具体内容，以上指标可以分为两类。一类是“好客山东”微信公众号平台个人自助个性化服务，即个人可根据自身需求去选择相对应的某些特殊功能需求的服务（Li et al.，2017）。包括指标8“推送的信息及时”、指标12“推送的信息对我的出行帮助很大”、指标13“用户提出的问题能够及时回应”。显然，随着现在旅游形式多样化、个性化的发展，旅游者对微信公众号平台的个性化服务项目显示出较高的期望，但是“好客山东”微信公众号平台在这方面表现出明显的不足，因此旅游者满意度低。另一类是与旅游者隐私有关的项目，例如指标5“个人信息安全”、指标6“隐私受到保护”。因为，旅游者通过各种途径了解“好客山东”微信公众号以后，会通过个人的手机注册，把自己的个人信息放在公众号上。微信公众号平台一旦在这方面没有做好，将会危及旅游者的人身、财产安全，因此旅游者也比较担心。这些指标科技含量高，技术难度大，不好协调，为了提高旅游者满意度，“好客山东”微信公众号平台应该在提供个性化服务和保护旅游者隐私方面重点改善，优先发展。

第四节　结论与建议

一、结论

本部分从旅游者感知的角度，采用重要性－绩效分析（IPA），对“好客山东”微信公众号营销的传播效果进行评价。

优势区方面。研究结果表明，“好客山东”微信公众号在旅游者的信息浏览、营销平台使用和信息咨询等方面满足了旅游者的基本需求，旅游者的期望和满意度都较高。“好客山东”微信公众号应用平台的这些优势特征主要体现在：（1）界面视觉美观大方；（2）界面易于浏览；（3）界面体现了山东旅游特点；（4）推送的信息准确；（5）推送的信息真实；（6）推送的信息详细全面；（7）界面自助信息使用方便快捷；（8）客服态度好且有诚意。这些指标涉及旅游者消费决策过程中的信息搜索和咨询，管理者应该在保持优势的基础上继续提升。

劣势区方面。研究结果表明，“好客山东”微信公众号在为旅游者提供个性化服务和保护隐私方面存在不足，旅游者的期望高但是满意度低。这些存在不足方面的指标包括：（1）推送的信息及时；（2）推送的信息对我的出行帮助很大；（3）用户提出的问题能够及时回应；（4）个人信息安全；（5）隐私受到保护。旅游者在以上指标的期望值高但是满意度低，在很大程度上制约了“好客山东”微信公众号的使用率和宣传热度，是影响“好客山东”微信公众号发展的关键因素，是需要管理者重点改善的区域。

机会区方面。研究结果表明，由于微信营销作为新事物平台运营的时间并不长，“好客山东”微信公众号在有形性、有用性和关怀性方面的部分指标存在的问题，导致旅游者的期望和满意度均较低。这些指标包括：(1) 界面布局清晰；(2) 推送的信息是我想要的；(3) 提供个性化产品（服务）；(4) 参与话题讨论；(5) 能够分享知识和经验；(6) 能够结识朋友。以上处于“低顺位区”的指标管理者虽然不必优先发展，但是加强维护和后期的改进和提升能够使旅游者满意度进一步提高，确保旅游地始终保持领先的竞争优势，也为“好客山东”微信公众号平台营销效果的提升提供了机会。

二、建议

（一）加大“好客山东”微信公众号的宣传

微信是当前最受关注的营销工具之一，也是推广“好客山东”品牌的最有效工具之一。通过特定的“好客山东”微信公众号二维码扫码活动进行宣传，减少了对目标人群的筛选，可以有效锁定特定的旅游消费群体，这是针对有旅游需求的旅游者直接进行“好客山东”品牌传播的营销手段，使品牌营销更加精准有效。

1. 利用公共场所进行宣传推广

在机场、汽车站、火车站、公交车站、超市、广场、旅游咨询服务中心等公共场所张贴“好客山东”微信公众号，方便旅游者扫码和使用。

2. 利用纸质媒介进行宣传推广

利用政府发行的报纸、杂志、旅游宣传册等各类纸质媒介对“好客山东”微信公众号进行宣传。

3. 利用会议和旅游节庆进行宣传推广

在山东的各大重要的国际国内会议和旅游节庆中使用“好客山东”微信公众号二维码，通过赠送旅游纪念品、旅游消费券等方式鼓励旅游者扫描添加“好客山东”微信公众号。

4. 借助山东下属各地市相关机构进行宣传推广

在省级旅游部门的牵头下，与下属各地市的旅游景区、旅行社和相关旅游企业合作，通过赠送景区门票、优惠券等各种方式鼓励旅游者扫描添加“好客山东”微信公众号，通过使用微信公众号来了解“好客山东”品牌。

（二）加强微信运营平台的内部建设

1. 建立专业的微信营销团队

本次调查中，旅游者在“推送的信息及时”“用户提出问题能够及时回应”等方面满意度较低，开放性问题中也有反映微信使用过程中会出现卡顿、闪退的现象。微信公众号平台设置简单，互联网技术落后的主要根源是缺乏专业的微信营销团队。因此，管理者应该建立完善的微信营销售后管理制度和专门的售后服务团队。要加大微信号设计和运营费用支出，通过激励措施大力培养设计人才，应用高科技技术手段，把先进的互联网技术运用到微信平台建设中。

2. 建立完善的微信营销管理制度

一方面，建立完善的制度，并得到有效的执行，才能发挥制度的最大激励作用，保证微信平台的顺畅运行。另一方面，完善的制度也有利于旅游者隐私的保护。本次调查显示，保护旅游者隐私是管理者应该重点改善的区域，微信公众号一旦出现隐私问题会极大地降低旅游者的信任感和使用率。通过制度建设，让运营者树立旅游者隐私性保护意识，确保完善的制度成为保护旅游者隐私最坚实的保障。

（三）加强微信运营平台的个性化建设

1. 加强个性化内容的推送

本次调查中，旅游者在“推送的信息对我的出行帮助很大”“推送的信息是我想要的”和“提供个性化产品（服务）”方面满意度较低。在调查问卷的开放性问题中，有被调查者提出应该增加老年人旅游项目内容的推送。根据《微信 2018 影响力报告》数据显示，在数据流量消费方面，60% 的老年人（指 60 岁以上）使用了超过 50% 的数据流量；在微信支付方面，有 46. 7% 的老年人使用微信支付（马克婷，2018）。这说明，微信的使用者除了年轻人和中年人之外，老年人也广泛参与其中。因此，在日常的信息推送中，运营者要及时根据用户的年龄及日常浏览信息进行相关的数据分析，运用大数据信息处理技术，针对不同消费人群制定不同的消息推送策略，让旅游者在浏览微信公众号搜寻信息时，能十分容易地遇到自己想要的旅游产品和服务。只有这样，才能让旅游者体验到“好客山东”微信公众号的实用性。

2. 加强微信公众号的交互性

本次调查中，指标“能够参与话题讨论”“节假日会送上问候”和“能够结识朋友”三项旅游者满意度排在倒数三位。因此，激活粉丝分享互动是旅游地利用微信提高“好客山东”品牌传播的重要机会。具体措施如下：第一，加强微信日常营销以及节假日期间的营销，把节假日会送上问候等互动活动列入日常管理中。第二，微信运营者主动设置热门话题，并发起讨论，吸引旅游者参与话题讨论；当然，如果注重在节假日设置热门话题可能引起互动的效果会更好。第三，灵活运用微信留言功能，将它打造为旅游者意见的反馈区和投诉区，通过互动了解旅游者需求，解决旅游者的实际问题（邹思雯，2018）。第四，通过一定的奖励措施来激活粉丝分享互动。如转载、推荐至朋友圈，点赞到一定数量，就可以领取红包或者免费景区门票或者消费券等。还可以将微信公众号推广与旅游地产品推广结合起来，通过转发朋友圈（群）利用朋友砍价获得免费旅游机会等。

3. 选择合适的时间推送

有研究发现，微信公众号阅读人数在不同时间段存在较大差异。张禹等（2018）的研究发现，一天之中，微信公众号阅读人数最多的是 19：00～22：00（阅读率42.73%），排在第二的黄金时间为16：00～19：00（阅读率21.82%），排在第三的是 8：00～12：00 和 12：00～16：00（阅读率均为14.55%），人数最少的是5：00～8：00（阅读率 6.36%）。因此微信的推送可以选择黄金时间 19：00～22：00 进行，在这个时间段推送相关内容，可以有效提升微信公众号的使用率和关注度，提高推送内容的阅读率。

| 第八章 |

旅游地品牌绩效评估概述

第一节 旅游地品牌绩效的含义和构成

一、绩效与旅游地品牌绩效的含义

（一）绩效和品牌绩效

绩效的概念已被广泛应用到企业管理的各个领域，但用在品牌管理方面还处于起步阶段，国内外有关品牌绩效的研究相对较少，理论和实践都不太成熟。但随着品牌管理实践的深入，品牌绩效的概念将日益深入人心，越来越得到更多企业的重视。

对于绩效概念的理解，人们有不同的角度，其中最主要的有两种：一种从工作结果的角度出发，认为绩效是对工作所达到结果的衡量；另一种从工作行为的角度出发，认为绩效更多的是达到某一结果过程中的行为表现（朱梅，2007）。

本书所提到的品牌绩效更倾向于前者，认为品牌绩效是指企业通过品牌管理与运营，在品牌培育、发展和维持方面所达到的现实状态。它是对品牌管理运营结果的反映（朱梅，2007）。

（二）旅游地品牌与旅游地品牌绩效

基于旅游目的地品牌管理的视角，旅游地品牌是指旅游管理部门通过专家设计或公众征集等手段形成的，能代表旅游地资源特色，反映旅游地营销意图，并用于旅游市场宣传的形象，包括旅游地品牌宣传口号和旅游地品牌形象标识等（吕帅，2007）。因此，旅游地品牌绩效，是指旅游地设计的品牌形象在旅游地市场营销宣传和旅游业发展中所发挥的客观影响和实际效果。

二、旅游地品牌绩效形成机理

在设计旅游地品牌形象后，旅游地品牌形象的传播可以看成旅游地管理部门如何通过有效的传播媒介把旅游品牌的具体内容传递给旅游者的过程。根据传播学原理，信息的传播要素包括传播者、信息内容、传播媒介和接收者。如果把旅游地品牌绩效看作是一个传播过程，从传播效果来看，它包括旅游地管理部门对旅游地品牌形象的输入、旅游者对旅游地品牌形象的处理和旅游者输出三个阶段。其中，旅游地品牌的输入激发了旅游者的某种思维处理，如对品牌形象的认知、是否喜欢和是否有购买欲望等；旅游者对品牌的处理和过滤又导致旅游者的某种输出（如刺激了旅游购买欲望和行为，旅游消费增长等）。因此，在各个不同的阶段，可以确立不同的变量指标对旅游地品牌进行绩效评估。

第一，旅游者对输入的旅游地品牌的处理阶段。是指旅游者对旅游目的地管理部门传播的旅游品牌的认知和处理。测量的变量主要可以考虑旅游者对输入品牌的认知度、知晓度、是否喜欢等。

第二，旅游品牌的输出阶段。主要反映旅游品牌是否给目的地带来了实际的经济利益。测量变量可以考虑采用目的地旅游市场总量变化率和旅游市场份额变化率等来测量。

三、旅游地品牌绩效的构成

综合国内外学者的研究成果，对品牌的绩效评价的概念模型有三种：基于财务会计的评估、基于市场的评估和基于消费者的评估（孙丽辉等，2014；余伟萍，2007）。其中，基于财务会计的评估、基于市场的评估属于财务类指标；基于消费者的评估属于非财务类指标。

这三种概念模型中，基于财务会计的评估模型主要认为品牌资产本质上是一种无形资产，必须为这种无形资产提供一个可衡量的财务价值来表达其绩效（卢泰宏等，2000）。例如根据市场评估，目前“好客山东”品牌价值超过200亿元就属于这一种。这种绩效评估方法的优势是把品牌资产价值化，品牌的绩效清晰可见，一目了然，有利于管理者把品牌作为资本进行运营。但是这种绩效评估方法也存在不足，即只能提供一个总体绩效指标，管理者无法全面掌握导致该绩效的品牌资产的内部运营机制，对于品牌的管理帮助不大（孙丽辉等，2014）。

本书在借鉴阿克（Aaker，2014）五星模型的基础上，从便于操作的角度出发，将品牌绩效分为非财务类绩效指标和财务类绩效指标。其中，非财务类绩效指标是指那些难以通过财务数据进行量化的绩效，主要是从旅游者认知的角度出发进行评价，包括品牌的知名度，美誉度等隐性绩效。财务类绩效指标是指那些可以通过财务数据反映的绩效，主要是从市场的角度进行评价，包括市场占有率、市场增长率等显性绩效（唐玉生，2013）。

（一）旅游地品牌认知绩效——非财务类绩效指标

旅游地品牌的认知绩效，是指现实旅游者或潜在旅游者对区域旅游品牌形象的认知或感知效果（汪宇明等，2008）。旅游者对品牌的评价十分重要，它反映旅游者对某一品牌的情感和态度。认知绩效主要测量旅游地品牌形象是否符合旅游地定位要求，是否反映旅游地的地方文脉，以及旅游品牌形象宣传是否符合旅游者的偏好，是否能够被旅游者很快识别和记住，是否激发旅游者的旅游动机等，是对旅游地所策划的旅游品牌形象本身的评估（陈方英等，2011）。优秀的旅游品牌形象不仅能将旅游地的旅游产品信息和特色准确地传递给旅游者，与竞争对手的形象区别开来，便于旅游者识别和记忆；

而且能够通过旅游地品牌形象的宣传，达到激发旅游者出游行为的目的（吕帅，2007）。因此，旅游地品牌形象认知绩效评估可以直接了解旅游品牌形象在旅游者的认知活动心理过程中，所引起的注意、兴趣、动机和激发的情感效果等方面的评价。评估结果有助于品牌管理人员从旅游者感知评价的角度全面把握旅游地品牌形象认知效果，并根据旅游者的评价对所设计的品牌形象进行调整或修正。

（二）旅游地品牌市场绩效——财务类绩效指标

旅游地品牌市场绩效，也称旅游地品牌经济绩效，是指旅游地品牌形象进行全面营销后在目的地旅游产品竞争力的提升方面带来的实际经济效益。主要测量旅游地品牌形象实施以后，是否真正刺激了旅游者的旅游行为和购买欲望，为目的地带来了多少实质性的旅游者客流量的增加和旅游经济收入的增加等方面。包括市场总量、市场占有率、市场增长率等，是旅游地最为关注的重要经营指标。市场绩效有利于管理人员全面了解旅游地设计并传播的旅游品牌形象的实际经济效用，根据测定结果对目前的品牌战略和策略进行调整，促使旅游地品牌效用最大化。

第二节　旅游地品牌绩效评估的地位和作用

一、绩效评估在旅游地品牌战略管理中的地位

旅游目的地品牌管理的主要工作内容包括旅游地品牌定位、旅游地品牌设计、旅游品牌的传播、旅游地品牌的监控与绩效评估等环节（见图8－1）。

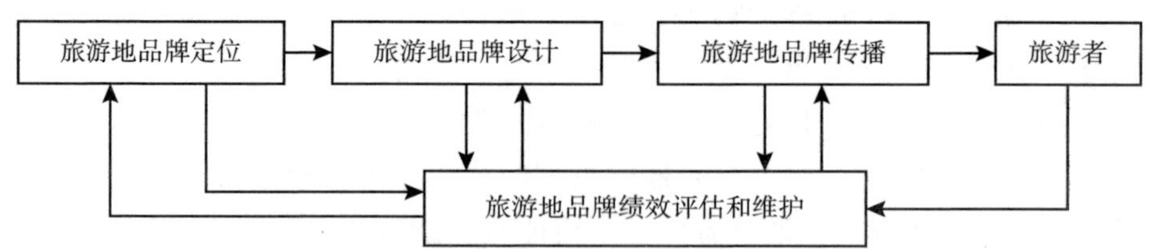

图8－1　战略管理视角下旅游地品牌的绩效评估工作流程

对旅游地实施品牌管理，就是通过对目的地形象进行全面的科学管理，将目的地形象准确无误地传播给旅游者，使旅游目的地在旅游者心目中打造和维持一种独特的、竞争对手无法替代的品牌形象，使目的地与其目标市场建立一种难以取代的情感联系，从而形成竞争优势（马明等，2011a）。

由图 8 –1 可以看出，在旅游品牌形象已经定位之后，对旅游品牌形象进行绩效评估就是其中的中心工作。通过对旅游品牌形象进行绩效评估，可以对区域旅游品牌形象的设计质量和管理实施效果进行监督和调控，检验和评价旅游品牌形象管理在形象定位、形象设计、形象建设与传播等各个环节的工作质量，为目的地形象定位、品牌设计、品牌建设与传播等各项工作提供完整的市场信息和调整启示，可以为提升和创新旅游地品牌形象、促进目的地旅游可持续发展提供科学依据（马明，2011a）。

二、旅游地品牌绩效评估的作用

品牌绩效评估是市场营销及品牌管理领域的重要内容，也是品牌管理效果评价的重要阶段，是对品牌管理环节的反馈。从旅游地品牌评估的过程当中，可以发现品牌的哪一部分绩效偏低，在此基础上有针对性地提出解决对策。评估结果对旅游地品牌管理的各相关环节有重要的借鉴作用，这些作用主要体现在以下几个方面。

（一）品牌绩效评估促使品牌管理更加科学有效

旅游地及相关企业为了更好地生存，都必须考虑实现效益的最大化。其任何一项管理活动都要进行投入产出的衡量，寻求以最少的投入获得最大的产出。品牌绩效评估可以看作对品牌管理的一个反馈环节，通过品牌绩效评估，管理者能及时发现品牌管理上存在的漏洞，并及时、准确地采取措施，保证品牌管理活动科学、有效地开展。

（二）品牌绩效评估可以为品牌管理多个环节提供量化参考

品牌管理的整个过程环节很多，除了品牌传播之外，还包括品牌关系管理，以及品牌联合和品牌延伸等。其中，品牌传播是品牌宣传推广的重要阶段，也是旅游地在旅游者心目中塑造品牌的重要环节。品牌认知绩效的高低直接关系到品牌知名度、美誉度和忠诚度能否得以提升，品牌绩效评估能对品牌认知绩效的高低做出测定。品牌关系管理涉及旅游地及相关的合作伙伴、旅游者等各个方面，利用品牌绩效评估的结果，旅游地可以有针对性地改进品牌关系管理措施，使管理更加高效。品牌联合是不同的品牌之间为了谋求利益，利用各自的资源进行合作，其绩效的好坏直接影响到旅游地品牌的发展。在品牌联合中，合作各方都会面临利益的分配问题，品牌绩效评估有助于测定各品牌在品牌联合中的作用大小，便于各联合品牌实现风险收益的分配。品牌发展到一定阶段，要进行品牌延伸，其效果如何需要借助品牌效益评估进行衡量，从而对延伸的范围、领域等做出策略调整。

（三）品牌绩效评估有助于品牌竞争力的提升

品牌竞争力是旅游地品牌生命力的象征，关系到品牌的生死存亡。衡量品牌资产的财务指标，例如市场占有率、市场增长率，以及品牌资产的非财务指标例如知名度、美誉度、忠诚度等既是构成品牌竞争力的重要指标，也是品牌绩效评估的重要依据。绩效评估结果将有助于发现品牌竞争力的薄弱环节，有针对性地进行提升。

第三节　旅游地品牌绩效评估的原则和程序

一、旅游地品牌绩效评估体系建立的原则

为了客观、全面、科学地衡量旅游地品牌绩效，在研究和确定旅游地品牌绩效评价指标体系及其评价方法时，要遵循以下原则。

（一）科学性

设置的指标体系要客观地反映旅游地品牌绩效的本质，能够真实地反映旅游地品牌绩效的客观状态，必须建立在科学的基础上。

（二）综合性

旅游品牌形象系统是一个复合的系统。因此，要求设置的指标体系既能

反映旅游地品牌绩效局部、当前和单项的特征，又能反映全面、未来和综合的特征，具有综合性。

（三）独立性原则

要求指标既能够全面集中地反映旅游地品牌绩效的各个方面的特征和状况；同时，各指标间内涵不重复，相互独立。

（四）可操作性

旅游地品牌绩效评估是为了对旅游地定位和策划的旅游品牌形象效果进行科学评估，是一个应用性非常强的课题。因此，指标体系的可操作性十分重要。在旅游地品牌绩效评估指标体系建立过程中，对于一些理论上具有一定意义，但在实践上难以实际操作的指标，要适当取舍，以便于资料数据的收集和评估指标的操作运行，增强指标体系的实用性。

（五）可比性

区域旅游地品牌绩效评估指标体系要考虑到结果的可比性。一是区域之间旅游地品牌绩效的横向比较；二是同一区域旅游地品牌绩效的纵向比较。只有通过横向（与竞争对手的绩效比较）和纵向（与旅游地过去的绩效比较）的全面对比，才可以发现旅游地品牌管理存在的问题，明确下一步的战略任务，及时对目前的营销策略做出调整（吕帅，2007）。

二、旅游地品牌绩效评估的程序

区域旅游地品牌绩效评估是一个涉及面比较广的复杂系统。科学的评估程序有利于提高评估工作的权威性，保证评估工作的有序开展。其评估程序如下。

（一）设立专门的评估机构

由于旅游地品牌绩效评估工作比较复杂，因此必须设立专门的旅游地品牌绩效评估机构来负责这项工作。评估小组成员包括目的地旅游管理部门相关领导和旅游行业相关专家代表等。需要特别指出的是，除了专家外，旅游管理部门直接领导和参与这项工作十分重要。因为有旅游管理部门领导层的参与和支持，才能保证绩效评估工作正确的方向和资金到位，也有利于评估结果对管理决策参考和指导作用的有效发挥。

（二）建立科学的旅游地品牌绩效评估指标体系

建立科学的评估指标体系是绩效评估的首要依据。评估小组需要在全面讨论的基础上综合相关专家意见，保证指标体系的客观性、科学性、实用性和可操作性，为绩效评估工作的顺利进行奠定基础。当然，评估指标体系的建立也是一个循序渐进的过程，需要通过探索性研究和正式研究的多次反复才能确定，需要在多次的实践检验中发现不足，不断的修正和完善，最终建立比较科学的旅游地品牌绩效评估指标体系。

（三）调查研究工作

旅游地品牌绩效评估依赖于对旅游品牌形象实施情况的全面调查。只有进行深入的调查研究，才能全面了解旅游地品牌绩效的现状，发现问题。数据的收集关系到评估结果的客观性和准确性，是评估工作中的一项十分重要的基础工作。应根据评估指标体系相关要求，针对目的地旅游管理部门、相关旅游企业、景区景点以及旅游者进行调查研究。资料搜集方法包括：一是一手资料收集，例如访谈调查、问卷调查等；二是二手资料收集，例如查阅官方网站、官方统计资料等。另外，某些数据的收集（例如某一具体时间段旅游者对旅游地品牌的认知度评价、某一具体时间段旅游地品牌的网络传播频率等）具有一定的时效性，需要在规定的时间完成调研工作，以免错过时间影响数据的科学性和有效性。

（四）数据的整理分析与总结

数据整理主要指将获得的资料、数据进行分类和统计。在整理过程中，应采用较为科学的分类方法和统计方法，利用相关软件对数据进行整理和分析，使计算结果客观和可靠。在数据分析过程中，要注意利用比较分析方法。一方面，可以进行纵向比较，即将当前（例如某一年）旅游地品牌绩效与有关历史数据进行比较，分析当前绩效的状况；另一方面，也可以进行横向比较，既在某一时间点将旅游地品牌绩效与竞争对手旅游地品牌绩效进行对比，在与竞争对手的比较中发现问题，对现有品牌管理战略和策略重新进行审视，制订下一步的行动计划和具体方案。

（五）研究报告的反馈

根据旅游地品牌绩效指数的计算，分析目的地在品牌管理过程中的成绩和不足，并提出目的地旅游品牌提升的战略和具体策略，将评估报告提交给区域旅游品牌管理部门，为管理部门修改、调整和强化旅游地品牌的管理提出建设性建议。

第四节 旅游地品牌绩效评估方法

本书利用层次分析法建立旅游地品牌绩效评估指标体系，并对“好客山东”品牌绩效进行评估。

一、层次分析法简介

层次分析法（analytic hierarchy process，简称 AHP）在 20 世纪 70 年代由美国学者萨迪（T. L. Saaty）提出（李一智，2003）。它是一种定性和定量相结合的、多目标的、系统化的和层次化的决策分析方法。由于这种方法在处理复杂的决策问题时操作性强，目前在经济计划和管理、军事指挥、教育等各个领域得到广泛的应用。

使用层次分析法分为五个步骤：（1）对某一复杂的决策问题的具体表现进行深入和详细的分析，概括这一问题的本质特征。（2）对某一复杂的决策问题的影响因素、相互作用及其内在联系等进行深入分析。（3）建立层次分析的结构模型。要将有关的各个因素按照不同属性自上而下地分解成若干层次，并且需要详细厘清目标层下面同一个层次之间因素的独立性以及上下层次之间因素的从属关系。（4）对模型中各层次的指标的重要性进行评价，确立各指标的权重。（5）对模型中各层次的指标进行定量的数据化处理，使某一复杂决策问题的思维过程数字化。

采用层次分析法为多目标、多准则或无结构特性的复杂决策问题提供了比较简便的、直观的决策方法。这种方法不仅能科学评估旅游地品牌的总体绩效，而且能够十分清晰的计算影响目的地旅游品牌总体绩效指数的各分级子项目的绩效指数，有利于从对目的地实施品牌管理的角度对“好客山东”品牌进行全过程的、持续的、科学的管理，促进旅游地品牌绩效达到最优化，塑造“好客山东”品牌，减少旅游地品牌管理过程中的盲目性、主观性和随意性，提高管理效率（马明等，2011a）。

二、指标权重的确定

确定指标权重就是对各指标的重要性进行评价，指标越重要，其权重就越大。权重一般要进行归一化处理，使之介于0与1之间，各指标权重之和等于1。另外，对于权重而言，权重值越大，则表明其在所有指标中的相对重要性越大。

一般地，根据原始数据的来源不同，确定指标权重的方法分为主观赋权法和客观赋权法两类。主观赋权法是指根据人们主观上的判断来决定权重，主要有两两评分法、德尔菲法等。客观赋权法是根据各个指标的数据进行标准化处理，然后按照一定的规则进行权重的自动赋值，主要有主成分分析法、熵值法等（孙海涛，2009）。

本书结合层次分析法和德尔菲法来确定指标的权重（杨忠全等，1995）。主要包括以下几个步骤：第一步，在专家咨询的基础上设计指标体系；第二步，根据指标体系设计调查问卷；第三步，请专家对调查问卷的指标进行权重打分，并征询专家对指标设计的具体意见；第四步，综合专家的具体意见与专家打分，最终确定权重（马明，2011a；徐蔼婷，2006；杨忠全等，1995）。

根据获得的数据，各指标权重的具体计算方法如下。

第一步，采用公式（8－1）进行计算，以求得每位专家对每项指标赋予的权重。

$$a_i = \frac{C_i}{\sum_{i=1}^{m} C_i} \tag{8-1}$$

其中：a_i 为某专家对该因素所打的权重；C_i 为某专家对该因素的得分（采用10分制）；m 为指标个数。

第二步，利用下述公式（8－2）、公式（8－3）和公式（8－4）来计算各指标的权重和专家打分的差异：

$$E = \frac{\sum_{i=1}^{n} a_i}{n} \quad (8-2)$$

$$\delta = \sqrt{\sum_{i=1}^{n} (a_i - E)^2} \quad (8-3)$$

$$q = \frac{\delta}{E} \quad (8-4)$$

其中：n 为参加打分的专家人数；a_i 为某专家对该因素所打的权重；E 为该轮打分所得出的该因素的权重；δ 为专家打分的差异程度；q 为专家打分的标准离差率。q 越小，说明专家的意见越集中，一般 q 的值应该控制在 1 以内比较合理。

三、旅游地品牌绩效指数的划分

借鉴前期研究（吕帅，2007），旅游地品牌绩效指数取值在 0 ~ 10 之间，计算的结果越接近于 10，绩效越高，结果越接近于 0，绩效越低。实际进行旅游地品牌评估时，将上述旅游地品牌绩效指数划分为 5 个级别，具体的判别可见表 8 - 1 的标准进行。

表 8 - 1　旅游地品牌绩效指数划分

等级	绩效评估	指标特征
[0, 2)	非常差	各项指标旅游者评价非常差，或者与竞争对手比较处于严重劣势状态，需要花费非常大的努力加强品牌管理
[2, 4)	较差	各项指标旅游者评价较差，或者与竞争对手比较处于劣势状态，需要花费很大的努力加强品牌管理
[4, 6)	中等	各项指标旅游者评价一般，或者与竞争对手比较处于中等状态，需要在原有基础上继续进一步努力，加强品牌管理
[6, 8)	良好	各项指标旅游者评价较好，或者与竞争对手比较处于良好状态，需要继续保持绩效，加强品牌管理
[8, 10]	优秀	各项指标旅游者评价非常好，或者与竞争对手比较处于优势状态，目前旅游地品牌管理工作非常成功

| 第九章 |

"好客山东"品牌认知绩效研究

第一节 "好客山东"品牌认知绩效评估指标体系的构建

一、旅游地品牌认知绩效评估的三个方面

旅游地品牌战略管理的核心是为旅游者建立品牌。旅游地品牌反映了旅游者根据自身需要对某一旅游地的偏爱和态度等（Konecnik et al.，2007）。如前面所述，旅游地品牌的认知绩效，是指旅游者或潜在旅游者对区域旅游品牌形象的认知或感知效果（汪宇明等，2008）。一个强势的旅游品牌必须能够与旅游者建立比较牢固的关系，具有良好的盈利能力，并且在品牌的知名度、美誉度和忠诚度方面具备较大的优势（余伟萍，2007）。因此，"好客山东"品牌认知绩效主要从这三个方面进行评价（见图9－1）。

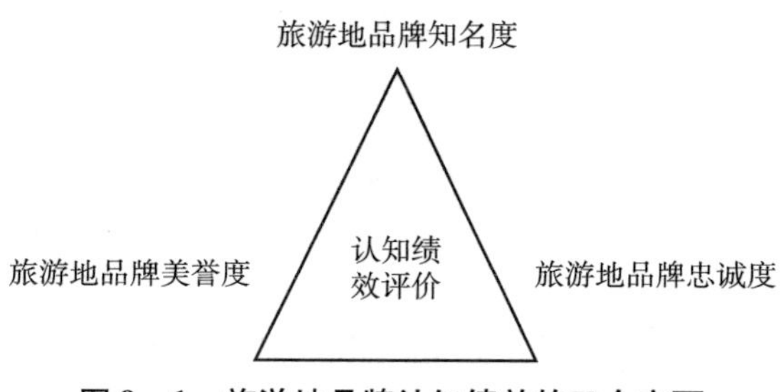

图9－1　旅游地品牌认知绩效的三个方面

（一）旅游地品牌知名度

品牌的知名度是指某品牌被旅游者知晓的程度，反映的是品牌传播的广度。强势的旅游地品牌应该具有第一提及的知名度，即指旅游者在没有任何提示的情况下，谈到某一个地方，就能想起该地与众不同的旅游品牌。比如说，提到云南，有旅游者马上会想到“七彩云南，旅游天堂”，提到威海，有旅游者马上会想到“走遍四海，还是威海”等（张翠翠等，2015）。

（二）旅游地品牌美誉度

品牌的美誉度是指某品牌获得公众信任和赞许的程度（余伟萍，2007）。品牌知名度只解决了品牌是否被旅游者知道的问题，对于旅游地来说还不是核心竞争力，旅游地品牌要获得旅游者的认同，激发旅游者的动机并促使其进行决策，品牌必须提供充分的“卖点”，必须要获得旅游者的认可和较高的评价，即需要有较高的美誉度。

（三）旅游地品牌忠诚度

在市场营销文献中，重复购买或向他人推荐通常被称为消费者忠诚度（Dimanche et al.，1994）。一个拥有较高美誉度的旅游地品牌，能够在短期内激发旅游者的动机，吸引一定的旅游者到该地进行旅游消费，但是在未来再次或多次进行旅游活动时，他/她是否依然愿意再次来呢？另一方面，他/她是否会为该旅游地做正面的口碑推荐和宣传呢？这就是品牌忠诚度。消费者的忠诚度是衡量市场营销策略成功与否的重要指标之一（Flavian et al.，2001）。同样，旅游目的地也可以被视为产品，旅游者可以重新访问或向其他潜在旅游者（如朋友、亲戚或其他人）推荐旅游目的地（Yoon et al.，

2005）。它的突出价值在于稳定已有的现实旅游者，同时还可以通过现实旅游者的口碑推荐激发潜在旅游者的动机和决策。从营销成本的角度考虑，目的地吸引一个新顾客的成本比留住一个老顾客的成本要高出4~6倍（科特勒等，2005）。旅游地打造品牌的最终目的就是为了赢得相当一部分的忠诚旅游者。

总之，一个旅游地品牌要成长为强势品牌，必须具备以上三大要素。即广泛的知名度、较高的美誉度，再到较强的忠诚度。然而，品牌认知绩效这三个维度的建立并不是在短时间可以完成的，它需要旅游地长期的投入和孜孜不倦的培育。如果把知名度看作是从数量上来衡量旅游地品牌的传播广度，那么美誉度和忠诚度就是从质量上来衡量旅游地品牌的传播深度。从知名度、美誉度，再到忠诚度，这实质上是一个量的积累到质的变化，不断提高的过程。因此，旅游者对旅游地品牌认知绩效主要从这三个方面进行评价。

二、“好客山东”品牌认知绩效模型构建

认知绩效作为非财务类绩效指标，虽然难以通过财务数据进行量化，但是管理者可以通过建立“好客山东”品牌认知绩效评估的指标体系，然后对旅游者进行市场调查的方式来获得旅游者的感知评价。

基于以上对旅游地品牌认知绩效的构成要素三个方面的分析，根据认知绩效评估指标体系的构建原则，运用层次分析法建立一套四级叠加、逐级收敛的“‘好客山东’品牌认知绩效评估指标体系”，共涉及1个目标层、3个评价项目层、10个评价因素层和20个具体的评价指标（见表9-1）。为了便于下文论述方便，“好客山东”品牌认知绩效（cognitive performance）简称为CP。

表9-1　“好客山东”品牌认知绩效评估指标体系

目标层	综合评价层	因素层	指标层
“好客山东”品牌认知绩效 CP	品牌知名度 CP_1	知晓度 CP_{11}	CP_{111} 对“好客山东”品牌的知晓度

续表

<table>
<tr><th>目标层</th><th>综合评价层</th><th>因素层</th><th>指标层</th></tr>
<tr><td rowspan="20">“好客山东”品牌认知绩效 CP</td><td rowspan="5">品牌知名度 CP_1</td><td rowspan="5">熟悉度 CP_{12}</td><td>CP_{121} 对“好客山东”品牌名称的熟悉度</td></tr>
<tr><td>CP_{122} 对“好客山东”品牌标识的熟悉度</td></tr>
<tr><td>CP_{123} 对“好客山东”品牌广告的熟悉度</td></tr>
<tr><td>CP_{124} 对“好客山东”品牌产品的熟悉度</td></tr>
<tr><td>CP_{125} 对“好客山东”品牌服务的熟悉度</td></tr>
<tr><td rowspan="10">品牌美誉度 CP_2</td><td rowspan="2">独特性 CP_{21}</td><td>CP_{211} 与竞争对手的差异性</td></tr>
<tr><td>CP_{212} 对地方特色的反映程度</td></tr>
<tr><td rowspan="2">市场性 CP_{22}</td><td>CP_{221} 对市场需求的反映程度</td></tr>
<tr><td>CP_{222} 旅游者的喜好程度</td></tr>
<tr><td rowspan="2">注意力 CP_{23}</td><td>CP_{231} 旅游品牌宣传的信息单纯度</td></tr>
<tr><td>CP_{232} 旅游品牌引起的注意度</td></tr>
<tr><td rowspan="2">吸引力 CP_{24}</td><td>CP_{241} 旅游品牌激发的旅游欲望强度</td></tr>
<tr><td>CP_{242} 旅游者对目的地的推荐力度</td></tr>
<tr><td>记忆力 CP_{25}</td><td>CP_{251} 旅游品牌被记忆的容易程度</td></tr>
<tr><td>整体性 CP_{26}</td><td>CP_{261} 旅游品牌整体性评价</td></tr>
<tr><td rowspan="4">品牌忠诚度 CP_3</td><td rowspan="2">忠诚行为 CP_{31}</td><td>CP_{311} 重游行为（重复旅游者的比率）</td></tr>
<tr><td>CP_{312} 推荐行为（主动向他人推荐到山东旅游的比率）</td></tr>
<tr><td rowspan="2">忠诚态度 CP_{32}</td><td>CP_{321} 旅游意愿（未来五年内愿意到山东旅游的意愿）</td></tr>
<tr><td>CP_{322} 推荐意愿（主动推荐他人到山东旅游的意愿）</td></tr>
</table>

（一）“好客山东”品牌知名度

从旅游者感知的角度，“好客山东”品牌的知名度是指旅游管理部门设计的“好客山东”品牌在旅游者中传播的广度和影响力，即旅游者是否知道这一旅游品牌。“好客山东”品牌知名度的测量主要通过问卷调查的方式进行。

品牌知名度的测量一般采用简单测量法和复合测量法进行测量（唐玉生，2003）。

一是简单测量法，只测量被调查者是否知晓“好客山东”品牌，通过计算知道该品牌的人数占所有被调查者的人数比例即可。

二是复合测量法，考虑到品牌知名度的多种构成要素，运用多个指标进行衡量，最后以这几个指标综合计算的结果来反映品牌的知名度。本书中，从品牌的名称、标识、产品、服务、广告等五项指标进行调查。每个指标的熟悉度均按照 1 ~ 5 分值进行赋分，即很熟悉、熟悉、一般、不熟悉和很不熟悉的对应值分别是 5、4、3、2、1。

（二）“好客山东”品牌美誉度

从旅游者感知的角度，“好客山东”品牌的美誉度是指旅游者对这一品牌的信任、支持、赞许和喜欢的程度（Boo et al.，2009）。根据旅游品牌定位，旅游地品牌主题口号的根本作用便是要告诉旅游者（包括潜在旅游者和现实旅游者）旅游地能够提供的独特利益（马明等，2011b；曲颖等，2008）。即旅游定位口号必须识别出目的地产品和服务的与众不同，打造独特的卖点（李燕琴等，2004；肖敏等，2011；Pike，2002；Uysal et al.，2000）。这种独特的卖点应做到：（1）有定位主题；（2）定位主题不能太多（一个或两个）；（3）定位主题反映目标市场的利益；（4）利益具有独特性（Richardson et al.，1993）。这种独特的价值利益可以通过旅游地品牌定位口号的表达内容和表达方式来体现（徐尤龙等，2014；Pike，2014）。

虽然不同学者对于到底什么样的旅游品牌定位口号最有吸引力，美誉度较高提出不同的标准，归纳起来，包括以下几个方面：（1）容易记忆；（2）传递了旅游地特色形象；（3）吸引了目标市场；（4）得到目标市场的认同；（5）具有层次性；（6）具有艺术性；（7）具有简洁性，通俗易懂；（8）具有社会性；（9）具有整体性（David et al.，1997；金颖若，2003；吕帅，2007；马东跃，2011；余足云，2006）。

参考前人研究，本书从旅游地品牌的独特性、市场性、注意力、吸引力、记忆力和整体性等方面评价旅游者对“好客山东”品牌的美誉度，具体指标设计见表 9 - 1。根据表 9 - 1，设计调查问卷，每一项指标采用 10 分制进行评价，1 表示“最差”评价，10 表示“最优”评价。

（三）“好客山东”品牌忠诚度

旅游地品牌的忠诚度是指旅游者在购买过程中，多次表现出来的对品牌形象的良好评价、重复购买的意向和行为。旅游者对旅游地品牌形象的评价会影响其忠诚度（Chen et al.，2007）。

一般来说，忠诚度的测量方法有以下几种：（1）行为方法；（2）态度方法；（3）复合方法（Yoon et al.，2005；孙九霞等，2016）。

行为方法认为重复性的购买行为就是顾客忠诚的表现（Oppermann，2000）。在操作上表现为重复性购买的可能性或者是重复性购买的行为和次数等（孙九霞等，2016）。另外，也有学者认为，顾客对某个品牌的产品和服务具有较高的推荐率也可以视为是顾客忠诚（Boulding et al.，1993）。

态度方法认为，经常性的购买有的时候并非完全源于对品牌的偏好，而是因为转换的障碍太高，低频率的重复购买行为未必没有较高的忠诚度（Storbacka et al.，1994；转引自：孙九霞等，2016）。基于消费者品牌偏好或购买意愿的态度来评价忠诚度很有必要。也就是说消费者忠诚是指消费者试图超越显性的行为，用心理承诺或偏好陈述来表达其忠诚。旅游者对某一特定的产品或目的地可能有一种良好的态度，并表达他们购买该产品或参观目的地的意图。因此，忠诚度是指消费者对某一品牌或产品的喜爱程度（Backman et al.，1991）。

复合方法是上述行为和态度方法的结合（Backman et al.，1991），即同时考虑了消费者的行为和态度。然而，这种方法的局限性在于，并非所有的权重或量化分数都适用于行为和态度因素，而且它们可能有不同的测量方法。这种方法虽然比较理想，但是在具体测量起来确有难度。

在营销文献中，测量消费者忠诚度比较常用的指标是重复购买或向他人推荐（Flavian et al.，2001）。同样，旅游目的地可以被视为产品，旅游者可以重新访问目的地或者推荐旅游目的地给其他潜在的旅游者，这两个指标也经常被用来测量旅游者的忠诚度（Ma et al.，2008；Mansfeld，1992；Yoon et al.，2005）。

基于以上分析，本书同时从忠诚行为和忠诚态度两个方面进行测量。

1. 从忠诚行为方面进行测量

从行为方面进行测量包括两个指标。（1）重游行为：旅游者是否是重复旅游者。（2）推荐行为：旅游者是否推荐他人来山东旅游。

2. 从忠诚态度方面进行测量

从态度方面进行测量包括两个指标。（1）旅游意愿：旅游者是否愿意在未来5年内计划来山东旅游。（2）推荐意愿：旅游者是否愿意推荐他人来山东旅游。每个指标的态度均按照1～5分值进行赋分，即很愿意、愿意、一般、不愿意和很不愿意，对应值分别是5、4、3、2、1。

三、“好客山东”品牌认知绩效评估指标权重的确定

根据上一章论述的指标权重确定方法，本书结合德尔菲法专家咨询和问卷调查法进行确。共选取了31位区域或旅游行业的专家、学者和研究生，进行专家意见征询和问卷调查。最终根据计算结果，结合山东省的实际情况确定指标权重。指标权重如表9－2所示。从表中数据可以看出，各指标的权重标准离差率小于1，符合要求。

表9－2　“好客山东”品牌认知绩效评估指标体系权重的确立

目标层	项目层	因素层	指标层	相对权重	绝对权重	权重标准离差率
“好客山东”品牌认知绩效 CP	品牌知名度 CP_1（0.340）	知晓度 CP_{11}（0.535）	CP_{111}对“好客山东”品牌的知晓度	1.000	0.100	0.829
		熟悉度 CP_{12}（0.465）	CP_{121}对“好客山东”品牌名称的熟悉度	0.201	0.020	0.561
			CP_{122}对“好客山东”品牌标识的熟悉度	0.202	0.020	0.427
			CP_{123}对“好客山东”品牌广告的熟悉度	0.209	0.021	0.461
			CP_{124}对“好客山东”品牌产品的熟悉度	0.200	0.020	0.402
			CP_{125}对“好客山东”品牌服务的熟悉度	0.187	0.019	0.660

续表

目标层	项目层	因素层	指标层	相对权重	绝对权重	权重标准离差率
“好客山东”品牌认知绩效 CP	品牌美誉度 CP_2（0.330）	独特性 CP_{21}（0.186）	CP_{211}与竞争对手的差异性	0.465	0.047	0.596
			CP_{212}对地方特色的反映程度	0.535	0.053	0.519
		市场性 CP_{22}（0.161）	CP_{221}对市场需求的反映程度	0.523	0.052	0.785
			CP_{222}旅游者的喜好程度	0.477	0.048	0.859
		注意力 CP_{23}（0.153）	CP_{231}旅游品牌宣传的信息单纯度	0.446	0.045	0.758
			CP_{232}旅游品牌引起的注意度	0.554	0.055	0.611
		吸引力 CP_{24}（0.159）	CP_{241}旅游品牌激发的旅游欲望强度	0.612	0.061	0.547
			CP_{242}旅游者对目的地的推荐力度	0.388	0.039	0.861
		记忆力 CP_{25}（0.178）	CP_{251}旅游品牌被记忆的容易程度	1.000	0.100	0.449
		整体性 CP_{26}（0.162）	CP_{261}旅游品牌整体性评价	1.000	0.100	0.512
	品牌忠诚度 CP_3（0.330）	忠诚行为 CP_{31}（0.512）	CP_{311}重游行为（重复旅游者的比率）	0.507	0.051	0.594
			CP_{312}推荐行为（主动向他人推荐到山东旅游的比率）	0.493	0.049	0.611
		忠诚态度 CP_{32}（0.488）	CP_{321}旅游意愿（未来五年内到山东旅游的意愿）	0.513	0.051	0.633
			CP_{322}推荐意愿（主动推荐他人到山东旅游的意愿）	0.487	0.049	0.667

四、认知绩效的数据获得和计算方法

旅游品牌认知绩效数据主要通过问卷调查获得。采用线性加权法对“好客山东”品牌认知绩效进行综合评分。设“好客山东”品牌认知绩效指数为 CP，其二级项目层的品牌知名度绩效指数为 CP_1、品牌美誉度绩效指数为 CP_2、品牌忠诚度绩效指数为 CP_3，权重分别为 a_1、a_2、a_3，且 $a_1+a_2+a_3=1$，则“好客山东”品牌认知绩效 CP 具体表示如下：

$$CP=(a_1\times CP_1+a_2\times CP_2+a_3\times CP_3) \tag{9-1}$$

同理，计算二级项目层、三级因素层的认知绩效。

由于 CP_1、CP_2、CP_3 量纲不一样，需要对获得的实际数据进行归一化处理。下面，对 CP_1、CP_2、CP_3 的数据获得和计算方法做具体说明。

（一）品牌知名度认知绩效（CP_1）

1. 知晓度（CP_{11}）

旅游者对“好客山东”品牌的知晓度，即有多少人知道这一旅游品牌，可以通过调查问卷获得数据。由于量纲不一致，需要对数据进行处理。计算公式如下：

$$CP_{11}=10\times\frac{\text{知道该品牌的人数}}{\text{被调查总人数}} \tag{9-2}$$

2. 熟悉度（CP_{12}）

通过问卷调查获得数据，问卷采用 5 点量表进行测量，即 5 表示“非常熟悉”，1 表示“非常不熟悉”。由于量纲不一致，需要对数据进行处理。计算公式如下：

$$CP_{12}=2\times\sum_{n=1}^{5}(a_{12_i}\times CP_{12_i}) \tag{9-3}$$

式中，a_{12_i}为熟悉度 5 个指标中第 i 个指标的权重，CP_{12_i}为熟悉度 5 个指标中第 i 个指标评价因子的统计平均值。

（二）品牌美誉度认知绩效（CP_2）

包括独特性、市场性、记忆力、整体性等 6 个方面 10 个指标。通过问卷调查获得数据，采用 10 分制，“10”表示“最优”评价，“1”表示“最差”评价。由于美誉度打分与绩效评估指数量纲一致，因此不需要归一化处理，直接计算加权平均值就可以。

$$CP_{2h}=\sum(a_{2h_i}\times CP_{2h_i}) \tag{9-4}$$

式中，CP_{2h}为美誉度因素层（三级指标）第 h 个因素的认知绩效，a_{2h_i}为第 h 个因素层第 i 个指标的权重，CP_{2h_i}为第 i 个指标评价因子的统计均值。

（三）品牌忠诚度认知绩效（CP_3）

1. 忠诚行为（CP_{31}）

通过问卷调查获得。其中重游行为主要通过调查现实旅游者中重游旅游者的比例获得，不包括潜在旅游者。推荐行为通过调查旅游者中主动推荐他人到山东旅游的比例获得，包括潜在旅游者，因为潜在旅游者即使没有去过某一旅游地，但是出于对旅游地的向往和良好印象也会有推荐行为的产生。计算分为两步：

第一步，计算旅游者的推荐率和重游率，对指标进行归一化处理。重游率 CP_{311}和推荐率 CP_{312}计算方法如下：

$$CP_{311} = 10 \times \frac{\text{重游的人数}}{\text{被调查总人数}} \tag{9-5}$$

$$CP_{312} = 10 \times \frac{\text{推荐的人数}}{\text{被调查总人数}} \tag{9-6}$$

需要注意的是，公式（9-5）中，被调查者总人数是指现实旅游者的人数，公式（9-6）中，被调查者总人数是指所有旅游者的人数。

第二步，计算加权平均值：

$$CP_{31} = \sum_{i=1}^{2} (a_{31_i} \times CP_{31_i}) \tag{9-7}$$

式中，CP_{31}为忠诚度因素层（三级指标）第 1 个因素忠诚行为的认知绩效，a_{31_i}为第 1 个因素层第 i 个指标的权重，CP_{31_i}为第 i 个指标评价因子的统计值。

2. 忠诚态度（CP_{32}）

通过问卷调查获得。其中旅游意愿主要调查旅游者是否愿意在未来的一段时间内到山东旅游；推荐意愿主要考查旅游者是否愿意主动推荐他人到山东旅游。旅游意愿和推荐意愿的调查者包括潜在旅游者和现实旅游者，因为潜在旅游者即使没有去过某一旅游地，但是出于对旅游地的向往和良好印象也会有未来的出游意愿和推荐意愿的产生。问卷采用 5 点量表，“5”表示“非常愿意”，“1”表示“非常不愿意”。由于量纲不一致，需要进行归一化处理。计算公式如下：

$$CP_{32} = 2 \times \sum_{i=1}^{2} (a_{32_i} \times CP_{32_i}) \qquad (9-8)$$

式中，CP_{32}为忠诚度因素层（三级指标）第 2 个因素忠诚态度的认知绩效，a_{32_i}为第 2 个因素层第 i 个指标的权重，CP_{32_i}为第 i 个指标评价因子的统计均值。

第二节　基于旅游者感知的“好客山东”品牌认知绩效评估

一、问卷设计

根据研究目的，结合“‘好客山东’品牌认知绩效评估具体指标体系”，在问卷设计中主要包括了以下四个方面的问题。（1）旅游者对“好客山东”品牌知名度的感知和评价（6 个问题）。（2）旅游者对“好客山东”品牌美誉度的感知和评价（10 个问题）。（3）旅游者对“好客山东”品牌忠诚度的感知和评价（4 个问题）。（4）旅游者的个人信息问题（4 个问题）。

同时，为了全面调查中外旅游者对“好客山东”品牌的认知绩效，共设计了中文、英文、日文、韩文四种问卷，分别对国内、欧美、日本和韩国旅游者进行调查。

二、调查实施过程

本次调查主要分为实地调查和网络调查两种方式。其中实地调查地点主要包括我国山东省内以及省外的京九、京福、京广、京昆、京川藏青等沿线主要旅游城市、旅游景区、机场、火车站（高铁站）对旅游者进行实地调查和访谈。网络调查主要通过电子邮件、社交媒体网站、问卷调查网站等对旅游者进行调查。调查过程中，发放中文问卷 500 份，英文、日文、韩文问卷各发放 250 份。对回收的问卷进行预处理，删除信息不全、答案自相矛盾等的不合格问卷，最终获得 973 份有效问卷，问卷有效率 77.8%。其中，中文有效问卷449份（山东省内243份、外省206份），外文有效问卷524份（韩语184份、日语191份、英语149份）。

三、样本人口统计特征

具体数据分析结果见表9－3。从性别看，国内旅游者中，山东省内的女性偏多，占52.3%，省外的男性稍多，占51.9%；国外旅游者中，韩国、日本和欧美均为男性偏多，分别为52.2%、51.8%和57.0%。从年龄看，国内旅游者中，省内的样本21～30岁最多，占37.9%，50岁以上的最少，占5.8%，其他年龄段的样本比较平均，在17%～20%之间；国内省外的样本与国外样本的分布情况比较类似，均为21～30岁最多，在34.6%～57%；31～40岁的排在第二位，在23.5%～29.8%之间；其他年龄段的样本比例相对较少，在1.6%～15.7%之间。从学历看，国内、国外的韩国和欧美的样本均为本科学历最多，在46.6%～72.8%之间，其他学历层次的相对较少，在1.1%～20.4%之间；日本也是本科最多，占27.7%，其他学历层次则比例相差不大，在13.6%～22%之间。从旅游山东的经历来看，国内旅游者中，省内的重复旅游者最多，占79.8%，省外的样本三种类型的比例比较接近，在28.6%～38.3%之间；国外旅游者中，韩国是还没有去过的最多，占45.1%；日本和欧美均为重复旅游者最多，分别为42.4%和51.0%。

表9－3　样本人口统计特征

基本情况		国内（%）		国外（%）		
		省内	省外	韩国	日本	欧美
性别	男	47.7	51.9	52.2	51.8	57.0
	女	52.3	48.1	47.8	48.2	43.0
年龄	20岁及以下	19.3	7.3	6.0	7.9	14.8
	21～30岁	37.9	40.3	47.8	34.6	57.0
	31～40岁	17.7	28.2	29.3	29.8	23.5
	41～50岁	19.3	11.2	15.2	15.7	2.7
	50岁以上	5.8	13.1	1.6	12.0	2.0

续表

基本情况		国内（%）		国外（%）		
		省内	省外	韩国	日本	欧美
学历	初中及以下	2.1	2.9	1.1	13.6	2.7
	高中及中专	11.9	13.6	7.6	22.0	14.1
	专科	9.1	16.5	9.2	21.5	10.7
	本科	72.8	46.6	67.4	27.7	55.7
	研究生或以上	4.1	20.4	14.7	15.2	16.8
旅游山东的经历	第一次	14.0	28.6	25.0	23.6	29.5
	重复	79.8	33.0	29.9	42.4	51.0
	还没去	6.2	38.3	45.1	34.0	19.5

四、知名度绩效

旅游者对“好客山东”知名度的评价具体原始数据见表9－4。

表9－4　品牌知名度原始数据

指标	国内		国外		
	省内	省外	韩国	日本	欧美
CP_{111}品牌的知晓度（%）	75.3	72.8	46.7	57.1	55.0
CP_{121}品牌名称的熟悉度（平均值）	4.43	4.29	2.71	3.40	3.01
CP_{122}品牌标识的熟悉度（平均值）	4.39	4.04	2.64	3.54	2.99
CP_{123}品牌广告的熟悉度（平均值）	4.38	4.18	2.53	3.32	2.89
CP_{124}品牌产品的熟悉度（平均值）	4.26	3.98	2.58	3.36	3.03
CP_{125}品牌服务的熟悉度（平均值）	4.28	3.89	2.59	3.34	3.00

注：平均值采用5点量表，“1”表示“非常不熟悉”，“5”表示“非常熟悉”。

知晓度方面，从国内看，在省内和省外的知晓度均超过70%，分别为75.3%和72.8%，相比较省内的知晓度高于省外；从国外看，知晓度均超过46%，其中日本最高（57.1%），欧美次之（55.0%），韩国最低（46.7%）。

总体上看，“好客山东”品牌在国内的知晓度明显高于国外。

熟悉度方面。从国内看，省内熟悉度各项指标高于省外。其中，省内在品牌名称熟悉度、品牌标识熟悉度、品牌广告熟悉度、品牌产品熟悉度和品牌服务熟悉度这五个方面平均值均大于4；省外在品牌名称熟悉度、品牌标识熟悉度、品牌广告熟悉度这三项也大于4，在品牌产品熟悉度和品牌服务熟悉度这两项分别为3.98和3.89，大于3.5。从国外看，在品牌名称熟悉度、品牌标识熟悉度、品牌广告熟悉度、品牌产品熟悉度和品牌服务熟悉度这五个方面，日本最高（平均值在3.32~3.54之间），欧美次之（平均值在2.89~3.03之间），韩国最低（平均值在2.53~2.71之间）。总体上看，“好客山东”品牌在国内的熟悉度明显高于国外。

根据表9-2各指标的权重，以及公式（9-2）和公式（9-3），利用表9-4的原始数据，分别计算知晓度、熟悉度绩效，然后计算知名度绩效指数（见表9-5）。从绩效指数看，旅游者对“好客山东”品牌的知晓度和熟悉度基本上呈现“U”形变化的趋势，从省内到省外再到韩国逐步下降，距离较远一些的日本、欧美又出现逐渐上升的趋势。呈现这种趋势的原因可能有两个：一是由于距离衰减原理和地域性的文化差异，对省外和国外而言，随着距离的增加，旅游者了解相应的信息逐渐减少，对旅游品牌的知晓度开始下降。而旅游又是一个求异的过程，当距离增加到一定的程度后，由于目的地与客源地之间的巨大资源、文化的差异，目的地对更远的旅游者可能吸引力会更大，导致旅游品牌的知名度逐渐上升；二是“好客山东”品牌的标识Logo中有明显的英文“Friendly Shandong”，以英语为母语的欧美旅游者会更熟悉有亲切感，因此评价较高。

表9-5　　品牌知名度绩效指数

指标	国内		国外		
	省内	省外	韩国	日本	欧美
CP_{11}知晓度	7.53	7.28	4.67	5.71	5.50
CP_{12}熟悉度	8.69	8.15	5.21	6.78	5.96
CP_1 品牌知名度绩效	8.07	7.68	4.92	6.21	5.71

注：绩效等级分类见第八章，其中0~2表示“非常差”，2~4表示“较差”，4~6表示“中等”，6~8表示“良好”，8~10表示“优秀”。

五、美誉度绩效

旅游者对“好客山东”美誉度的评价具体原始数据见表9－6。

表9－6　品牌美誉度原始数据

指标	国内		国外		
	省内	省外	韩国	日本	欧美
CP_{211}与竞争对手的差异性	8.14	7.37	6.19	6.40	6.13
CP_{212}对地方特色的反映程度	8.26	7.57	6.60	6.36	6.52
CP_{221}对市场需求的反映程度	8.13	7.48	6.40	6.64	6.73
CP_{222}旅游者的喜好程度	7.97	7.47	6.73	6.74	6.89
CP_{231}旅游品牌宣传的信息单纯度	8.00	7.64	7.22	6.42	6.98
CP_{232}旅游品牌引起的注意度	8.20	7.51	6.69	6.18	6.88
CP_{241}旅游者对目的地的推荐力度	8.17	7.44	6.43	6.37	6.73
CP_{242}旅游者对目的地的推荐力度	8.23	7.50	6.45	6.59	7.26
CP_{251}旅游品牌被记忆的容易程度	8.47	7.80	7.24	6.59	7.30
CP_{261}旅游品牌整体性评价	8.41	7.72	6.97	6.44	6.88

注：品牌美誉度所有指标采用10分制，“0”表示“最差”评价，“10”表示“最优”评价。

从表9－6各个细分市场原始数据看，旅游者评价最高的都是“旅游品牌被记忆的容易程度”这一项。国内来看，省内评价高于省外（省内为8.47，省外为7.80）；从国外看，欧美高于韩国和日本，分别是7.30、7.24和6.59。旅游者评价最低的指标则有不同。山东省内旅游者在“旅游者的喜好程度”一项评价最低，是7.97；省外旅游者以及国外的韩国和欧美旅游者均在品牌“与竞争对手的差异性”方面评价最低，分别是7.37、6.19和6.13；日本旅游者则在“旅游品牌引起的注意度”这一项得分最低，是6.18。

总体上看，各市场呈现省内到省外再到国外逐渐下降的趋势。其中，省内旅游者评价最高，各指标的评价均接近或超过8分，省外旅游者对各指标的评价在7～8之间排在第二位，韩国、日本和欧美旅游者的评价大部分指标在6~7之间。当然，国外三个市场也有区别：第一，韩国旅游者在“旅游品牌被记忆的容易程度”和“旅游品牌宣传的信息单纯度”这两项评价超过7分，说明，该品牌口号虽然只要中文和英文两种文字，但是其简洁明了的表达方式得到了韩国旅游者的认同；第二，欧美旅游者与韩国、日本的区别是，欧美旅游者有两项指标，即“旅游品牌被记忆的容易程度”和“旅游者对目的地的推荐力度”这两项的分数超过7分，这再次表明“Friendly Shandong”这一简洁绚丽的英文符号色彩，动感的造型除了增强了欧美旅游者的记忆之外，也引起了欧美旅游者的高度共鸣和对山东旅游的向往，该品牌形象起到了对目的地有效推荐的作用。

根据表9－2各指标的权重，计算各细分市场的美誉度绩效以及美誉度总体绩效指数（见表9－7）。

表9－7　品牌美誉度绩效

指标	国内		国外		
	省内	省外	韩国	日本	欧美
CP_{21}独特性	8.20	7.48	6.41	6.38	6.34
CP_{22}市场性	8.05	7.48	6.56	6.69	6.81
CP_{23}注意力	8.11	7.57	6.93	6.29	6.92
CP_{24}吸引力	8.19	7.46	6.44	6.46	6.94
CP_{25}记忆力	8.47	7.80	7.24	6.59	7.30
CP_{26}整体性	8.41	7.72	6.97	6.44	6.88
CP_2 品牌美誉度绩效	8.24	7.58	6.75	6.47	6.85

注：绩效等级分类见第八章，其中0~2表示“非常差”，2~4表示“较差”，4~6表示“中等”，6~8表示“良好”，8~10表示“优秀”。

从“好客山东”品牌美誉度绩效指数（CP_2）看，旅游者对“好客山东”品牌的美誉度基本上也呈现“U”型变化的趋势，从省内到省外再到韩国、日本逐步下降，距离较远一些的欧美又出现逐渐上升的趋势。造成这种现象，除了上述的距离吸引和排斥原因外，另外可能还存在以下的原因：一是韩国、日本旅游者在“好客山东”品牌形象标识中没有找到自己认同和感到亲切的语言文字；二是“好客山东”品牌形象在韩国和日本的宣传力度不够，旅游者缺乏认知和理解。

进一步对美誉度绩效下属的各指标绩效进行比较可以发现，中外旅游者均对旅游品牌的“记忆力”（CP_{25}）评价最高（除了日本的评价是排在第二位）。这表明“好客山东”品牌形象标识浓缩的语言、精辟的文字，以及丰富动感和亲切的色彩变化，对旅游者构成强烈的视觉冲击和心理冲击，非常容易被识别和记住。因此，“好客山东”品牌形象标识在设计方面的独到之处得到了包括国外旅游者在内的所有旅游者的认同和较高的评价，设计较为成功。另外，日本旅游者排在第一位的是品牌的“市场性”，排在第二是“记忆力”也从另一个角度印证了这一点。

综合其他指标来看，除“记忆力”以外，各个细分市场对“好客山东”品牌美誉度评价存在差异。从排在第 2 位、3 位和 4 位的指标来看，山东省内分别是整体性、独特性和吸引力；省外分别是整体性、注意力、市场性和独特性（并列第四）；韩国分别是整体性、注意力和市场性，日本分别是记忆力、吸引力和整体性；欧美分别是吸引力、注意力和整体性。总体看，各细分市场在“好客山东”品牌的“整体性”“市场性”方面也达成了共识。也是这表明，“好客山东”品牌是山东自然与文化精华的概括提炼，品牌的整体性较强，也得到了市场的一致认可。同时，品牌引起了旅游者的高度共鸣和对山东旅游的向往，该品牌起到了对目的地有效的推荐作用。虽然不同区域的旅游者对“好客山东”品牌形象的评价有所区别，但是，“好客山东”品牌形象标识在设计方面的独到之处得到多数旅游者的认同和较高的评价。

六、忠诚度绩效

旅游者对“好客山东”忠诚度的原始数据见表 9 - 8。

表 9 - 8　　品牌忠诚度原始数据

指标	国内		国外		
	省内	省外	韩国	日本	欧美
CP_{311} 重游行为（%）	85.1	53.5	54.5	64.3	63.3
CP_{312} 推荐行为（%）	88.1	68.0	35.3	51.3	37.6

续表

指标	国内		国外		
	省内	省外	韩国	日本	欧美
CP_{321}旅游意愿（平均值）	4.58	4.28	3.36	3.58	3.33
CP_{322}推荐意愿（平均值）	4.58	4.10	3.45	3.63	3.77

注：平均值采用5点量表，"1"表示"非常不愿意"，"5"表示"非常愿意"。

表9-8数据表明，重游率最高的是省内旅游者，占85.1%，最低的是省外旅游者，占53.5%。推荐行为方面，即已经推荐其他游客到山东旅游方面，推荐率最高的也是省内旅游者，占88.1%，最低的是韩国旅游者，占35.3%。重游意愿方面，即在未来5年希望再来山东旅游的意愿方面，最高的是省内旅游者，平均值为4.58，最低的是欧美旅游者，平均值是3.33。推荐意愿方面，即未来会主动推荐其他游客到山东旅游方面，推荐意愿最高的也是省内旅游者，平均值为4.58，最低的是韩国旅游者，平均值为3.45。

根据表9-8的数据，以及表9-2各指标的权重，计算各细分市场的美誉度绩效指数（见表9-9）。

表9-9　品牌忠诚度绩效指数

指标	国内		国外		
	省内	省外	韩国	日本	欧美
CP_{31}忠诚行为	8.66	6.06	4.50	5.79	5.06
CP_{32}忠诚态度	9.16	8.38	6.81	7.21	7.09
CP_{3}品牌忠诚度绩效	8.90	7.20	5.63	6.48	6.05

注：绩效等级分类见第八章，其中0~2表示"非常差"，2~4表示"较差"，4~6表示"中等"，6~8表示"良好"，8~10表示"优秀"。

从忠诚行为来看，山东省内旅游者的忠诚行为绩效最高，为8.66，其次是省外为6.06；国外旅游者则比国内旅游者低，排在第三到第五位，依次是日本、欧美和韩国，绩效指数依次是5.79、5.06和4.50。

从忠诚态度来看，山东省内旅游者的忠诚意愿绩效最高，为9.16，其次是省外为8.38；国外旅游者则比国内旅游者低，排在第三到第五位，依次是日本、欧美和韩国，绩效指数依次是7.21、7.09和6.81。

从以上数据可以看出，各个细分市场如果忠诚行为较高的，忠诚意愿也较高，存在一定的相关性。

从“好客山东”品牌忠诚度绩效指数（CP_3）看，国内旅游者的忠诚度较国外旅游者高，其中国内市场中的省内旅游者最高（$CP_3=8.90$），省外次之（$CP_3=7.20$）；国外忠诚度较高的是日本（$CP_3=6.48$），欧美次之（$CP_3=6.05$），韩国最低（$CP_3=5.63$）。

进一步分析影响品牌忠诚度绩效下属的各个细分市场发现，国内省外旅游者的忠诚行为绩效（$CP_{31}=6.06$）明显比忠诚态度绩效低（$CP_{32}=8.38$），两者相差2.32分；韩国市场、日本市场和欧美市场也是类似的情况，旅游者的忠诚行为绩效也是明显比忠诚态度绩效低，两者的差值分别是2.31分、1.42分和2.03分。距离较近的山东省内旅游者虽然也是忠诚行为绩效（$CP_{31}=8.66$）比忠诚态度绩效低（$CP_{32}=9.16$），但是两者相差的差值比其他市场少，是0.50分。这说明，一方面，距离的阻力因素会降低旅游者的行为忠诚度，距离越远可能忠诚度会越低，特别是在行为忠诚方面更加明显；另一方面由于竞争对手的存在，再加上旅游者本身具有求新、求异的特点，要提高旅游者的行为忠诚是一件不容易的事情，需要旅游地管理者持续不断的努力和品牌塑造才能实现。

七、“好客山东”品牌综合认知绩效评估

根据公式（9－1）计算得到各细分市场综合认知绩效，具体数据结果见表9－10。从综合绩效看，“好客山东”品牌的综合认知绩效（CP）是6.8，处于“良好”的状态。

表9－10　“好客山东”品牌综合绩效指数

项目		知名度 CP_1	美誉度 CP_2	忠诚度 CP_3	认知绩效指数 CP	认知绩效评价
国内	省内	8.07	8.24	8.90	8.4	优秀
	省外	7.68	7.58	7.20	7.5	良好
	国内平均绩效	7.88	7.91	8.05	7.9	良好

续表

项目		知名度 CP_1	美誉度 CP_2	忠诚度 CP_3	认知绩效指数 CP	认知绩效评价
国外	韩国	4.92	6.75	5.63	5.8	中等
	日本	6.21	6.47	6.48	6.4	良好
	欧美	5.71	6.85	6.05	6.2	良好
	国外平均绩效	5.61	6.69	6.05	6.1	良好
综合绩效		6.52	7.18	6.85	6.8	良好

注：绩效等级分类见第八章，其中 0～2 表示“非常差”，2～4 表示“较差”，4～6 表示“中等”，6～8 表示“良好”，8～10 表示“优秀”。

表 9－10 数据显示，“好客山东”品牌的美誉度绩效最高（$CP_2=7.18$），忠诚度绩效排在第二（$CP_3=6.85$），知名度绩效最低（$CP_1=6.52$）。影响“好客山东”品牌的综合绩效的因素主要是知名度和忠诚度。

从影响“好客山东”品牌的综合认知绩效的各个细分市场来看，国内市场的综合绩效（$CP=7.9$）高于国外市场的综合绩效（$CP=6.1$）。进一步分析，国内市场方面，省内认知绩效最好（$CP=8.4$），绩效评价“优秀”，处于理想状态，省外认知绩效比省内低（$CP=7.5$），处于“良好”状态；国外市场方面，日本市场认知绩效最高（$CP=6.4$），欧美次之（$CP=6.2$），两个市场也是处于“良好”状态；韩国最低（$CP=5.8$），处于“中等”状态。因此，影响“好客山东”品牌的综合绩效的主要市场从国内看主要是省外市场；从国外看，重点是韩国市场，其次是欧美和日本市场。

第三节　结论与建议

一、结论

（一）优势方面

通过对“好客山东”品牌认知绩效的分析表明，总体上，“好客山东”

品牌经过十多年的发展，已经得到国内外市场较高的认可，“好客山东”品牌的综合绩效（CP）达到6.8，处于“良好”的状态。主要表现在以下几个方面。

第一，品牌在山东省内的综合绩效最高。其中，知名度、美誉度和忠诚度绩效指数均大于8分（$CP_1=8.07$，$CP_2=8.24$，$CP_3=8.90$），达到了理想状态，绩效评价为“优秀”。

第二，品牌在国内的综合认知绩效较高。在国内的总体认知绩效处于“良好”状态（$CP=7.9$）且有望接近“优秀”。其中品牌在山东省内市场的认知绩效达到了“优秀”的状态（$CP=8.4$），品牌在省外的认知绩效达到了“良好”的状态（$CP=7.5$），且有望接近“优秀”，达到理想状态。

第三，品牌的美誉度较高。特别是在品牌的记忆力、整体性、市场性等方面，得到了中外旅游者的一致认可，说明品牌形象的总体设计是非常成功的。

（二）不足方面

第一，品牌的综合绩效指数呈现国内较高国外较低的局面（国内和国外的市场这绩效分别是7.9和6.1），两者平均值相差较大，差值达1.8分（$CP_{国内-国外}=1.8$）。其中，国内市场中，省外的绩效低于省内的绩效（$CP_{省内-省外}=0.9$）；国外市场中，日本最高，欧美次之，韩国最低，但是三者的两两差值在0.6分以下（$CP_{日本-韩国}=0.6$，$CP_{日本-欧美}=0.2$，$CP_{欧美-韩国}=0.4$），相对来说差距较小。因此，影响“好客山东”品牌的综合绩效的主要市场是国内的省外市场和国外的各个细分市场。

第二，从影响品牌综合绩效的下属各个分指标来看，“好客山东”品牌的美誉度绩效最高（$CP_2=7.18$），忠诚度绩效排在第二（$CP_3=6.85$），知名度绩效最低（$CP_1=6.52$）。影响“好客山东”品牌的综合绩效的因素主要是知名度和忠诚度。

二、建议

（一）做好“好客山东”品牌形象代言人的选择工作

在旅游地品牌形象定位后，形象代言人已经成为旅游地传播旅游品牌，提高知名度和参与市场竞争的重要手段，被运用到国家、区域或城市的旅游目的地营销中。利用形象代言人的晕轮效应可以使旅游者对形象代言人所代言的旅游地产生美好的印象，塑造旅游地品牌（马明，2010）。

1. 及时推出虚拟形象代言人

虚拟形象代言人是指旅游地选择现实生活中不存在的人物作为旅游形象代言人，可以是卡通形象，已经去世的人物或者是传说中的人物等。虚拟形象代言人的优点如下。

第一，无须向代言人付酬金。明星代言费用通常不菲，这给旅游地带来了沉重的经济负担。对虚拟形象代言人来说，旅游地所花费的只是虚拟形象代言人的制作、推广和维护费用，无须向其支付任何酬劳。从长远来看，也更有利于旅游地的生存和发展（马明，2010）。

第二，品牌形象专属性。一般来说明星往往是好几个品牌的代言人，这使得旅游者往往对其代言的各种品牌产生混淆，导致品牌的“稀释效应”（禹方，2006）。虚拟形象代言人却不同，对于旅游地而言，虚拟形象代言人一旦设定，它（他或她）作为品牌的唯一、长期、稳定的形象代表，不但可以陪伴品牌共同成长，更因其定位鲜明持久，渗透力强劲，一旦在旅游者中建立了良好的知名度和美誉度后，有助于共建品牌，提高旅游者的忠诚度，甚至在旅游者中形成一种品牌文化和品牌信仰。为旅游地带来长久的、持续的利益（马明，2010）。

第三，容易塑造完美的品牌形象。明星作为真实的人都有缺点，会犯错误或被流言蜚语中伤；也可能由于时间的推移衰老或病死，明星代言的形象会发生变化，最终会变得与旅游地品牌形象不能融合，这对保持旅游地的品牌个性的完美性和核心价值的稳定性是不利的。但虚拟形象代言人是旅游地自身旅游资源文化和定位的凝练，是虚构的形象，不会犯错误，形象更加丰满完美。因此更能维护品牌形象，提升品牌价值（马明，2010）。

第四，容易获得旅游者的认同。一般情况下，由于旅游者仅仅从广告商的宣传中获得虚拟代言人的基本信息，这些有限的且能转化为品牌形象的信息只能描绘出代言人的轮廓，人们可以按照自己的理想和意图将虚拟的代言人在头脑里完整化，将仅有骨骼的虚拟代言人完整化，使其在心目中达到完美，从而最大程度地满足有心理差异的目标群体的情感需要。因此，虚拟形象代言人赋予了更多的想象空间，可塑性强，可以跨越国界，突破文化和语言等各方面的障碍，更容易获得旅游者的广泛认同，最终成为世界著名的旅游地品牌形象代言人（马明，2010）。

第五，容易展现新奇的广告创意。目前电脑动画虚拟技术已经发展到了一个前所未有的高度，全数字制作的动画片所虚拟的场景已经大有逼近真实环境的趋势，电脑虚拟的角色已经可以达到以假乱真的效果。对于旅游地广告制作来讲同样如此，由于虚拟形象代言人的行为可以由广告制作者任意操纵，因此在表达广告创意上可以采用一些普通人无法或很难表现的言行来突破以往广告表现的极限（马明，2008b）。而在后期制作中，先进 3D 动画技术可以将这些奇思妙想还原成画面，给受众以前所未有的视觉冲击，从而成功吸引旅游者的注意力，为宣传产品或服务打下坚实的基础（马明，2010）。

因此，山东省推出“好客山东”旅游品牌后，应该及时推出虚拟形象代言人，可以有三种选择：一是孔子，“好客山东”品牌定位来源于传统儒家文化，《论语》开篇孔子的名言“有朋自远方来，不亦乐乎”家喻户晓。目前，孔子学院遍布世界各地，截至2018 年已在全球154 个国家（地区）建立了548 所孔子学院（安然等，2019）。因此选择孔子作为虚拟形象代言人能够被世界各地旅游者知晓和广为接受，有利于“好客山东”旅游品牌的推广。二是“好客山东贺年会”推出的“福乐娃”，设计思路来自齐鲁大地传统的年庆习俗，福福乐乐是有亲和力的山东男孩女孩的造型，其亲切友好、憨态可掬的形象与落落大方的肢体语言体现了山东人的热情好客。三是采用公开征集的方式，经过专家论证，重新设计虚拟形象代言人。

2. 针对不同的目标市场选择明星代言人

与明星代言人相比，虚拟代言人也有不足。一是具有不确定性，是否塑造成功取决于虚拟代言人的设计是否能准确把握旅游者心理，以及设计质量、广告制作、媒体选择等各种因素（王晨，2004）；二是培养具有长期性，与明星代言人相比，虚拟代言人在刚刚问世的时候，旅游者需要更长的时间才能接受。这对想要快速提升品牌影响力，迅速占领市场的旅游地来说是不利的。因此，除了虚拟代言人外，旅游地针对不同的目标市场选择明星代言人是十分重要。明星代言人的优势体现在以下几个方面。

第一，明星代言人知名度高。当前，明星的魅力已成为非常具有时代特征的现象，明星具有视觉冲击力、趣味性、感染力，是时代的偶像。对旅游地来说，明星所拥有的不仅是文化价值和精神价值，更重要的是他们拥有极高的商业价值，非常符合当前旅游市场的要求，能够快速提升目的地知名度（马明，2010）。

第二，体现旅游地的个性化价值。品牌代言人是品牌文化基因的人格化，品牌代言人是品牌个性与旅游地旅游资源与文化内涵的人性化符号载体之一。旅游地产品或服务是提供给人使用的，明星代言人使旅游地所提供的旅游产品或服务人性化，从而使旅游者消除戒备心理，较易接受旅游地的产品或服务。如果选择与目的地个性一致的明星代言人，则可以通过明星代言人的个性形象传播旅游地形象，使代言人成为旅游地品牌个性的最好载体。

第三，体现旅游地的感性化价值。后现代主义的“感性消费”时代，品牌的魅力逐渐受到重视，旅游者追求品牌形象，逐渐以视觉为主要的感官来感知旅游地产品，品牌的评估准则在于品牌偏好与品牌象征。明星作为公众人物，会被旅游者理解并赋予一些感性化的价值，会超越品牌本身，从而征服旅游者的内心。因此，明星所传递的感性化的内容，使得旅游者试着接受一种产品，下意识地把自己与一个品牌联系起来，如果代言人的形象契合了旅游者内心最深层次的感受，就能以感性化的表达触发旅游者的潜在旅游动机，从而产生旅游行为。

对山东省来说，在明星代言人的选择上，可以选专家、明星或者通过公开征集海选产生。另外，建议可以根据不同的目标市场选择不同的形象代言人。例如，针对韩国市场选择韩国游客接受和喜爱的明星，针对日本市场则选择日本游客喜爱的明星，针对欧美市场则选择欧美游客喜爱的明星等。最后，需要充分考虑明星代言人在给目的地带来利益同时可能导致的风险，签订代言合同的时间不宜过长（建议1~2年），在考虑代言人与目的地形象理念一致的情况下，明星代言人也可以根据某个明星目前的流行度进行更换。

当然，鉴于明星代言人和虚拟代言人都有各自的优缺点，旅游地可以采用树立一个虚拟形象代言人，采用明星代言人和虚拟代言人相结合的方法宣传旅游地品牌。即利用明星来吸引受众的眼球，利用明星代言人来迅速提升虚拟形象代言人的知名度，让受众注意到旅游地的虚拟形象代言人，并逐渐使受众接受旅游地为自己量身定做的虚拟形象代言人，使虚拟形象代言人也成为主角，与明星代言人一起成为旅游地品牌塑造的传播工具（马明，2010）。

（二）加强“好客山东”品牌形象的宣传

1. 继续推行“联合推介，捆绑营销”品牌传播模式

“好客山东”品牌形象推广的成功首先归功于省旅游管理部门在品牌传播推广上的营销创新。自 2008 年开始，山东旅游管理部门在央视率先推行“联合推介，捆绑营销”品牌传播的“山东模式”。在全国开创了政府为主导进行旅游地品牌推介，以企业为主体运作市场的营销模式。通过捆绑营销，山东全面整合了下属各市县的资金和力量，以“好客山东”品牌为统领，通过集中购买央视广告时段实现广告资源共享，集中对“好客山东”母品牌和下属子品牌进行统一推广，实现“好客山东”品牌推广资金的价值效用最大化。同时，为保证品牌的成功推广，山东制定明确的管理办法，使用淡旺季价格浮动、预交诚信金等调节手段，引导各参与单位准确定位、科学投放。通过“联合推介，捆绑营销”的品牌营销策略，整合省、市、县、旅游企业的资源，并开展以“好客山东”品牌为统领的山东旅游目的地整体形象的宣传，“好客山东”知名度迅速提高，在全国产生轰动效应（冷兴帮等，2009）。之后，在“好客山东”母品牌的带动下，山东省各市纷纷根据自身优势打造相应的子品牌，从而使“好客山东”品牌成为一个体系，全面提升了“好客山东”品牌形象，有效带动了全省旅游业的发展，实现了旅游人数和旅游收入的大幅度增长。

自 2011 年以来，省旅游管理部门进一步加大资金方面的投入，实现了投放范围、投放形式和投放管理的全面创新。首先，广告投放量翻倍，并实现了由点到线、贯穿全天、跨媒体、跨受众的全方位覆盖。在投放媒体上，中央电视台新增 CCTV－1《晚间新闻》前的《名牌时间》和俄语、法语、阿拉伯语及高清频道的投放；从香港的凤凰卫视中文台扩展到香港翡翠台，以及在台湾东森电视台增加“山东声音”栏目；此外还与《旅伴》杂志进行战略合作，推出《好客山东》“刊中刊”；等等。其次，创新投放形式，实行多时段、广覆盖的“套餐制”，以实现投放效益的最大化。

从 2013 年开始，为了充分利用现代信息技术，“好客山东”品牌除了在传统媒体进行捆绑营销外，开启了利用网络平台进行捆绑营销的新模式。例如与百度合作，重点对国内市场进行捆绑营销；与谷歌合作，重点对国外市场进行捆绑营销。除了搜索引擎营销外，山东在海外也开始与 Facebook、TripAdviser 等社交媒体开展深度合作。此外，还采取了到客源地设立营销中心的新模式，陆续在我国香港、台湾地区，以及韩国、美国、日本、新加坡等主要境外客源地设立旅游营销中心，还加强了与境外主要客源地旅行社的合作开展营销宣传。目前已经与 30 多家境外旅行商展开合作。通过以上措施扩大境外市场的传播力度（郭琪，2016）。

另外，本次调查中，从国内外旅游者了解“好客山东”旅游口号的途径来看（见表9－11），国内外旅游者排在第一位的都是电视，分别是45.9%和31.8%，这也再次表明管理部门通过在中央电视台等国内外各大电视媒介，利用“联合推介，捆绑营销”这一集群式区域品牌传播营销模式进行“好客山东”品牌形象的传播取得了较好的营销效果，需要继续进行推广。除了电视媒介外，无论国内旅游者还是国外旅游者通过旅行社介绍、亲朋好友介绍、广播、报纸/杂志、网络、旅游宣传册等途径获得“好客山东”旅游口号的比例都超过了 14%，通过航空公司途径获得“好客山东”口号的比例也超过了 6%。这说明除了电视媒介外，利用网络、旅游宣传册、旅行社、报纸/杂志、广播、亲朋好友介绍等途径也是进行“好客山东”品牌营销的有效手段之一。

表 9－11　国内旅游者了解“好客山东”旅游口号的途径（多选题）

途径	国内（%）	国内排序	国外（%）	国外排序
旅行社介绍	18.7	7	26.8	3
亲朋好友介绍	27.2	3	28.4	2
电视	45.9	1	31.8	1
广播	18.9	6	22.6	5
报纸/杂志	19.8	5	20.0	6
旅游宣传册	26.3	4	14.5	7
网络	30.3	2	24.1	4
航空公司	6.9	8	6.3	8

当然，调查发现，与国内旅游者比较，外国旅游者对“好客山东”品牌认知的知名度评价较低。在未来的营销推广中，建议管理部门要进一步加大

在韩国、日本及欧美主流媒体的广告宣传和网络营销，以便进一步提高外国旅游者的知晓度和熟悉度的评价。有理由相信，通过“好客山东”品牌形象宣传资金和宣传频率的大幅度提高，以及进一步加强对“好客山东”品牌认知绩效的持续评估和品牌管理，这将大大提高“好客山东”品牌的传播力度，进而进一步提高认知绩效和市场绩效。

2. 继续完善旅游品牌形象在目的地景观建设中的展示工作

如何将“好客山东”品牌形象体现在旅游目的地景观中，以强化旅游者对旅游品牌的感知，是影响旅游者对品牌认知绩效提高的一个关键因素（吕帅，2007）。

第一，加强旅游品牌形象在目的地内旅游者可到之处的展示活动。建议可以在区域第一印象区、光环效应区、地标区以及最后印象区等重点进行展示，具体形式可以是雕塑、广告牌、彩旗等。

第二，强化旅游品牌形象在各种旅游景观标识系统中的应用。目前，山东在大部分 AAA 级以上景区在各景区的主入口或游客比较集中的地方设立带有“好客山东”标识的公益性宣传广告牌，许多景区还利用景区门票、宣传册、工作名片等做好“好客山东”标识在景区的推广使用工作。此外大部分旅行社、三星级以上旅游饭店和星级餐馆也积极配合全省的统一部署，结合各自实际做好“好客山东”的公益宣传。存在的不足是，在 AA 级以下景区、二星级以下的经济型饭店以及大部分社会餐馆中，“好客山东”标识使用较少。因此，今后需要加大“好客山东”在以上景区和旅游企业的全面应用。另外，还应鼓励各旅游企业利用工作证、上岗证、工作制服、宣传材料、太阳帽、行李包等各种载体做好“好客山东”宣传工作。保证在旅游者接触的每一个角落，都能第一眼看到“好客山东”品牌标识，吸引旅游者的注意力，增强其对“好客山东”品牌的识别和记忆。

3. 继续加强旅游官方网站宣传力度

一方面，应该加强旅游地官方网站对“好客山东”旅游品牌的传播。通过调查统计，在山东省文化厅和旅游局合并之前，省旅游局和下属 17 个地市中，仅有省旅游局、济南、泰安、威海、日照、淄博、枣庄等 7 个旅游网，在除了中文版（简体、繁体）以外，还有英语、日语或韩语版，特别是威海旅游政务网还增加了俄语专区加强对俄罗斯市场的宣传；从具体内容上看网站建设也显得较为薄弱，表现为外文网站内容设计比较简单，网页上也没有关于“好客山东”旅游形象标识的宣传图片和宣传视频；其他 10 个地市仅有中文网站，缺乏对海外市场的营销和推广。在 2018 年山东省文化厅和旅游局合并之后，“好客山东网”除了简体、繁体中文版以外，还有英语、日语或韩语版，总体上内容较之前丰富，更新也比较快。但是下属市县的网站对海外城市的推广还是很弱，需要进一步加强。

另一方面，加强旅游微博、微信对“好客山东”品牌的营销。当前，旅游微博、微信营销得到了旅游目的地的高度重视，成为网络时代旅游地品牌营销的重要工具。首先，微博营销的优点在于简单易用，作为社会媒体，传播速度快，商业推广效果好。其次，微信公众号平台自 2011 年开始运营以来，在很短的时间内发展迅猛，并且成为包括老年人在内的所有旅游市场群体广泛使用的平台（马可婷，2018）。再次，在移动智能手机时代，微博和微信的优势更为突出，旅游者可以随时随地获取、并进行分享和互动，因此被广泛使用。目前，山东旅游管理部门和下属各个地市都有官方微博、官方微信与旅游者进行沟通。今后需要进一步提高微博、微信内容发布的质量，提高微博、微信信息更新的频率等各种方式以吸引目标客户的关注。此外，要善于和旅游者进行互动，及时回复旅游者的需求，从而提高粉丝忠诚度。

（三）加强“好客山东”品牌的建设工作

“好客山东”是省级区域旅游品牌，在“好客山东”品牌统领下，进行品牌延伸非常重要。一方面，可以延伸为下属区域子品牌，例如旅游市县品牌、乡（镇）村旅游品牌、景区（点）旅游品牌等。另一方面，也可以延伸为旅游产品子品牌，例如旅游线路品牌、单项旅游产品品牌、旅游企业品牌和旅游节庆品牌等等。通过品牌延伸，形成以整体品牌为核心，多层次品牌为支撑的体系，提升“好客山东”品牌的竞争力。

1. 加强野营地建设在“逍遥游”品牌中的作用

在“好客山东”品牌统领下，山东目前主要打造“山水圣人”“黄金海岸”“逍遥游”三大旅游线路，整合形成一批具有山东特色的兼具观光、休闲和康养功能的旅游产品品牌（于日美等，2009b）。目前，在“山水圣人”“黄金海岸”旅游线路方面，已经做得比较成熟，形成品牌优势。例如，在 2011 年国家旅游局举办的游客最喜爱的“100 条旅游线路”评奖中，山东省的齐鲁半岛风光之旅（黄金海岸旅游线路）、名人修学之旅（山水圣人旅游线路)、文化名城巡游之旅（泉水古城海滨旅游线路）均名列其中。目前，在“逍遥游”方面还缺乏品牌。

“逍遥游”品牌建设的途径很多，其中“野游地”是建设“逍遥游”品牌的主要资源（Song，2009）。过去由于“野游地”影响范围小、经济价值不明显而一直不受政府重视。“野游地”一般没有门票，其经济价值不像收费景点那样明显，但它们会给地方带来其他形式的消费，如野游装备、餐饮、交通、住宿等。另外，发展“野游地”有利于提高农业资源的利用效率，解决就业问题，提高当地农民的经济收入、生活质量和幸福感，是实现乡村振兴战略的重要途径之一。因此，政府应提高思想认识，注重“野营地”建设在构建山东“逍遥游”品牌中的作用（宋伟，2009）。

第一，建立“野游地”数据库。现在各地已经自发形成的“野游地”数量非常多，但是由于缺乏统一管理和信息共享，难以发挥整体力量。在省级旅游部门指导下，政府应当对现有的“野游地”进行全面摸查，建立“野游地”数据库，实现资源共享。同时，数据库应当是动态的，需要根据实际情况的发展变化不断更新。

第二，积极对“野游地”进行宣传。“野游”早就成为人们普遍喜爱和经常参与的活动。但由于缺乏宣传，很多“野游地”常常是“养在深闺无人识”。政府要投入资金多做宣传，为“野游地”的发展打开市场（宋伟，2010）。

第三，适度规划和管理，做到“有所为，有所不为”。规划方面，政府规划和引导的重点是通过政策，引导“野游地”形成资源类型多样、季节分配均衡和地域分布合理的格局。管理方面，除了必要的环境保护工作、违法违规监督工作外，应保持“野游地”的独立特色，减少干预。

2. 加强旅游企业和旅游产品品牌的建设

根据旅游者旅游活动中的行、游、住、食、购、娱六要素，树立旅游企业、旅游产品品牌以及以“细微服务”为代表的服务品牌（李西香，2009）。目前，山东已经推出了一批“特许经营”模式的优质旅游品牌项目。包括“鲁菜馆”（鲁菜经营品牌）、“山东客栈”（经济型酒店品牌）、“逍遥游”（乡村休闲度假酒店品牌）、“四海为家”（滨海度假酒店品牌）、“山东100”（旅游特色商品品牌）等。今后需要进一步加强旅游活动各个要素（如旅行社、旅游娱乐等）的品牌建设和提升。此外，还要把山东特色文化进行提炼整合，融入旅游商品设计，通过文化创意，加大“好客山东”旅游商品的创新，满足旅游者的购物需求（贝广，2011）。通过以上措施使旅游活动六要素的子品牌建设全面发展。

3. 加强旅游节庆品牌的建设

目前，山东省下属各市县曾举办过不同类型的节庆活动。综合目前节庆的举办规模和百度、谷歌搜索的网络关注度来看，山东省的一些节庆，例如“孔子国际文化节”“泰山国际登山节”“青岛国际啤酒节”等大型节庆已经在国内外有一定的知名度，今后需要继续提升节庆举办的规模和质量，使这些国际品牌节庆成为传播“好客山东”品牌的重要海外渠道之一。另外，山东省旅游部门从2010年元旦开始打造的“好客山东贺年会”，目前也形成了一定的品牌优势，并形成了贺年福、贺年宴、贺年乐、贺年礼、贺年游五大子品牌，这对传播“好客山东”品牌和促进旅游者消费方面起到了十分重要的作用。

4. 加强区域子品牌的建设

一方面，完善依托“好客山东”的下属的城市品牌建设。各个地市应根据区域特色，形成自己的城市品牌。例如，济南的“泉水之都”、泰安的“中华泰山”、曲阜的“东方圣城”、聊城的“江北水城”等都是目前旅游者认知度比较高的品牌。另一方面，在地级城市品牌统领下，各县、区、乡（镇）村也应该根据自己的特色进一步打造子品牌。目前，有一些区域已经开始行动，例如庆云的“吉祥庆云”、乐陵的“乐在乐陵”等县级城市品牌塑造就比较成功。

总之，“好客山东”的品牌建设是一个系统工程，品牌建设需要以“好客山东”旅游口号做引领，以旅游标识为视觉表现符号，以旅游线路品牌为龙头，以城市以及下属的旅游地的旅游品牌为支撑，以旅游企业和产品品牌为基础，以旅游节庆为辅助来一一展开。通过以上方式，全面完善“好客山东”品牌体系来共同构建。

| 第十章 |

“好客山东”品牌市场绩效研究

第一节 “好客山东”品牌市场绩效评估指标体系的构建

一、基于市场绩效的品牌评估

随着人们对品牌市场力的重视，品牌评估方法开始考虑品牌带来的市场利益，即品牌的市场绩效。现代产业经济学认为，市场绩效是一个综合性的经济成果指标，是企业全部效益的集中体现（苏东水，2010；赵旭，2003）。

品牌之所以有价值，不仅仅是因为有品牌的产品比无品牌的产品可以获得更高的溢价，而在于品牌可以使其所有者在未来获得较稳定的收益（余伟萍，2007）。换句话说，通过品牌的市场绩效评估，可以使管理者透过具体的财务数据反映品牌的市场业绩和市场竞争力。

关于品牌市场绩效评估方法，目前还没有形成统一的共识。国外比较有代表性的有英特（Interbrand）品牌法和金融世界（Financial World）品牌法（余伟萍，2007）。其中，英特品牌模型考虑的财务指标包括市场占有率、销售量以及利润等；金融世界品牌模型考虑的财务指标包括销售额、利润率、利润、资本比率、税率等。国内学者马欢（2016）从收益能力、偿债能力、经营能力和成长能力 4 个方面设计 10 个指标来评价中国旅游产业上市公司的市场绩效。在旅游地品牌市场绩效评价方面，有学者采用市场总量增长率和市场份额增长率来评价区域旅游地品牌的市场绩效（吕帅，2007；马明等，2011a；汪明宇等，2008）。

二、旅游地品牌市场绩效评估的两个方面

市场绩效是旅游地品牌资产价值外在最直接的绩效表现，也是旅游地品牌战略管理追求的最终目标。作为财务类绩效指标，可以通过财务数据进行量化。根据旅游地财务数据的可获得性，本书主要通过区域旅游市场总量和市场份额来测量（吕帅，2007；马明等，2011a；汪明宇等，2008）。

（一）市场总量

对于一个旅游地来说，市场总量是旅游地营销活动效果评价的重要指标，能够反映该旅游地在市场总量上的数量多少。市场总量可以从两个方面进行测量：一是旅游人数；二是旅游收入。

1. 游客人数

游客人数是指一定时期内（例如一年）在该旅游目的地旅游人次的总和。根据地理位置进一步细分，游客人数可以分为国内游客人数和国外游客人数。其中国内游客人数是指本国的居民不跨越国界在本国的某一特定旅游地进行旅游活动的人数；而国外游客人数是指外国的居民跨越国界到某国的某一特定旅游地进行旅游活动的人数，也称为入境游客人数。

2. 旅游收入

旅游收入是指一定时期内（例如一年）旅游接待部门（或国家、地区）通过销售旅游商品而获取的全部收入的总和。是目前反映国家和地区旅游产业总量的一个重要指标。根据旅游消费的对象是国内游客和还是国外游客，旅游收入也相应分为国内旅游收入和国外旅游收入（也称为旅游外汇收入或

入境旅游收入）两个方面。

（二）市场份额

市场份额也称为市场占有率，是指在某一特定的时期内某一特定的市场区域范围内，某个旅游地产品的销售量（销售额）在整个行业同一类产品中所在的比重。一般用百分比表示。市场份额是旅游地营销活动效果评价的重要指标，能够综合反映旅游地在市场中的竞争地位和盈利能力，能够反映出品牌绩效的情况（唐玉生，2013）。如前所述，根据旅游市场的特点，市场总量分为游客人数和旅游收入，相应地，市场份额可以分为游客人数市场份额和旅游收入市场份额。

1. 游客人数市场份额

游客人数市场份额是指一定时期内（例如一年）在该旅游目的地旅游人次的总和占上一级区域内整个行业中旅游人次的比重。一般用百分比表示。游客人数市场份额是目前反映某一区域旅游产业竞争力的一个重要指标。另外，根据地理位置细分，游客可以分为国内游客和国外游客，相应地，游客人数市场份额又可以分为国内游客市场份额和国外游客市场份额。

2. 旅游收入市场份额

旅游收入市场份额是指一定时期内（例如一年）该目的地旅游接待部门（或国家、地区）通过销售旅游商品而获取的全部收入的总和占上一级区域内整个行业的旅游收入的比重。一般用百分比表示。旅游收入市场份额也是目前反映某一区域旅游产业竞争力的一个重要指标。根据旅游消费的对象是国内游客和还是国外游客，旅游收入也相应分为国内旅游收入和国外旅游收入两个方面。相应的，旅游收入市场份额又可以分为国内旅游收入市场份额和国外旅游收入市场份额。

三、“好客山东”品牌市场绩效评估模型

（一）“好客山东”品牌市场绩效评估指标体系的构建

基于以上对“好客山东”品牌市场绩效评价指标的分析，运用层次分析法构建“好客山东”品牌市场绩效评估指标体系模型。该模型构建了 4 级叠

加、逐级收敛的“好客山东”品牌市场绩效评估指标体系，共涉及 1 个目标层、2 个评价项目层、4 个评价因素层和 16 个具体的评价指标（见表 10 - 1）。其中目标层（一级指标）为市场绩效；项目层（二级指标）包括 2 个指标即市场总量和市场份额两个方面；因素层（三级指标）包括 4 个指标，即市场总量进一步细分为国外市场和国内市场，同时，市场份额也进一步细分为国外市场和国内市场。因此，最后的指标层（四级指标）涵盖市场总量（包括总量和增长率、国外市场和国内市场）、市场份额（包括总量和增长率、国外市场和国内市场），共 16 个指标。为了便于下文论述方便，“好客山东”品牌市场绩效（marketing performance，MP）。

表 10 - 1　“好客山东”品牌市场绩效评估指标体系和权重

目标层	项目层	因素层	指标层	相对权重	绝对权重	权重标准离差率
“好客山东”品牌市场绩效 MP	市场总量 MP_1（0.485）	国外市场 MP_{11}（0.437）	MP_{111} 入境游客	0.222	0.055	0.743
			MP_{112} 入境旅游收入	0.242	0.061	0.568
			MP_{113} 入境游客增长率	0.261	0.065	0.560
			MP_{114} 入境旅游收入增长率	0.275	0.069	0.497
		国内市场 MP_{12}（0.563）	MP_{121} 国内游客	0.197	0.049	1.206
			MP_{122} 国内旅游收入	0.277	0.069	0.487
			MP_{123} 国内游客增长率	0.225	0.056	0.596
			MP_{124} 国内旅游收入增长率	0.301	0.075	0.697
	市场份额 MP_2（0.515）	国外市场 MP_{21}（0.434）	MP_{211} 入境游客市场份额	0.224	0.056	0.440
			MP_{212} 入境旅游收入市场份额	0.263	0.066	0.356
			MP_{213} 入境游客市场份额增长率	0.242	0.061	0.436
			MP_{214} 入境旅游收入市场份额增长率	0.271	0.068	0.408
		国内市场 MP_{22}（0.566）	MP_{221} 国内游客市场份额	0.184	0.046	1.041
			MP_{222} 国内旅游收入市场份额	0.274	0.068	0.672
			MP_{223} 国内游客市场份额增长率	0.240	0.060	0.875
			MP_{224} 国内旅游收入市场份额增长率	0.302	0.076	0.612

（二）“好客山东”品牌市场绩效评估体系指标权重的确立

根据第八章论述的指标权重确定方法，结合德尔菲法专家咨询和问卷调查法确定各项指标的权重（见表10－1）。从表格中各指标的权重标准离差率来看，除了“国内游客”和“国内游客市场份额”这两项专家的意见差异较大，权重标准离差率大于1以外，其他大部分指标的权重离差率小于1，符合要求。

四、各指标的数据获取和市场绩效计算

“好客山东”品牌市场绩效数据来源主要包括《中国统计年鉴》《旅游业发展统计公报》和《山东旅游统计便览》。

设“好客山东”品牌市场绩效指数为 MP，其二级项目层的市场总量绩效指数为 MP_1、市场份额绩效指数为 MP_2，权重分别为 a_1、a_2，且 $a_1+a_2=1$，则“好客山东”品牌市场绩效 MP 具体表示如下：

$$MP=(a_1\times MP_1+a_2\times MP_2) \tag{10-1}$$

下面，对市场总量绩效（MP_1）和市场份额绩效（MP_2）的数据获得和计算方法，以及绩效指数的归一化处理方法做具体说明。

（一）市场总量和市场份额绩效的计算

1. 市场总量和市场总量增长率

市场总量根据相应标准年份的统计年鉴获得数据。市场总量增长率反映了市场总量变化的趋势，市场总量增长率根据市场总量进行计算：

$$E_i=\frac{(b_{i,t}-b_{i,0})}{b_{i,0}}\times 100\% \tag{10-2}$$

式中，E_i 为 i 区域市场总量增长率；$b_{i,t}$ 为末期 i 区域旅游市场销售量；$b_{i,0}$ 为基期 i 区域旅游市场销售量。

2. 市场份额和市场份额增长率

市场份额是以该区域市场总量占上一级行政区域市场总量的百分数来表示。市场总量根据相应标准年份的统计年鉴获得数据，市场份额计算公式如下：

$$D_i = \frac{b_i}{B} \times 100\% \tag{10-3}$$

公式中，D_i 为 i 区域的市场份额；b_i 为 i 区域的旅游市场总量；B 为上级行政区域的旅游市场总量。

由此，还可以计算区域旅游市场总量在上级区域中所占的市场份额的变化率，即市场份额的增长率。计算公式如下：

$$F_i = \left(\frac{b_{i,t}}{B_t} : \frac{b_{i,0}}{B_0} - 1\right) \times 100\% \tag{10-4}$$

式中，F_i 为 i 区域市场份额变化率；$b_{i,0}$ 为基期 i 区域旅游市场销售量；$b_{i,t}$ 为末期 i 区域旅游市场销售量；B_0 为基期上级行政区域旅游市场销售量；B_t 为末期上级行政区域旅游市场销售量。

（二）数据的归一化处理

在计算过程中，鉴于各项指标数据的量纲不同，需要运用线形变换法对原始数据进行处理，即取各指标在评价区域中的最优值（最大值），通过最优值对数据 M_j 进行无量纲化处理，转化为 P_j（无量纲化值）。转化公式为：

$$P_j = \frac{10 \times M_j}{\max(M_j)} \tag{10-5}$$

需要说明的是，本次研究中，在进行无量纲化处理时，对指标的归一化处理主要是参考与山东地缘接近、市场竞争比较激烈的华东四个省域（安徽、江苏、上海、浙江）和华北两个省域（河南、河北）的数据，取包括山东省和竞争对手一共 7 个省域中的最大值进行无量纲化处理。具体归一化处理方法如下。

设 $X_i(i=1, 2, 3, \cdots, n)$ 为第 i 个指标的指标值，M_j 为评价指标的指标阈值（7 个省域中的最大值），$P(C_i)$（C_i 为指标号）为第 i 个指标的绩效值，$0 \leqslant P(C_i) \leqslant 10$，则：

（1）当 $X_i > 0$，$M_j > 0$ 时，如 $X_i \geqslant M_j$，则 $P(C_i) = 1$；如 $X_i < M_j$，则 $P(C_i) = X_i / M_j$；

（2）当 $X_i < 0$，$M_j < 0$ 时，如 $|X_i| > |M_j|$，则 $P(C_i) = M_j / X_i$；如 $|X_i| \leqslant |M_j|$，则 $P(C_i) = 1$；

（3）当 $X_i > 0 > M_j$ 时，$P(C_i) = 1$；

(4) 当 $X_i < 0 < M_j$ 时，$P(C_i) = 0$。

第二节 “好客山东”品牌总体市场绩效评估

一、总体情况分析

(一) 旅游经济总量对山东省经济的贡献

从图 10－1 可以看出，自从“好客山东”品牌塑造以来，山东省的旅游收入占山东省三产增加值的比重呈现逐渐上升的趋势，2007 年为 19.18%，到 2018 年增加到 27.60%，11 年间增加了 8.42 个百分点，2018 年旅游业经济总量占三产增加值的比重接近 30%，说明旅游业在第三产业中的地位越来越重要。另外，旅游业经济总量占山东省地区生产总值的比例也呈现逐年上升的趋势，从 2007 年的 6.42% 增加到 2018 年的 13.70%，11 年间增加了超过 7.28 个百分点，并且从 2014 年以来，旅游经济总量占地区生产总值的比重

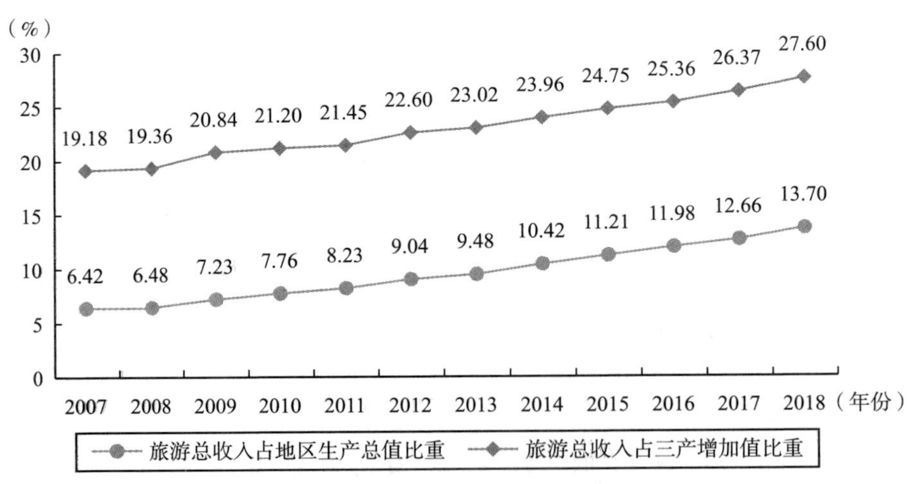

图 10－1　旅游经济总量对山东省经济的贡献

资料来源：《山东旅游统计便览》。

一直保持在10%以上的贡献。这说明旅游业对山东省的经济发展带来了重要的影响，在山东省第三产业中的地位逐渐提高，对山东省经济发展的贡献越来越明显，已成为山东省名副其实的战略性支柱产业。

（二）旅游市场总量与增长率

表10－2列出了2007～2018年山东市场总量情况。从表中的数据可以看出，随着山东旅游业迅速发展，2008年以来，山东省旅游收入均超过2000亿元，到2018年，总收入超过一万亿元，10年时间，旅游总收入增长了8000多亿元。

表10－2　　2007～2018年山东市场总量与增长率

年份	旅游总人数（万人次）	旅游总人数增长率（%）	旅游总收入（亿元）	旅游总收入增长率（%）
2007	20592.6	—	1653.6	—
2008	24299.8	18.00	2005.2	21.26
2009	29192.0	20.13	2452.2	22.29
2010	35356.8	21.12	3058.8	24.74
2011	42120.2	19.13	3736.6	22.16
2012	49208.9	16.83	4519.7	20.96
2013	54714.7	11.19	5183.9	16.91
2014	60023.1	9.70	6192.5	17.20
2015	65506.3	9.14	7062.5	14.05
2016	71201.8	8.69	8030.7	13.71
2017	78461.6	10.20	9200.3	14.56
2018	86412.4	10.13	10461.2	13.70

资料来源：《山东旅游统计便览》。

从增长速度来看，大体可以分为两个阶段（见图10－2）。（1）2008～2010年，平稳增长时期。旅游总人数和旅游总收入都在较快平稳增长，其中旅游总人数从18.00%增长到21.12%，旅游总收入从21.26%增长到

24.74%。(2) 2011～2018年，逐渐下滑到稳定增长时期。旅游总人数增长率和旅游总收入增长率2011～2016年逐渐下滑，从2017～2018年开始缓慢增长，其中旅游总人数增长率从19.13%下滑到2016年的8.69%又逐渐上升到2018年的10.13%；旅游总收入增长率从22.16%下滑到2016年的13.71%又逐渐上升到2017年的14.56%，2018年又回落到13.70%。

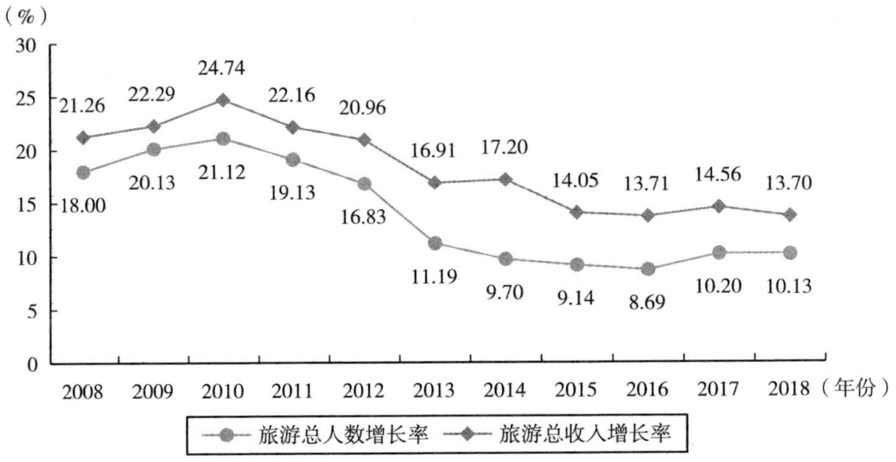

图10－2　2008～2018年山东省游客和旅游收入增长速度

(三) 旅游市场份额与增长率

同时，根据2007～2018年全国旅游总收入和游客总人数的数据（见表10－3)，可以计算出山东游客和旅游收入占全国的市场份额，进而进一步计算游客人数市场份额增长率和旅游收入市场份额增长率（见表10－4)。

表10－3　2007～2018年全国市场总量

年份	全国旅游总人数（万人次）	全国旅游总收入（亿元）
2007	174187.33	10957
2008	184202.74	11600
2009	202847.59	12900
2010	223676.22	15700

续表

年份	全国旅游总人数（万人次）	全国旅游总收入（亿元）
2011	277642.35	22500
2012	308940.53	25900
2013	339107.78	29500
2014	373949.83	37300
2015	413382.04	41300
2016	457844.38	46900
2017	514048.24	54000
2018	568020	59700

资料来源：《中国旅游业统计公报》。

表 10－4　2007～2018 年山东旅游市场份额与市场份额增长率　单位：%

年份	游客总人数		旅游总收入	
	占全国的市场份额	市场份额增长率	占全国的市场份额	市场份额增长率
2007	11.82	—	15.09	—
2008	13.19	11.59	17.29	14.54
2009	14.39	9.09	19.01	9.97
2010	15.81	9.84	19.48	2.49
2011	15.17	-4.03	16.61	-14.76
2012	15.93	4.99	17.45	5.08
2013	16.13	1.30	17.91	2.64
2014	16.05	-0.52	16.60	-7.31
2015	15.85	-1.28	17.10	3.00
2016	15.55	-1.86	17.12	0.13
2017	15.26	-1.85	17.04	-0.50
2018	15.21	-0.33	17.52	2.85

1. 旅游市场份额

为了更加清晰地总结山东省旅游市场份额的发展趋势，图 10－3 描述了

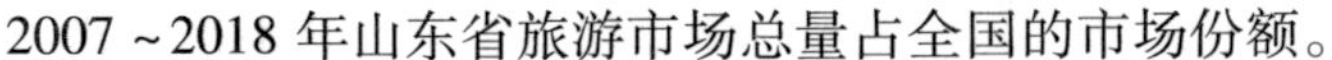
2007~2018 年山东省旅游市场总量占全国的市场份额。

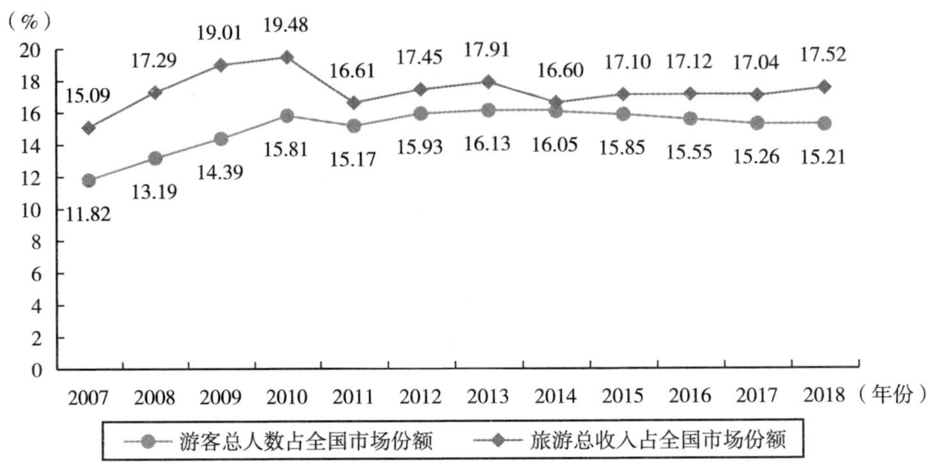

图 10-3 2007~2018 年山东省旅游市场总量占全国的市场份额

从游客市场份额看，山东省游客占全国的市场份额超过 10%，从 2007~2018 年保持在 11.82%~16.13% 之间。大致可以分为两个阶段：（1）2007~2013 年为快速增长时期，市场份额从 11.82% 增加到 16.13%；（2）2014~2018 年为缓慢下降时期，市场份额从 2014 年 16.05% 下降到 2018 年的 15.21%。

从旅游收入市场份额看，山东省旅游收入占全国的市场份额超过 15%，从 2007~2018 年保持在 15.09%~19.48% 之间。总体上看旅游总收入市场份额大于游客总人数市场份额，说明山东省旅游经济总体上从注重量的积累（旅游人数的增加）的扩张时期逐渐开始过渡到注重质的提高（旅游收入的增加）阶段。大致可以分为两个阶段：（1）2007~2010 年为快速增长时期，市场份额从 15.09% 增加到 19.48%；（2）2011~2018 年为缓慢下降小幅度波动时期，市场份额在 17.91%~16.60% 之间波动，其中 2013 年最高为 17.91%，2014 年最低为 16.60%。

2. 旅游市场份额增长率

为了更加清晰地总结山东省旅游市场份额增长率的发展趋势，图 10-4 描述了 2008~2018 年山东省旅游市场份额增长率。

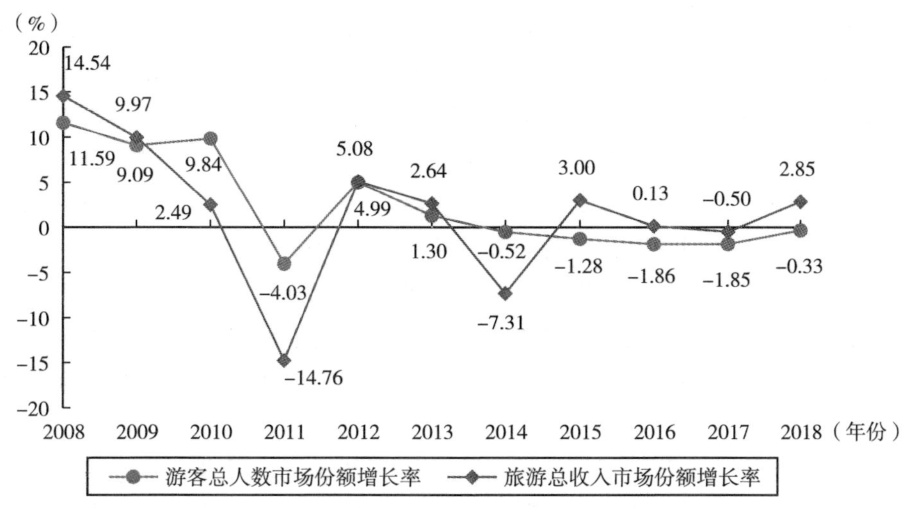

图 10－4 2008～2018 年山东省旅游市场份额增长率

从旅游总收入市场份额增长率来看，最高为大致可以分为三个阶段：（1）市场绩效最好时期（2008～2009 年），实现了超过 9% 的增长，最高的是“好客山东”品牌实施的第一年，即 2008 年，市场份额增长率达到 14.54%；（2）绩效一般时期（2010 年，2012～2013 年，2015～2016 年，2018 年），绩效在 0.13%～5.08%之间；（3）绩效较差时期（2011 年，2014 年，2017 年），为负增长，最低的是 2011 年，市场份额增长率为－14.76%。

从游客总人数市场份额增长率来看，大致可以分为三个阶段：（1）市场绩效最好时期（2008～2010 年），实现了超过 9% 的增长，最高的是“好客山东”品牌实施的第一年，即 2008 年，市场份额增长率达到 11.59%；（2）绩效一般时期（2012～2013 年），绩效在 1.30%～4.99%之间；（3）绩效较差时期（2011 年，2014～2018 年），为负增长，最低的是 2011 年，市场份额增长率为－4.03%。

二、旅游市场绩效指数计算说明

以上介绍了 2007～2018 年山东旅游发展的总体情况，使我们对山东省的旅游业发展的总体状况有了一个直观的大致了解，但是对于影响总体发展的各个细分市场的绩效并不能全面把握。其次，如前所述，由于各个指标（如旅游收入、旅游人数）的量纲不同，在进行“好客山东”品牌市场绩效指数计算时，需要进行无量纲处理，才能进行科学比较。最后，从品牌管理的角度，市场绩效的评价不仅要考查旅游地品牌的纵向绩效，即随着时间的增长，旅游地在树立品牌之后的市场绩效；而且需要与竞争对手之间进行横向比较，通过与竞争对手之间的对比发现问题，从而实现旅游地品牌的高效管理。

因此，在进行无量纲处理时，对指标的归一化处理主要是参考与山东地缘接近、市场竞争比较激烈的华东四个省域（安徽、江苏、上海、浙江）和华北两个省域（河南、河北）的数据，各项指标取其中的最大值进行无量纲化处理。

根据各省统计年鉴可获得的最新数据，以2016～2017年河南、河北、安徽、江苏、上海、浙江和山东的数据为依据，根据市场总量数据，计算2017年各省各个指标的市场份额、市场总量增长率和市场份额增长率，并取2017年的市场总量、市场份额、市场总量增长率、市场份额增长率在这7个省域中的最大值（最优值）进行无量纲化处理（见表10－5和表10－6中的斜体数据）。

表10－5　2016～2017年河南等7个省域旅游市场总量和市场份额

省份	年份	市场总量				市场份额			
		入境游客（万人次）	入境旅游收入（亿美元）	国内游客（亿人次）	国内旅游收入（亿元）	入境游客市场份额（%）	入境旅游收入市场份额（%）	国内游客市场份额（%）	国内旅游收入市场份额（%）
河南	2016	293.95	8.9542	5.8013	5703	2.12	0.75	13.07	14.48
	2017	307.32	9.8182	6.6204	6685	2.20	0.80	13.24	14.64
河北	2016	147.5907	6.6862	4.6532	4610.13	1.07	0.56	10.48	11.70
	2017	160.2452	7.6012	5.7074	6089.60	1.15	0.62	11.41	13.34
江苏	2016	329.7735	38.0362	6.777999	9952.47	2.38	3.17	15.27	25.27
	2017	370.1038	41.9472	7.428731	*11307.51*	2.65	3.40	14.85	*24.76*
安徽	2016	485.40	25.42358	5.22412	4763.6	3.51	2.12	11.77	12.09
	2017	549.20	28.80785	6.26270	6002.4	3.94	2.33	12.52	13.15

续表

省份	年份	市场总量				市场份额			
		入境游客（万人次）	入境旅游收入（亿美元）	国内游客（亿人次）	国内旅游收入（亿元）	入境游客市场份额（%）	入境旅游收入市场份额（%）	国内游客市场份额（%）	国内旅游收入市场份额（%）
上海	2016	854.37	65.30	2.962060	3443.93	6.17	5.44	6.67	8.74
	2017	873.01	68.10	3.184527	4025.13	6.26	5.52	6.37	8.82
浙江	2016	1120.3019	74.3063	5.7300	7600	8.09	6.19	12.91	19.29
	2017	*1211.7339*	*82.7600*	6.2868	8764	*8.69*	*6.71*	12.57	19.19
山东	2016	485.4664	30.63451	7.071648	7399.61	3.51	2.55	15.93	18.79
	2017	494.4484	31.74044	*7.796620*	8491.45	3.54	2.57	*15.59*	18.60

注：表格中的斜体数据为归一化处理时使用的最优值，山东省数据来源于《旅游统计便览》，其他省数据来源于各省《统计年鉴》。

表 10－6　2017 年河南等 7 个省域旅游市场总量增长率和市场份额增长率　　单位：%

省份	市场总量增长率				市场份额增长率			
	入境游客市场总量增长率	入境旅游收入市场总量增长率	国内游客市场总量增长率	国内旅游收入市场总量增长率	入境游客市场份额增长率	入境旅游收入市场份额增长率	国内游客市场份额增长率	国内旅游收入市场份额增长率
河南	4.55	9.65	14.12	17.22	3.77	6.61	1.32	1.12
河北	8.57	*13.68*	*22.66*	*32.09*	7.77	*10.54*	*8.90*	*13.95*
江苏	12.23	10.28	9.60	13.62	11.39	7.23	－2.69	－1.99
安徽	*13.14*	13.31	19.88	26.01	*12.30*	10.17	6.43	8.70
上海	2.18	4.29	9.60	16.88	1.42	1.40	－4.55	0.83
浙江	8.16	11.38	9.72	15.32	7.36	8.29	－2.59	－0.52
山东	1.85	3.61	10.25	14.76	1.09	0.74	－2.12	－1.00

注：表格中的斜体数据为归一化处理时使用的最优值。

三、旅游市场绩效横向比较

根据可获得的最新数据，以 2017 年山东省各个细分市场的数据与这 6 个省域（安徽、江苏、上海、浙江、河南、河北）的数据进行分析和计算。数据获取分为以下几个步骤：第一步，市场总量根据相应标准年份的统计年鉴获得原始数据；第二步，市场总量增长率、市场份额以及市场份额增长率则分别根据本章第一节的公式（10－2）、公式（10－3）和公式（10－4）计算获得；第三步，根据公式（10－5）对指标进行归一化处理。

根据表10－1的"'好客山东'品牌市场绩效评估指标体系"，为了便于描述，表格中 MP_{111}、MP_{112}、MP_{113}、MP_{114} 分别代表入境游客、入境旅游收入、入境游客增长率、入境旅游收入增长率；MP_{121}、MP_{122}、MP_{123}、MP_{124} 分别代表国内游客、国内旅游收入、国内游客增长率、国内旅游收入增长率。MP_{211}、MP_{212}、MP_{213}、MP_{214} 分别代表入境游客市场份额、入境旅游收入市场份额、入境游客市场份额增长率、入境旅游收入市场份额增长率；MP_{221}、MP_{222}、MP_{223}、MP_{224} 分别代表国内游客市场份额、国内旅游收入市场份额、国内游客市场份额增长率、国内旅游收入市场份额增长率。MP_{11}、MP_{12}、MP_{21}、MP_{22} 分别代表国外市场总量绩效、国内市场总量绩效、国外市场份额绩效、国内市场份额绩效。MP_1、MP_2 分别代表市场总量综合绩效和市场份额综合绩效。

（一）市场总量绩效指数

表10－7列出了2017年7个省域市场总量的市场绩效指数横向比较结果（归一化处理）。

表10－7　2017年山东等7个省域市场总量绩效比较（归一化处理）

省份	国外市场					国内市场				
	MP_{111}	MP_{112}	MP_{113}	MP_{114}	MP_{11}	MP_{121}	MP_{122}	MP_{123}	MP_{124}	MP_{12}
河南	2.54	1.19	3.46	7.05	3.69	8.49	5.91	6.23	5.37	6.33
河北	1.32	0.92	6.52	10	4.97	7.32	5.39	10	10	8.19
江苏	3.05	5.07	9.31	7.51	6.40	9.53	10	4.24	4.24	6.88
安徽	4.53	3.48	10	9.73	7.13	8.03	5.31	8.77	8.11	7.47
上海	7.20	8.23	1.66	3.14	4.89	4.08	3.56	4.24	5.26	4.33

续表

省份	国外市场					国内市场				
	MP_{111}	MP_{112}	MP_{113}	MP_{114}	MP_{11}	MP_{121}	MP_{122}	MP_{123}	MP_{124}	MP_{12}
浙江	10	10	6.21	8.32	8.55	8.06	7.75	4.29	4.77	6.14
山东	4.08	3.84	1.41	2.64	2.93	10	7.51	4.52	4.60	6.45

注：绩效等级分类见第八章，其中 0～2 表示“非常差”，2～4 表示“较差”，4～6 表示“中等”，6～8 表示“良好”，8～10 表示“优秀”。

1. 国外各细分市场绩效

从入境游客（MP_{111}）来看，市场绩效最好的是浙江，绩效指数为最大值10。与竞争对手比较，山东省在入境游客绩效排在第四位（$MP_{111}=4.08$），低于浙江、上海和安徽，高于河北、河南和江苏，绩效处在中游水平。

从入境旅游收入（MP_{112}）来看，市场绩效最好的是浙江，绩效指数为最大值10。与竞争对手比较，山东省在入境旅游收入绩效方面也是排在第四位（$MP_{112}=3.84$），低于浙江、上海和江苏，高于河北、河南和安徽，绩效也是处在中游水平。

从入境游客增长率（MP_{113}）来看，市场绩效最好的是安徽，绩效指数为最大值10。与竞争对手比较，山东省在入境游客增长率方面明显后劲不足，排在最后一位，入境游客增长率绩效仅为1.41，与最大值（安徽）相差8.59。

从入境旅游收入增长率（MP_{114}）看，市场绩效最好的是河北，绩效指数为最大值10。与竞争对手比较，山东省在入境旅游收入增长率绩效方面也是明显后劲不足，排在最后一位，入境游客增长率绩效仅为2.64，与最大值（河北）相差7.36。

2. 国内各细分市场绩效

从国内游客（MP_{121}）来看，市场绩效最好的是山东，指数为最大值10。排第二位的是江苏，绩效为9.53；此外，河南、安徽和浙江的国内游客市场绩效也在8～9之间。以上四个省区未来在国内游客总量方面可能会对山东产生一定的威胁。

从国内旅游收入（MP_{122}）来看，市场绩效最好的是江苏，指数为最大值10。排第二位的是浙江，绩效为7.75。山东省排在第三位，绩效为7.51。河南、河北、安徽和上海依次排在第四到第七位。

从国内游客增长率（MP_{123}）来看，市场绩效最好的是河北，绩效指数为最大值10。与竞争对手比较，山东省排在第四位，低于河北、安徽和河南，高于浙江、上海和江苏，处在中游水平。从国内游客增长率绩效大小来看，山东省仅为绩效为4.52，处在“中等”水平，与最大值（河北）相差5.48，差距较大。

从国内旅游收入增长率（MP_{124}）看，市场绩效最好的也是河北，绩效指数为最大值10。与竞争对手比较，山东省排在第六位，即处在倒数第二的位置，低于河北、安徽、河南、上海和浙江，仅比江苏高一点。从国内游客增长率绩效大小来看，山东省仅为绩效为4.60，处在中游水平，与最大值（河北）相差5.40，差距较大。

（二）市场份额绩效指数

表10-8列出了2017年7个省域市场份额的市场绩效指数横向比较结果（归一化处理）。

表10-8　2017年山东等7个省域市场份额绩效比较（归一化处理）

省份	国外市场					国内市场				
	MP_{211}	MP_{212}	MP_{213}	MP_{214}	MP_{21}	MP_{221}	MP_{222}	MP_{223}	MP_{224}	MP_{22}
河南	2.53	1.19	3.07	6.27	3.32	8.49	5.91	1.48	0.80	3.78
河北	1.32	0.92	6.32	10	4.78	7.32	5.39	10	10	8.24
江苏	3.05	5.07	9.26	6.86	6.12	9.53	10	0	0	4.49
安徽	4.53	3.47	10	9.65	6.96	8.03	5.31	7.22	6.24	6.55
上海	7.20	8.23	1.15	1.33	4.42	4.09	3.56	0	0.59	1.91
浙江	10	10	5.98	7.87	8.45	8.06	7.75	0	0	3.61
山东	4.08	3.84	0.89	0.70	2.33	10	7.51	0	0	3.90

注：绩效等级分类见第八章，其中0~2表示“非常差”，2~4表示“较差”，4~6表示“中等”，6~8表示“良好”，8~10表示“优秀”。

1. 国外各细分市场绩效

从入境游客市场份额（MP_{211}）来看，市场绩效最好的是浙江，绩效指数为最大值 10。与竞争对手比较，山东省在入境游客市场份额绩效排在第四位（$MP_{211}=4.08$），低于浙江、上海和安徽，高于河北、河南和江苏，处在中间位置。

从入境旅游收入市场份额（MP_{212}）来看，市场绩效最好的是浙江，绩效指数为最大值 10。与竞争对手比较，山东在入境旅游收入市场份额绩效方面，也是排在第四位（$MP_{212}=3.84$），低于浙江、上海和江苏，高于河北、河南和安徽，处在中间位置。

从入境游客市场份额增长率（MP_{213}）来看，市场绩效最好的是安徽，绩效指数为最大值 10。与竞争对手比较，山东省在入境游客市场份额增长率方面明显后劲不足，排在最后一位，入境游客市场份额增长率绩效仅为 0.89，与最大值（安徽）相差 9.11。

从入境旅游收入市场份额增长率（MP_{214}）看，市场绩效最好的是河北，绩效指数为最大值 10。与竞争对手比较，山东省在入境旅游收入市场份额增长率绩效方面也是明显后劲不足，排在最后一位，入境游客市场份额增长率绩效仅为 0.70，与最大值（河北）相差 9.30。

2. 国内各细分市场绩效

从国内游客市场份额（MP_{221}）来看，市场绩效最好的是山东，绩效指数为最大值 10。此外，排第二位到第五位的依次是江苏、河南、安徽和浙江，国内游客市场份额市场绩效在 8 ~ 10 之间，处于“优秀”水平。以上四个省区未来在国内游客市场份额方面可能会对山东产生一定的威胁。

从国内旅游收入市场份额（MP_{222}）来看，市场绩效最好的是江苏，绩效指数为最大值 10。山东省排在第三位，处在中间位置。从国内旅游收入市场份额绩效大小来看，山东绩效为 7.51，处在“良好”水平，与最大值（江苏）相差 2.49。

从国内游客市场份额增长率（MP_{223}）来看，市场绩效最好的是河北，绩效指数为最大值 10。排在前三位而且绩效为正值的依次是河北、安徽和河南。与竞争对手比较，山东省与其他三个省国内游客市场份额增长率绩效均为零，处于负增长状态，差距很大。

从国内旅游收入市场份额增长率（MP_{224}）看，市场绩效最好的也是河北，绩效指数为最大值 10。排在前四位而且绩效为正值的依次是河北、安徽、河南和上海。与竞争对手比较，山东省与其他两个省国内游客市场份额增长率绩效均为零，处于负增长状态，差距很大。

（三）市场综合绩效指数

表 10－9 和图 10－5 列出了 2017 年 7 个省域市场总量绩效、市场份额绩效和市场综合绩效指数横向比较（归一化处理）的市场绩效。

表 10－9　2017 年山东等 7 个省域市场综合绩效比较（归一化处理）

省份	市场总量			市场份额			综合绩效	
	国外市场绩效指数 MP_{11}	国内市场绩效指数 MP_{12}	市场总量绩效指数 MP_1	国外市场绩效指数 MP_{21}	国内市场绩效指数 MP_{22}	市场份额绩效指数 MP_2	绩效指数 MP	绩效评价
河南	3.69	6.33	5.18	3.32	3.78	3.58	4.4	中等
河北	4.97	8.19	6.78	4.78	8.24	6.74	6.8	良好
江苏	6.40	6.88	6.67	6.12	4.49	5.20	5.9	中等
安徽	7.13	7.47	7.32	6.96	6.55	6.73	7.0	良好
上海	4.89	4.33	4.57	4.42	1.91	3.00	3.8	较差
浙江	8.55	6.14	7.19	8.45	3.61	5.71	6.4	良好
山东	2.93	6.45	4.91	2.33	3.90	3.22	4.0	中等

注：绩效等级分类见第八章，其中 0～2 表示“非常差”，2～4 表示“较差”，4～6 表示“中等”，6～8 表示“良好”，8～10 表示“优秀”。

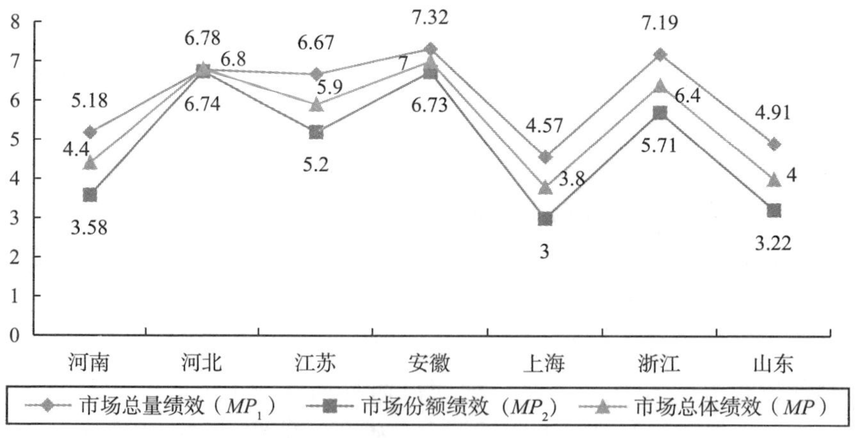

图 10－5　山东等 7 个省域市场绩效对比

从市场综合绩效指数来看，山东省排在第六位（$MP=4.0$），仅比上海（$MP=3.8$）稍高。

表 10－9 和图 10－5 的数据显示，市场综合绩效方面，排在前五位的从高到低依次是安徽（$MP=7.0$）、河北（$MP=6.8$）、浙江（$MP=6.4$）、江苏（$MP=5.9$）和河南（$MP=4.4$）。与竞争对手相比，山东省排序在第六位（$MP=4.0$），仅比上海稍高（$MP=3.8$）。

从市场总量绩效指数来看，山东省排在第六位（$MP_1=4.91$），仅比上海（$MP_1=4.57$）稍高，排在前五位的从高到低依次是安徽（$MP_1=7.32$）、浙江（$MP_1=7.19$）、河北（$MP_1=6.78$）、江苏（$MP_1=6.67$）和河南（$MP_1=5.18$）。从表 10－9 中的数据分析可以看出，与竞争对手相比，山东省国内市场总量绩效排在第四（$MP_{12}=6.45$），属于中间位置。造成市场总量绩效较低的主要原因是国外市场总量的绩效较低，排在最后一位（$MP_{11}=2.93$）。

从市场份额绩效指数来看，山东省排在第六位（$MP_2=3.22$），仅比上海（$MP_2=3.00$）稍高，排在前五位的从高到低依次是河北（$MP_2=6.74$）、安徽（$MP_2=6.73$）、浙江（$MP_2=5.71$）、江苏（$MP_2=5.20$）和河南（$MP_2=3.58$）。从表中的数据分析可以看出，与竞争对手相比，山东省国内市场份额绩效排在第四（$MP_{22}=3.90$），属于中间位置。造成市场份额绩效较低的主要原因是国外市场份额的绩效较低，排在最后一位（$MP_{21}=2.33$）。

四、旅游市场绩效纵向趋势分析

表 10－10 列出了 2007～2018 年全国各个细分市场的市场总量原始数据。表 10－11 列出了 2007～2018 年山东省各个细分市场的市场总量原始数据。根据本章上一节的公式（10－2）、公式（10－3）和公式（10－4），分别计算山东各个细分市场的市场总量增长率、市场份额以及市场份额增长率；然后，以河南、河北、安徽、江苏、上海、浙江和山东这 7 个省域中的最大值（最优值）进行无量纲化处理（见表 10－5 和表 10－6 中的斜体数据）。最后，得到根据公式（10－5）对数据进行归一化处理的结果，具体见表 10－12 和表 10－13。

表 10 - 10　　2007 ~ 2018 年全国旅游发展情况

年份	入境游客（万人次）	入境旅游收入（亿美元）	国内游客（亿人次）	国内旅游收入（亿元）
2007	13187. 33	419. 19	16. 10	7770. 62
2008	13002. 74	408. 43	17. 12	8749. 30
2009	12647. 59	396. 75	19. 02	10183. 69
2010	13376. 22	458. 14	21. 03	12579. 77
2011	13542. 35	484. 64	26. 41	19305. 39
2012	13240. 53	500. 28	29. 57	22706. 22
2013	12907. 78	516. 64	32. 62	26276. 12
2014	12849. 83	569. 13	36. 11	30311. 86
2015	13382. 04	1136. 50	40	34195. 05
2016	13844. 38	1200	44. 40	39390
2017	13948. 24	1234. 17	50. 01	45660. 77
2018	14120	1271. 03	55. 39	51278. 00

资料来源：2007 ~ 2017 年数据来自《中国统计年鉴》，2018 年数据来自《中国旅游业统计公报》。

表 10 - 11　　2007 ~ 2018 年山东旅游发展状况

年份	入境游客（万人次）	入境旅游收入（亿美元）	国内游客（亿人次）	国内旅游收入（亿元）
2007	249. 6437	13. 51849	2. 034300	1550. 76
2008	253. 7575	13. 91480	2. 404660	1908. 53
2009	310. 0381	17. 65297	2. 888180	2331. 69
2010	366. 7909	21. 55058	3. 499040	2915. 81
2011	424. 2277	25. 50762	4. 169630	3573. 70
2012	469. 9116	29. 23651	4. 873880	4335. 03
2013	452. 7108	27. 31201	5. 426219	5014. 74
2014	445. 6513	27. 14235	5. 957741	5711. 17
2015	460. 9817	28. 96510	6. 504535	6505. 11

续表

年份	入境游客（万人次）	入境旅游收入（亿美元）	国内游客（亿人次）	国内旅游收入（亿元）
2016	485.4664	30.63451	7.071648	7399.61
2017	494.4484	31.74044	7.796620	8491.45
2018	513.1490	33.64196	8.589930	9661.51

资料来源：《山东旅游统计便览》。

（一）市场总量绩效指数

表 10－12 列出了山东市场总量绩效指数纵向比较数据（归一化处理）。

表 10－12　2008～2018 年山东市场总量绩效纵向比较（归一化处理之后）

年份	国外市场					国内市场				
	MP_{111}	MP_{112}	MP_{113}	MP_{114}	MP_{11}	MP_{121}	MP_{122}	MP_{123}	MP_{124}	MP_{12}
2008	2.09	1.68	1.25	2.14	1.79	3.08	2.25	8.03	7.19	5.20
2009	2.56	2.13	10	10	6.44	3.70	2.75	8.87	6.91	5.57
2010	3.03	2.60	10	10	6.66	4.49	3.43	9.33	7.81	6.28
2011	3.50	3.08	10	10	6.88	5.35	4.21	8.46	7.03	6.24
2012	3.88	3.53	8.20	10	6.61	6.25	5.11	7.45	6.64	6.32
2013	3.74	3.30	0	0	1.63	6.96	5.91	5.00	4.89	5.61
2014	3.68	3.28	0	0	1.61	7.64	6.73	4.32	4.33	5.64
2015	3.80	3.50	2.62	4.91	3.73	8.34	7.66	4.05	4.33	5.98
2016	4.01	3.70	4.04	4.21	4.00	9.07	8.71	3.85	4.29	6.36
2017	4.08	3.84	1.41	2.64	2.93	10	7.15	4.52	4.60	6.45
2018	4.23	4.07	2.88	4.38	3.88	10	10	4.49	4.29	7.04

注：绩效等级分类见第八章，其中 0～2 表示“非常差”，2～4 表示“较差”，4～6 表示“中等”，6～8 表示“良好”，8～10 表示“优秀”。

1. 国外各细分市场绩效

从入境游客绩效（MP_{111}）和入境旅游收入绩效（MP_{112}）来看，2008～2018 年总体上属于持续增长的趋势，市场绩效最好的是 2018 年，两项指数分别为4.23和4.07。

从入境游客增长率绩效（MP_{113}）来看，总体上看，2008～2012年属于快速增长时期，绩效从2008年的1.25快速上升，到2009年达到最大值10。市场绩效最好的是2009～2011年，绩效为最大值10。从2012年开始绩效下滑，市场绩效最差的是2013～2014年，绩效下滑到最小值零。2015年开始逐渐恢复，绩效指数为2.62，到2018年为2.88，2015～2018年虽有波动，但一直保持在2～5之间。

从入境旅游收入增长率绩效（MP_{114}）看，总体上看，2008～2012年属于快速增长时期，绩效从2008年的2.14快速上升，到2009年达到最大值10。市场绩效最好的是2009～2012年，绩效为最大值10。从2013年开始绩效下滑，市场绩效最差的是2013～2014年，绩效下滑到最小值零。2015年开始逐渐恢复，绩效指数为4.91，到2018年为4.38；2015～2018年虽有波动，但一直保持在2～5之间。

2. 国内各细分市场绩效

从国内游客绩效（MP_{121}）和国内旅游收入绩效（MP_{122}）来看，总体上属于持续增长的趋势，市场绩效最好的是2018年，两项指数均达到最大值10。

从国内游客增长率绩效（MP_{123}）来看，总体上看，分为两个阶段。2008～2010年逐渐上升，达到最大绩效9.33。2011～2018年，虽然在个别年份有波动，但是总体趋势绩效在不断下降，其中在2016年绩效最低，为3.85。

从国内旅游收入增长率绩效（MP_{124}）看，总体上看，分为两个阶段，2008～2012年绩效指数在6～8之间，属于“良好”水平；2013～2018年绩效指数在4～6之间，属于“中等”水平。

（二）市场份额绩效指数

表10－13列出了山东省市场份额绩效指数纵向比较结果。

表10－13　2008～2018年山东市场份额绩效纵向比较（归一化处理）

年份	国外市场					国内市场				
	MP_{211}	MP_{212}	MP_{213}	MP_{214}	MP_{21}	MP_{221}	MP_{222}	MP_{223}	MP_{224}	MP_{22}
2008	2.25	5.08	2.51	5.35	3.90	9.01	8.81	10	6.67	8.49

续表

年份	国外市场					国内市场				
	MP_{211}	MP_{212}	MP_{213}	MP_{214}	MP_{21}	MP_{221}	MP_{222}	MP_{223}	MP_{224}	MP_{22}
2009	2.82	6.64	10	10	7.51	9.74	9.25	9.11	3.56	7.59
2010	3.16	7.01	9.64	5.43	6.36	10	9.36	10	0.88	7.07
2011	3.61	7.85	10	10	8.00	10	7.48	0	10	6.91
2012	4.09	8.71	10	10	8.34	10	7.71	4.94	2.25	5.82
2013	4.04	7.88	0	0	2.98	10	7.71	1.04	0	4.20
2014	3.99	7.11	0	0	2.76	10	7.61	0	0	3.93
2015	3.97	3.80	0	0	1.89	10	7.68	0	0.69	4.15
2016	4.04	3.81	1.46	0.16	2.30	10	7.59	0	0	3.92
2017	4.08	3.84	0.89	0.70	2.33	10	7.51	0	0	3.90
2018	4.18	3.95	2.05	2.77	3.22	9.95	7.61	0	0.94	4.20

注：绩效等级分类见第八章，其中0~2表示“非常差”，2~4表示“较差”，4~6表示“中等”，6~8表示“良好”，8~10表示“优秀”。

1. 国外各细分市场绩效

从入境游客市场份额绩效（MP_{211}）来看，2008~2018年总体上属于持续增长的趋势，市场绩效最好的是2018年，绩效指数为4.18。

从入境旅游收入市场份额绩效（MP_{212}）来看，分为两个阶段，2008~2012年持续增长，2013~2018年开始下降，总体上属于逐渐下降趋势。从绩效数值大小来看，可以分为三个阶段，2008~2009年绩效在4~6之间，绩效一般，处于“中等”水评。2009~2014年绩效“良好”，在6~8之间，2015~2018年绩效“较差”，在2~4之间。

从入境游客市场份额增长率绩效（MP_{213}）来看，分为三个阶段，2008~2012年持续增长；2013~2015年迅速下降为零；2016~2018年缓慢上升。其中，绩效最好的是2009年、2011年和2012年，绩效为最大值10；绩效最差的是2013~2015年，绩效降到零。2016年缓慢上升，绩效从2016年的1.46上升到2018年的2.05。

从入境旅游收入市场份额增长率（MP_{214}）绩效看，分为三个阶段，2008~2012年持续增长；2013~2015年迅速下降为零；2016~2018年缓慢上升。其中，绩效最好的是 2009 年、2011 年和 2012 年，绩效为最大值 10；绩效最差的是 2013 ~2015 年，绩效降到零。2016 年缓慢上升，绩效从 2016 年的 0.16 上升到 2018 年的 2.77。

2. 国内各细分市场绩效

从国内游客市场份额绩效（MP_{221}）来看，2008 ~2018 年绩效在 9 ~10 之间，绩效为"优秀"。说明与最优值（最大值）相比，山东省在国内游客市场份额方面处于优势地位。

从国内旅游收入市场份额绩效（MP_{222}）来看，分为两个阶段，2008 ~2010 年持续增长，2013 ~2018 年开始下降，不同年份出现上下波动，总体上变化不是太大。从绩效数值大小来看，可以分为两个阶段，2008 ~2010 年绩效在 8 ~10 之间，属于"优秀"水平；2011 ~2018 年绩效在 6 ~8 之间，属于"良好"水平。其中市场绩效最好的是 2010 年，绩效指数为 9.36。市场绩效最差的是 2011 年，绩效指数为 7.48。

从国内游客市场份额增长率绩效（MP_{223}）来看，分为三个层次。绩效最好的是 2008 ~2010 年，绩效在 9 ~10 之间，属于"优秀"水平。其次是 2012 年，绩效为 4.94，属于"中等"水平。2013 年绩效为 1.04，其他年份（2011 年，2014 ~2018 年）绩效为最小值零，均属于"非常差"水平。

从国内旅游收入市场份额增长率绩效（MP_{224}）看，不同年份出现上下波动，其中，绩效指数最好的是 2011 年，达到最大值 10，属于"优秀"水平。其次是 2008 年，绩效为 6.67，属于"良好"水平。再次是 2009 年和 2012 年，绩效指数分别为 3.56 和 2.25，在 2 ~4 之间，属于"比较差"水平。绩效最差的是 2010 年、2013 ~2018 年，绩效指数 0 ~2 之间，特别是 2013 ~2014 年和 2016 ~2017 年，绩效为最小值零，属于"非常差"水平。

（三）市场综合绩效指数

表 10 -14 和图 10 -6 列出了 2008 ~2018 年"好客山东"市场总量绩效、市场份额绩效和市场综合绩效指数（归一化处理）。

表 10-14 2008~2018 年“好客山东”品牌综合绩效指数纵向比较（归一化处理）

年份	市场总量			市场份额			综合绩效	
	国外市场绩效指数 MP_{11}	国内市场绩效指数 MP_{12}	市场总量绩效指数 MP_1	国外市场绩效指数 MP_{21}	国内市场绩效指数 MP_{22}	市场份额绩效指数 MP_2	绩效指数 MP	绩效评价
2008	1.79	5.20	3.71	3.90	8.49	6.49	5.1	中等
2009	6.44	5.57	5.95	7.51	7.59	7.55	6.8	良好
2010	6.66	6.28	6.45	6.36	7.07	6.76	6.6	良好
2011	6.88	6.24	6.52	8.00	6.91	7.38	7.0	良好
2012	6.61	6.32	6.45	8.34	5.82	6.91	6.7	良好
2013	1.63	5.61	3.87	2.98	4.20	3.67	3.8	较差
2014	1.61	5.64	3.88	2.76	3.93	3.42	3.6	较差
2015	3.73	5.98	4.99	1.89	4.15	3.17	4.1	中等
2016	4.00	6.36	5.33	2.30	3.92	3.22	4.2	中等
2017	2.93	6.45	4.91	2.33	3.90	3.22	4.0	中等
2018	3.88	7.04	5.66	3.22	4.20	3.78	4.7	中等

注：绩效等级分类见第八章，其中 0~2 表示“非常差”，2~4 表示“较差”，4~6 表示“中等”，6~8 表示“良好”，8~10 表示“优秀”。

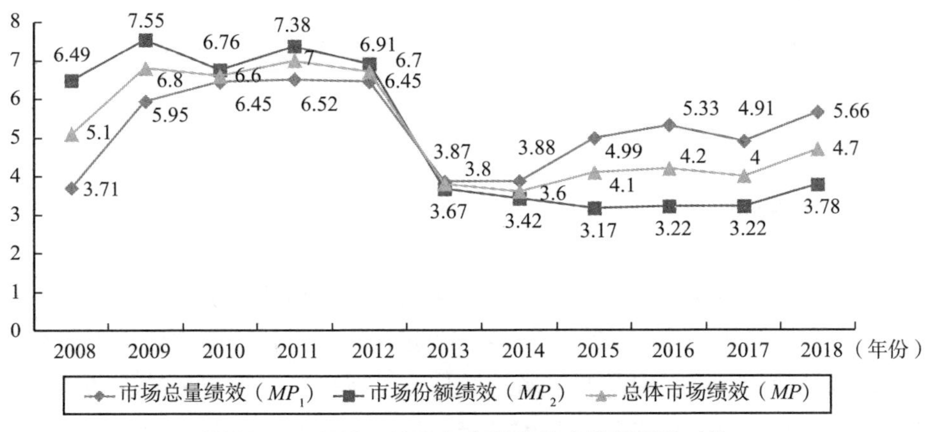

图 10-6 2008~2018 年各地市综合绩效指数对比

从综合绩效指数变化趋势来看（见表10-14和图10-6），2008～2011年市场绩效持续上升，2011年达到最大值（$MP=7.0$），2012年开始下降，2014年下降到最低值（$MP=3.6$），2015年开始逐渐缓慢上升，市场综合绩效指数从2015年的4.1上升到2018年的4.7。

从综合绩效指数数值大小来看，可以分为三类。一是，绩效较好的年份2019～2012年绩效指数在6～8之间，绩效处在“良好”状态。二是，绩效中等的年份，包括2008年以及2015～2018年，绩效在4～6之间，绩效处在“中等”状态。三是，绩效较差的年份，2013～2014年绩效在2～4之间，绩效处在“较差”的状态。

从表10-14影响综合绩效的影响因素来看。2008～2012年，市场总量绩效较低是影响综合绩效降低的主要因素。进一步进行分析，从市场总量绩效来看，2008年以及2013～2018年国外市场总量绩效均比国内市场总量绩效低，因此国外市场总量绩效较低是影响市场总量绩效的主要因素。而2013～2018年，市场份额绩效较低是影响综合绩效降低的主要因素，进一步进行分析，从市场份额绩效来看，除了2011年和2012年国外市场份额绩效指数（分别是8.00和8.34）大于国内市场份额绩效指数（分别是6.91和5.92）以外，其他年份国外市场份额绩效指数小于国内市场份额绩效指数，因此国外市场份额绩效较低是影响市场份额绩效的主要因素。

第三节 “好客山东”子品牌市场绩效评估

一、研究概述

上一节对“好客山东”品牌的总体市场绩效从横向和纵向两个方面进行了分析。但是，“好客山东”作为一个区域性品牌，其市场绩效是下属各个地市市场绩效的总和，因此其市场绩效是由下属的各个地市子品牌的市场绩效决定的。在“好客山东”母品牌的指引下，省内其下属各个地级市的子品牌的市场绩效是支撑“好客山东”品牌市场绩效的关键因素。

进一步分析，山东各地市地理位置、区位和交通设施的便捷程度不同，历史文化、旅游资源禀赋等也不同，因此各地市旅游发展过程以及旅游经济发展也呈现出不同情况。各地市旅游业发展水平不同，其带动相关产业发展的速度和乘数效应也不同，因此我们需要对山东下属的各个地市的旅游市场绩效进行科学的统计和分析，与此同时给出各地市关于旅游业发展的指导方针并提出合理的政策建议，以促进山东省各地市旅游业的协调发展。

本部分以可以获得的山东下属的各地市的旅游发展数据为依据，对各地市的旅游市场绩效现状做出评估，以进一步了解山东各地市旅游发展过程中所呈现的差距。通过分析与研究，针对各地市的差异提出发展意见和建议，以期正确评价各地市的旅游业地位，因地制宜，协调发展。

第一，有利于正确定位各地市旅游业发展现状。通过对各地市旅游市场绩效进行分析，有利于正确定位各地市旅游业发展现状，定位旅游业在不同区域经济发展中所扮演的角色，有利于决策者根据本地区旅游资源、旅游产业规模以及经济形式进行总体把控，对于地区资源进行正确分配和利用，通过自身挖掘找到合适的项目和新的突破点，进而与投资者和从业人员进行创新性、针对性、科学性的投入和培训，以促进各地市旅游业得到良性、持续的发展空间。

第二，有利于促进各区域旅游业协调发展。不同区域旅游发展的现状以及发展水平存在巨大差异，通过对各地市旅游市场总量增长率和市场份额增长率进行分析，有利于更好地了解山东省各地市旅游业发展出现差距的原因，找出差距的关键点，对症下药。对各地市由于旅游发展而产生的经济效应进行有效且合理的评估进而分析其差异，有助于各地市旅游业协调发展。

另外，需要说明的是，2019 年 1 月，莱芜市划归济南，山东省由 17 个地市变为 16 个地市，但本研究计划分析的是 2008 ~ 2018 年各地市的市场绩效，故仍以 17 个地市为基础进行分析。

二、总体情况分析

（一）各地市旅游经济总量对地区生产总值的贡献

表 10 – 15 列出了 2008 ~ 2018 年各地市旅游经济总量对地区生产总值的贡献。图 10 – 7 列出了 2008 年和 2018 年各地市占地区生产总值比重的对比变化。

表 10－15　2008～2018 年各地市旅游经济总量对地区生产总值的贡献　单位：%

年份	济南	青岛	淄博	枣庄	东营	烟台	潍坊	济宁	泰安	威海	日照	莱芜	临沂	德州	聊城	滨州	菏泽
2008	7.0	9.5	5.5	3.3	1.4	6.7	6.0	7.1	9.5	8.9	10.6	2.9	7.5	2.1	2.8	2.2	2.4
2009	7.7	10.0	6.6	3.8	1.7	7.3	7.0	8.1	11.0	9.6	11.8	3.6	8.6	2.3	3.0	2.5	2.9
2010	8.0	10.2	7.5	4.5	1.9	7.6	8.0	9.2	12.4	11.3	12.0	3.9	9.9	2.8	3.2	2.8	3.2
2011	8.7	10.3	8.0	4.9	2.1	8.2	8.9	9.9	13.8	12.0	12.5	4.5	10.6	3.2	3.4	3.1	3.1
2012	9.6	11.1	8.7	5.6	2.4	9.0	9.6	10.7	15.2	12.7	13.6	5.4	11.9	3.9	4.1	3.5	3.7
2013	10.1	11.5	9.3	6.1	2.6	9.7	10.0	11.2	15.8	13.3	14.0	6.0	12.4	4.1	4.3	3.8	3.8
2014	10.4	12.0	9.8	6.4	2.9	10.2	10.4	11.7	16.7	13.8	14.8	6.4	13.2	4.5	4.6	4.1	4.1
2015	12.2	13.7	11.3	7.5	3.6	11.4	11.5	13.2	18.4	15.2	16.5	8.0	14.7	5.2	5.4	4.9	4.9
2016	13.0	14.4	12.0	8.1	4.1	12.1	12.3	14.0	19.9	16.2	17.4	8.5	15.7	5.6	5.7	5.4	5.3
2017	13.5	14.9	12.8	8.6	4.3	13.1	13.2	14.8	21.1	17.1	18.0	7.6	16.6	5.9	6.1	5.9	5.5
2018	14.4	15.6	13.7	9.5	4.7	13.8	14.3	15.8	23.2	17.9	18.5	19.4	17.5	6.2	6.8	6.6	6.4
$S_{2018-2008}$	7.4	6.1	8.2	6.2	3.3	7.1	8.3	8.7	13.7	9.0	7.9	16.5	10.0	4.1	4.0	4.4	4.0

资料来源：《山东旅游统计便览》。$S_{2018-2008}$ 是指 2018 年与 2008 年的差值。

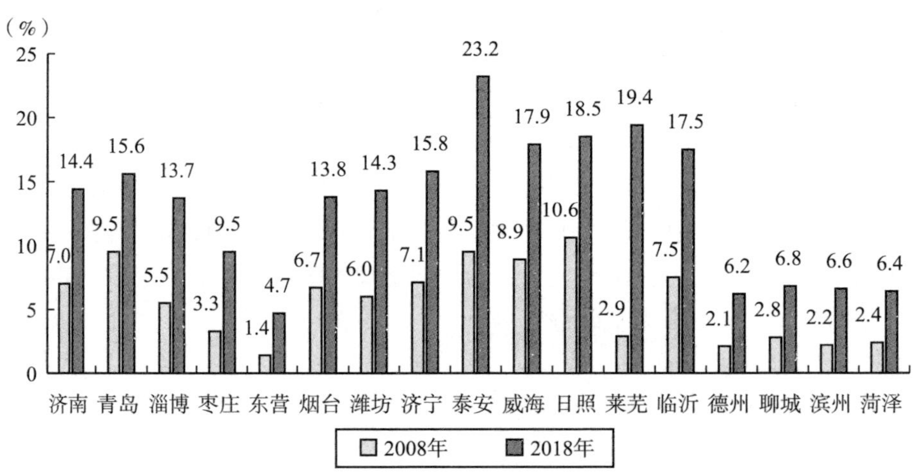

图 10－7　各地市 2008 年与 2018 年旅游经济总量占地区生产总值贡献的比重

纵向分析。自从 2008 年“好客山东”品牌实施以来，17 个地市旅游经济总量对地区生产总值的贡献基本上都在逐年上升（除了莱芜 2017 年有所下降以外）。从图 10－7 列出的 2008 年和 2018 年各地市占地区生产总值比重的对比变化可以看出，各地市都有不同程度的增长。

横向对比来看（见图 10－7）。增长最快的是泰安，从 2008 年的 9.5% 上升到 2018 年的 23.2%，11 年间增加了 13.7 个百分点；增长最慢的是东营，从 2008 年的 1.4% 上升到 2018 年的 4.7%，11 年间增加了 3.3 个百分点。另外，从旅游经济总量占地区生产总值比重的绝对值来看，以 2018 年的数据为例，目前排在前十一位的从高到低依次是泰安（23.2%）、莱芜（19.4%）、威海（17.9%）、日照（18.5%）、临沂（17.5%）、济宁（15.8%）、青岛（15.6%）、济南（14.4%）潍坊（14.3%）、烟台（13.8%）和淄博（13.7%），这些城市旅游经济总量占地区生产总值的比重均超过 10%；排在后六位从高到低依次是枣庄（9.5%）、聊城（6.8%）、滨州（6.6%）、菏泽（6.4%）、德州（6.2%）和东营（4.7%），这些城市旅游经济总量占地区生产总值的比重均小于 10%。

（二）旅游经济总量对第三产业的贡献

表 10－16 列出了 2008～2018 年各地市旅游经济总量对第三产业增加值的比重。图 10－8 列出了各地市 2008 年与 2018 年旅游经济总量对第三产业贡献的对比。

表 10－16　2008～2018 年各地市旅游经济总量对第三产业增加值的比重　　单位：%

年份	济南	青岛	淄博	枣庄	东营	烟台	潍坊	济宁	泰安	威海	日照	莱芜	临沂	德州	聊城	滨州	菏泽
2008	13.9	21.5	17.3	11.6	6.9	21.4	19.7	22.1	28.0	28.4	30.2	11.0	20.5	6.5	10.6	7.4	9.5
2009	15.0	22.1	19.5	12.8	7.7	23.0	22.0	24.9	30.9	29.5	34.5	12.4	22.9	7.1	11.1	7.9	10.9
2010	15.3	22.1	21.5	14.3	8.1	22.7	23.8	26.9	33.5	31.3	33.8	12.0	25.6	8.5	11.4	8.0	10.8
2011	16.4	21.6	22.1	14.8	8.6	23.5	25.8	28.4	35.9	31.6	34.3	13.8	26.4	9.4	11.2	8.4	10.2
2012	17.6	22.6	23.3	16.6	9.2	24.8	26.4	29.9	37.9	32.7	35.9	15.4	28.5	11.2	12.4	9.4	11.4
2013	18.3	23.0	23.7	17.3	9.7	25.6	26.1	30.4	38.0	32.8	36.0	16.5	29.0	11.4	12.4	9.7	11.5
2014	18.4	23.5	24.2	17.6	10.3	26.1	26.3	30.7	39.0	32.9	36.0	17.0	29.7	12.1	12.7	10.3	12.0
2015	21.4	25.9	26.6	18.9	11.3	27.5	26.8	31.8	40.8	33.4	38.5	19.8	32.0	13.0	14.5	11.8	13.7
2016	22.0	26.3	22.9	21.8	11.9	28.0	27.2	32.1	42.7	34.2	39.1	20.3	32.7	13.3	14.7	12.1	14.0
2017	22.5	26.8	28.5	20.8	12.8	30.2	28.8	33.9	45.2	35.8	40.5	20.1	34.5	14.0	15.6	13.3	14.4
2018	23.8	27.6	30.4	22.3	13.7	31.1	30.4	35.4	58.4	37.0	41.9	25.8	35.6	14.5	16.5	14.2	16.3
$S_{2018-2008}$	9.9	6.1	13.1	10.7	6.8	9.7	10.7	13.3	30.4	8.6	11.7	14.8	15.1	8.0	5.9	6.8	6.8

资料来源：《山东旅游统计便览》。$S_{2018-2008}$ 是指 2018 年与 2008 年的差值。

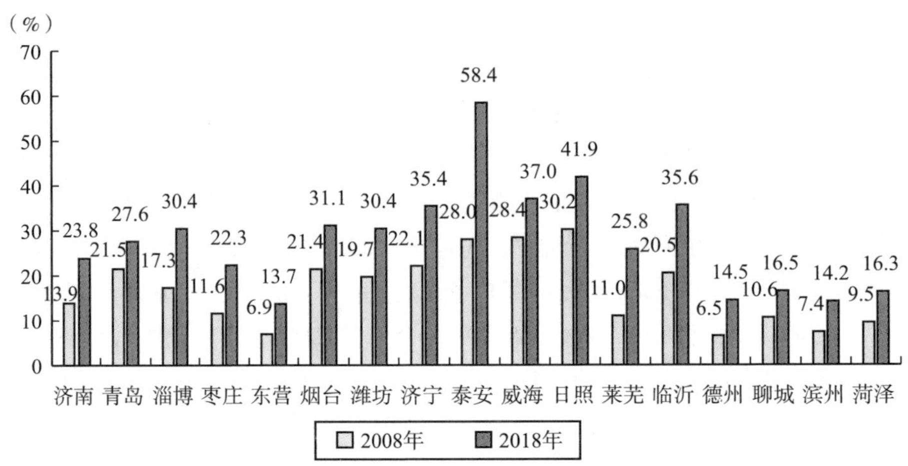

图 10－8 各地市 2008 年与 2018 年旅游经济总量对第三产业贡献的比重

纵向分析。自从 2008 年“好客山东”品牌实施以来，17 个地市发挥各自优势大力发展旅游业，旅游经济总量对第三产业增加值的贡献基本上都在逐年上升（除了莱芜 2017 年有所下降以外），旅游业在第三产业增加值中的贡献越来越大。从图 10－8 列出的 2008 年和 2018 年各地市旅游业经济总量占第三产业增加值比重的对比变化可以看出，各地市都有不同程度的增长。

横向对比来看。增长最快的是泰安，从 2008 年的 28.0% 上升到 2018 年的 58.4%，11 年间增加了 30.4 个百分点；其他增长较快的城市包括临沂（15.1%）、莱芜（14.8%）、济宁（13.3%）、淄博（13.1%）、日照（11.7%）、潍坊（10.7%）和枣庄（10.7%），11 年间增加了超过 10 个百分点；增长较慢的城市包括济南（9.9%）、烟台（9.7%）、威海（8.6%）、德州（8.0%）、滨州（6.8%）、菏泽（6.8%）、青岛（6.1%）和聊城（5.9%），11 年间增加值在 5%～10% 之间。

另外，根据 2018 年各地市旅游经济总量占第三产业增加值比重的绝对值来看，大致可以分为以下几个梯队。

（1）旅游业为重要支柱产业的城市。即排在第一位的泰安，2018 年旅游业对第三产业增加值的贡献比例为 58.4%，超过一半以上，第三产业中的贡献有六成来自旅游业的经济发展，旅游业在第三产业中占据十分重要的地位，换句话说第三产业的发展主要依赖旅游业的发展，旅游业为该城市的重要支柱产业。

（2）旅游业为支柱产业的城市。2018年旅游业对第三产业增加值的贡献比重从高到低依次是日照（41.9%）、威海（37.0%）、临沂（35.6%）、济宁（35.4%）、烟台（31.1）、淄博（30.4）、潍坊（30.4%）、青岛（27.6%）、莱芜（25.8%）、济南（23.8%）和枣庄（22.3%）。这些城市的旅游业占第三产业增加值的比例在22%～42%之间，旅游业在第三产业中发挥重要作用，旅游业为该城市的支柱产业。

（3）旅游业为一般支柱产业的城市。这些城市2018年旅游业对第三产业增加值的贡献从高到低依次是聊城（16.5%）、菏泽（16.3%）、滨州（14.2%）、德州（14.5%）和东营（13.7%）。这些城市的旅游业占第三产业增加值的比重在13%～17%之间，旅游业在第三产业中发挥比较重要的作用，旅游业为一般支柱产业。

三、各个地市旅游市场绩效指数计算说明

旅游地市场绩效指数计算的原理和方法见本章第一节的论述。表10－1建立的“‘好客山东’品牌市场绩效评估指标体系和权重”同样适合对“好客山东”下属各地市子品牌的市场绩效评估。

各个地市旅游市场绩效指数计算具体分为以下几个步骤：第一步，从《山东旅游统计便览》获得2007～2018年山东省以及其下属的17个地市各个细分市场的市场总量原始数据；第二步，利用市场总量原始数据，根据本章第一节的公式（10－2）、公式（10－3）和公式（10－4）计算各个细分市场的市场总量增长率、市场份额和市场份额增长率；第三步，由于各个细分市场数据的量纲不同，不方便进行比较，因此以2017年山东省下属的17个地市数据为依据，取17个地市中各项指标的最大值为最优值；第四步，根据公式（10－5）对数据进行无量纲化处理，计算得出各细分市场的市场绩效指数。

同样，为了便于描述，表格中MP_{111}、MP_{112}、MP_{113}、MP_{114}分别代表入境游客、入境旅游收入、入境游客增长率、入境旅游收入增长率；MP_{121}、MP_{122}、MP_{123}、MP_{124}分别代表国内游客、国内旅游收入、国内游客增长率、

国内旅游收入增长率；MP_{211}、MP_{212}、MP_{213}、MP_{214}分别代表入境游客市场份额、入境旅游收入市场份额、入境游客市场份额增长率、入境旅游收入市场份额增长率；MP_{221}、MP_{222}、MP_{223}、MP_{224}分别代表国内游客市场份额、国内旅游收入市场份额、国内游客市场份额增长率、国内旅游收入市场份额增长率。MP_{11}、MP_{12}、MP_{21}、MP_{22}分别代表国外市场总量绩效、国内市场总量绩效、国外市场份额绩效、国内市场份额绩效。MP_1、MP_2 分别代表市场总量综合绩效和市场份额综合绩效。

四、各地市旅游市场总量绩效指数计算与比较

表 10－17 列出了山东省各地市国外市场总量绩效（归一化处理）。图 10－9 是 2018 年各地市入境人数增长率绩效和入境旅游收入增长率绩效的对比（归一化处理）。

（一）国外各细分市场的市场总量绩效

从表 10－17 的国外市场的市场总量绩效来看，可以分为三个阶段，快速发展期、快速衰退期和缓慢发展期。

（1）2008～2012 年为快速发展时期。所有 17 个地市入境游客绩效（MP_{111}）和入境旅游收入绩效（MP_{112}）均为正值，入境游客增长率绩效（MP_{113}）和入境旅游收入增长率绩效（MP_{114}）除了个别地市的个别年份（青岛的 2008 年 MP_{113}和 MP_{114}均为零）不够理想外，其他地市的绩效均为正值，并且大部分地市的绩效均达到了最高值 10。

（2）2013 年为快速衰退期。所有 17 个地市入境游客绩效（MP_{111}）和入境旅游收入绩效（MP_{112}）均为正值，但是市场总量增长率绩效确很不理想，除了东营的入境游客增长率绩效（$MP_{113}=4.85$）大于零外，其他所有地市的入境游客增长率绩效（MP_{113}）和入境旅游收入增长率绩效（MP_{114}）市场绩效均等于零。

（3）2014～2018 年为缓慢发展期。2014 年，有 5 个地市即济南、青岛、东营、烟台、威海率先扭转局面，入境游客增长率绩效（MP_{113}）和入境旅游

表 10-17　2008~2018 年各地市国外市场的市场总量绩效（归一化处理）

年份	地区	济南	青岛	淄博	枣庄	东营	烟台	潍坊	济宁	泰安	威海	日照	莱芜	临沂	德州	聊城	滨州	菏泽
2008	MP_{111}	1.18	5.55	0.65	0.07	0.13	2.44	0.91	1.32	1.32	2.00	1.05	0.01	0.45	0.20	0.13	0.12	0.04
	MP_{112}	0.82	4.90	0.44	0.03	0.15	2.62	0.69	0.60	0.93	1.35	0.43	0.02	0.42	0.09	0.08	0.05	0.02
	MP_{113}	8.62	0	10	10	10	10	10	10	10	10	10	10	10	10	5.01	10	10
	MP_{114}	10	0	10	10	10	10	10	10	10	9.17	10	10	10	10	10	10	10
2009	MP_{111}	1.29	6.93	0.87	0.09	0.18	2.78	1.19	1.70	1.67	2.23	1.25	0.02	0.59	0.29	0.18	0.17	0.05
	MP_{112}	0.91	5.41	0.57	0.04	0.22	3.04	1.20	1.19	1.47	1.58	0.80	0.02	0.51	0.13	0.11	0.07	0.02
	MP_{113}	10	10	10	10	10	10	10	10	10	10	10	10	10	10	10	10	10
	MP_{114}	10	9.10	10	10	10	10	10	10	10	10	10	10	10	10	10	10	10
2010	MP_{111}	1.60	7.48	1.19	0.18	0.23	3.27	1.54	2.00	2.07	2.58	1.49	0.03	0.84	0.40	0.24	0.20	0.06
	MP_{112}	1.11	5.89	0.90	0.08	0.31	3.69	1.59	1.68	1.80	1.88	0.96	0.03	0.76	0.17	0.15	0.09	0.02
	MP_{113}	10	10	10	10	10	10	10	10	10	10	10	10	10	10	10	10	10
	MP_{114}	10	7.92	10	10	10	10	10	10	10	10	10	10	10	10	10	10	10
2011	MP_{111}	2.01	8.01	1.45	0.22	0.30	3.80	2.00	2.36	2.44	2.87	1.77	0.04	1.02	0.45	0.31	0.26	0.08
	MP_{112}	1.39	6.75	1.12	0.10	0.40	4.59	2.01	1.74	2.14	2.14	1.13	0.05	0.89	0.21	0.21	0.10	0.02
	MP_{113}	10	10	10	10	10	10	10	10	10	10	10	10	10	10	10	10	10
	MP_{114}	10	10	10	10	10	10	10	3.36	10	10	10	10	10	10	10	10	3.77

续表

年份	地区	济南	青岛	淄博	枣庄	东营	烟台	潍坊	济宁	泰安	威海	日照	莱芜	临沂	德州	聊城	滨州	菏泽
2012	MP_{111}	2.19	8.80	1.61	0.28	0.37	3.67	2.41	2.59	2.81	3.16	2.03	0.05	1.31	0.47	0.38	0.32	0.10
	MP_{112}	1.57	8.08	1.25	0.11	0.50	4.72	2.47	1.80	2.52	2.48	1.33	0.06	1.11	0.22	0.26	0.13	0.03
	MP_{113}	10	10	10	10	10	0	10	10	10	10	10	10	10	6.19	10	10	10
	MP_{114}	10	10	10	9.27	10	2.52	10	3.23	10	10	10	10	10	3.77	10	10	10
2013	MP_{111}	2.13	8.56	1.52	0.22	0.38	3.60	2.32	2.45	2.67	3.04	1.94	0.05	1.26	0.44	0.37	0.30	0.09
	MP_{112}	1.48	7.77	1.13	0.08	0.47	4.54	2.27	1.56	2.28	2.34	1.22	0.05	1.00	0.19	0.23	0.12	0.03
	MP_{113}	0	0	0	0	4.85	0	0	0	0	0	0	0	0	0	0	0	0
	MP_{114}	0	0	0	0	0	0	0	0	0	0	0	0	0	0	0	0	0
2014	MP_{111}	2.18	8.87	1.35	0.20	0.39	3.78	2.26	2.12	2.53	3.10	1.87	0.05	1.23	0.17	0.37	0.30	0.09
	MP_{112}	1.67	8.06	0.92	0.08	0.50	4.63	2.12	1.32	2.21	2.37	1.25	0.05	0.96	0.06	0.25	0.13	0.03
	MP_{113}	3.41	5.14	0	0	2.60	7.18	0	0	0	2.74	0	0	0	0	0	0	0
	MP_{114}	10	3.27	0	5.34	5.26	1.78	0	0	0	1.37	2.64	0	0	0	5.47	1.47	3.46
2015	MP_{111}	2.31	9.27	1.36	0.22	0.40	3.98	2.31	2.23	2.56	3.20	1.87	0.05	1.21	0.16	0.38	0.32	0.09
	MP_{112}	1.80	8.99	0.94	0.07	0.51	5.08	2.15	1.43	2.31	2.46	1.16	0.05	0.96	0.05	0.25	0.13	0.03
	MP_{113}	8.39	6.45	0.81	10	3.58	7.70	3.16	7.40	1.61	4.42	0.11	4.28	0	0	4.26	10	10
	MP_{114}	7.08	10	1.44	0	2.34	8.67	1.42	7.28	4.14	3.34	0	1.36	0.48	0	0	5.94	8.67

续表

年份	地区	济南	青岛	淄博	枣庄	东营	烟台	潍坊	济宁	泰安	威海	日照	莱芜	临沂	德州	聊城	滨州	菏泽
2016	MP_{111}	2.43	9.77	1.41	0.24	0.41	4.25	2.41	2.39	2.67	3.36	1.96	0.05	1.26	0.15	0.40	0.34	0.10
	MP_{112}	1.92	9.61	0.97	0.08	0.52	5.41	2.20	1.49	2.38	2.67	1.21	0.06	0.99	0.05	0.26	0.15	0.04
	MP_{113}	8.02	7.76	5.20	10	5.74	9.50	6.06	10	5.93	7.30	6.64	10	5.81	0	6.72	7.04	10
	MP_{114}	5.73	6.05	2.71	10	1.51	5.82	2.01	3.84	2.90	7.32	4.17	10	2.75	3.33	6.52	7.48	10
2017	MP_{111}	2.60	10	1.45	0.24	0.43	4.42	2.41	2.27	2.74	3.41	1.91	0.06	1.30	0.15	0.40	0.35	0.11
	MP_{112}	2.04	10	0.99	0.08	0.54	5.73	2.39	1.55	2.37	2.67	1.18	0.07	0.97	0.05	0.25	0.16	0.04
	MP_{113}	10	3.41	5.02	0	5.28	5.80	0	0	3.61	2.01	0	7.55	3.54	6.12	0	5.25	8.55
	MP_{114}	5.58	3.64	2.49	1.47	3.56	5.22	7.68	3.50	0	0.28	0	2.60	0	1.95	0	10	1.78
2018	MP_{111}	2.76	10	1.49	0.25	0.44	4.42	2.54	2.29	2.78	3.51	1.95	0.06	1.34	0.17	0.41	0.39	0.12
	MP_{112}	2.18	10	1.03	0.08	0.50	6.00	2.45	1.45	2.38	2.71	1.15	0.07	1.01	0.04	0.27	0.19	0.04
	MP_{113}	8.78	9.14	3.42	8.44	4.63	0	7.83	0.87	2.18	4.37	3.12	0	4.60	10	2.47	10	10
	MP_{114}	6.15	10	3.45	0	0	4.19	2.12	0	0.46	1.22	0	0	3.43	0	7.26	10	0

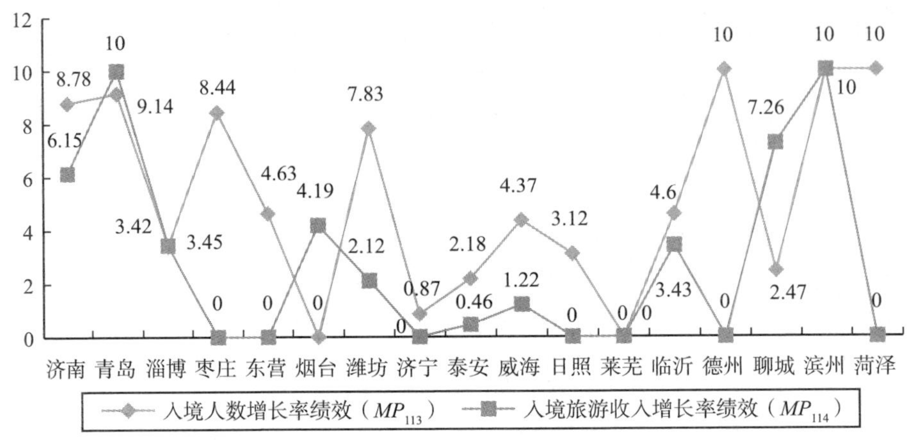

图 10－9　2018 年各地市入境人数增长率绩效和入境旅游收入增长率绩效对比

收入增长率绩效（MP_{114}）均为正值，出现增长局面，特别是济南在入境旅游收入增长率绩效（MP_{114}）达到了最高值 10。另外，2014 年，枣庄、日照、聊城、滨州、菏泽 5 个地市虽然入境游客增长率绩效（MP_{113}）为零，但是在入境旅游收入增长率绩效（MP_{114}）方面由零转变为正值，出现增长局面。从 2015 年开始，各地市积极努力，逐步扭转 2013 年的衰退局面，入境游客增长率绩效（MP_{113}）和入境旅游收入增长率绩效（MP_{114}）开始持续缓慢增长。从表 10－17 中的数据以及图 10－9 可以看出，到了 2018 年，济南、青岛、淄博、潍坊、泰安、威海、临沂、聊城、滨州已经出现了积极局面，四项绩效都达到了增长；烟台入境游客增长率绩效（MP_{113}）为零，但是入境旅游收入增长率绩效（MP_{114}）为正值（4.19）；另外，枣庄、东营、济宁、日照、德州、菏泽虽然入境游客增长率绩效（MP_{113}）大于零，但是入境旅游收入增长率绩效（MP_{114}）依然为零。还有莱芜一直未能扭转局面，两项绩效指数（MP_{113}和 MP_{114}）均为零。

（二）国内各细分市场的市场总量绩效

表 10－18 列出了 2008～2018 年各地市国内市场总量绩效（归一化处理）。图 10－10 是 2018 年各地市国内人数增长率绩效和国内旅游收入增长率绩效的对比（归一化处理）。

表 10－18　　2008～2018 年各地市国内市场的市场总量绩效（归一化处理）

年份	地区	济南	青岛	淄博	枣庄	东营	烟台	潍坊	济宁	泰安	威海	日照	莱芜	临沂	德州	聊城	滨州	菏泽
2008	MP_{121}	2.65	3.91	1.90	0.70	0.49	2.71	2.16	2.37	2.13	1.83	1.67	0.42	2.34	0.75	0.74	0.49	0.46
	MP_{122}	1.40	2.63	0.84	0.24	0.19	1.43	0.98	1.00	0.93	1.02	0.54	0.09	0.98	0.19	0.23	0.18	0.14
	MP_{123}	10	3.24	10	10	10	10	10	10	10	10	10	10	10	10	10	10	10
	MP_{124}	10	6.59	10	10	10	10	10	10	10	10	10	10	10	10	10	10	10
2009	MP_{121}	3.26	4.50	2.37	0.86	0.59	3.19	2.67	2.82	2.68	2.12	1.99	0.50	2.82	0.90	0.85	0.60	0.59
	MP_{122}	1.70	3.07	1.08	0.31	0.23	1.72	1.24	1.20	1.21	1.21	0.65	0.11	1.22	0.24	0.27	0.23	0.19
	MP_{123}	10	10	10	10	10	10	10	10	10	10	10	10	10	10	10	10	10
	MP_{124}	10	10	10	10	10	10	10	10	10	10	10	10	10	10	10	10	10
2010	MP_{121}	3.84	5.02	2.90	1.08	0.73	3.73	3.36	3.41	3.45	2.41	2.32	0.60	3.47	1.10	1.00	0.75	0.76
	MP_{122}	2.09	3.68	1.41	0.41	0.29	2.09	1.61	1.51	1.64	1.41	0.79	0.14	1.59	0.31	0.34	0.29	0.25
	MP_{123}	10	10	10	10	10	10	10	10	10	10	10	10	10	10	10	10	10
	MP_{124}	10	10	10	10	10	10	10	10	10	10	10	10	10	10	10	10	10
2011	MP_{121}	4.59	5.71	3.53	1.32	0.89	4.45	4.15	4.17	4.26	2.74	2.80	0.73	4.21	1.43	1.22	0.94	0.94
	MP_{122}	2.55	4.34	1.74	0.51	0.37	2.54	2.06	1.87	2.07	1.63	0.98	0.19	1.95	0.42	0.43	0.38	0.31
	MP_{123}	10	10	10	10	10	10	10	10	10	9.95	10	10	10	10	10	10	10
	MP_{124}	10	10	10	10	10	10	10	10	10	9.97	10	10	10	10	10	10	10

续表

年份	地区	济南	青岛	淄博	枣庄	东营	烟台	潍坊	济宁	泰安	威海	日照	莱芜	临沂	德州	聊城	滨州	菏泽
2012	MP_{121}	5.29	6.38	3.99	1.55	1.07	5.08	4.82	4.79	4.93	3.05	3.19	0.83	4.86	1.86	1.55	1.14	1.25
	MP_{122}	3.08	5.15	2.06	0.65	0.46	3.03	2.51	2.25	2.53	1.92	1.19	0.23	2.40	0.58	0.58	0.47	0.44
	MP_{123}	10	10	10	10	10	10	10	10	10	10	10	10	10	10	10	10	10
	MP_{124}	10	10	10	10	10	10	10	10	10	10	10	10	10	10	10	10	10
2013	MP_{121}	5.82	7.04	4.35	1.76	1.25	5.65	5.37	5.36	5.47	3.37	3.57	0.92	5.41	2.11	1.76	1.28	1.44
	MP_{122}	3.54	5.95	2.36	0.76	0.56	3.50	2.91	2.61	2.91	2.21	1.38	0.26	2.78	0.68	0.68	0.55	0.53
	MP_{123}	8.01	8.31	7.37	10	10	9.10	9.20	9.60	8.89	8.59	9.54	8.98	9.22	10	10	9.89	10
	MP_{124}	9.78	10	9.27	10	10	10	10	10	9.83	9.91	10	9.98	10	10	10	10	10
2014	MP_{121}	6.34	7.66	4.73	1.94	1.42	6.19	5.89	5.88	6.02	3.70	3.91	1.00	5.91	2.39	1.94	1.43	1.64
	MP_{122}	4.01	6.78	2.65	0.86	0.65	3.98	3.31	2.96	3.31	2.51	1.57	0.30	3.16	0.80	0.78	0.63	0.62
	MP_{123}	7.31	7.21	7.00	8.26	10	7.75	7.93	7.77	8.15	7.96	7.77	6.92	7.37	10	8.21	9.96	10
	MP_{124}	8.62	9.12	8.23	9.23	10	8.95	9.09	8.93	9.05	9.03	8.90	8.30	9.00	10	9.13	9.81	10
2015	MP_{121}	6.99	8.44	5.18	2.16	1.59	6.85	6.45	6.48	6.63	4.08	4.30	1.11	6.51	2.66	2.15	1.60	1.82
	MP_{122}	4.57	7.71	3.01	0.98	0.75	4.53	3.77	3.38	3.77	2.87	1.79	0.34	3.60	0.91	0.89	0.72	0.72
	MP_{123}	7.33	7.29	6.67	8.22	8.73	7.67	6.78	7.31	7.32	7.42	7.08	7.92	7.35	8.16	7.89	8.62	8.40
	MP_{124}	9.12	8.96	8.86	8.72	9.53	8.93	8.94	9.10	8.98	9.37	9.40	8.59	9.15	9.12	9.20	9.01	9.85

续表

年份	地区	济南	青岛	淄博	枣庄	东营	烟台	潍坊	济宁	泰安	威海	日照	莱芜	临沂	德州	聊城	滨州	菏泽
2016	MP_{121}	7.59	9.16	5.61	2.35	1.73	7.44	7.01	7.03	7.20	4.45	4.67	1.19	7.11	2.89	2.36	1.74	2.01
	MP_{122}	5.20	8.74	3.43	1.12	0.86	5.15	4.29	3.84	4.29	3.28	2.04	0.38	4.11	1.04	1.01	0.82	0.82
	MP_{123}	6.96	6.82	6.77	7.32	7.31	6.88	6.99	6.90	6.83	7.29	7.09	6.29	7.39	7.19	7.89	7.01	8.10
	MP_{124}	8.98	8.69	8.99	9.04	9.40	8.94	9.01	8.90	8.94	9.11	9.01	8.10	9.23	9.10	9.12	9.14	9.32
2017	MP_{121}	8.36	10	6.16	2.60	1.92	8.18	7.81	7.76	7.91	4.92	5.15	1.31	7.82	3.19	2.62	1.95	2.26
	MP_{122}	5.96	10	3.92	1.28	0.99	5.93	4.92	4.40	4.92	3.77	2.35	0.43	4.72	1.18	1.17	0.94	0.94
	MP_{123}	8.16	7.45	7.90	8.54	8.79	8.08	9.17	8.34	7.97	8.39	8.30	7.54	8.10	8.39	8.96	9.70	10
	MP_{124}	9.60	9.37	9.40	9.72	10	9.80	9.64	9.57	9.64	9.83	9.96	9.31	9.72	9.02	9.96	9.77	9.75
2018	MP_{121}	9.19	10	6.75	2.86	2.12	9.15	8.71	8.47	8.71	5.34	5.66	1.42	8.63	3.53	2.86	2.11	2.47
	MP_{122}	7.18	10	4.48	1.48	1.22	6.69	5.61	4.96	5.38	4.08	2.51	0.48	5.42	1.36	1.35	1.08	1.27
	MP_{123}	8.02	10	7.82	7.98	8.25	9.61	9.30	7.37	8.18	7.00	7.88	6.94	8.42	8.52	7.39	6.75	7.58
	MP_{124}	10	8.12	9.27	10	10	8.41	9.15	8.34	6.07	5.28	4.32	7.27	9.54	9.70	10	9.91	10

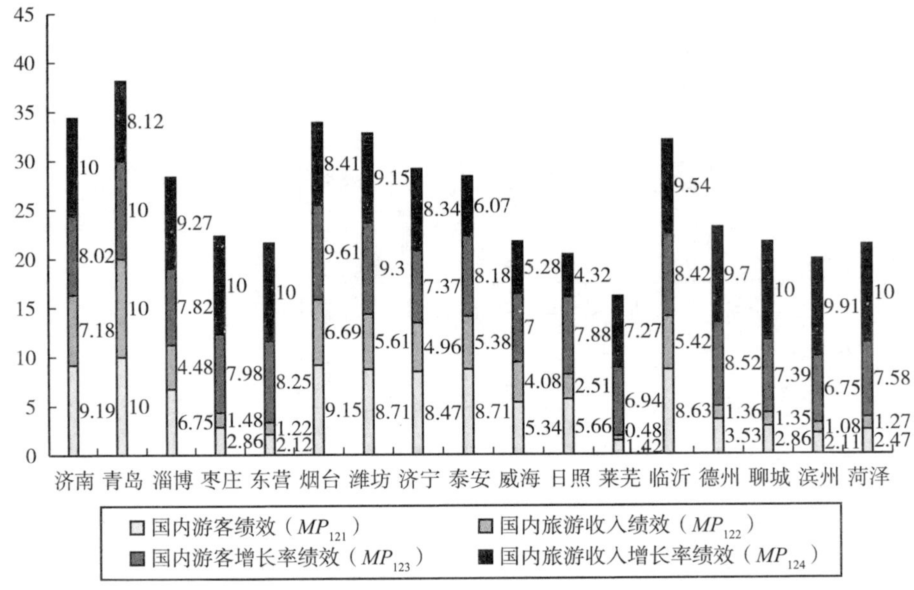

图 10－10　2018 年各地市国内市场总量四项指标绩效对比

表 10－18 的绩效数值显示，国内市场总量绩效明显高于国外市场总量绩效，所有四项绩效 17 个地市从 2008～2018 年均为正值。大致可以分为两个阶段，快速发展期和缓慢发展期。

（1）2008～2012 年为快速发展时期。所有 17 个地市国内游客绩效（MP_{121}）和国内旅游收入绩效（MP_{122}）均为正值，国内游客增长率绩效（MP_{123}）和国内旅游收入增长率绩效（MP_{124}）除了个别地市的个别年份小于 10 外，大部分地市的绩效均达到了最高值 10。各地市国内旅游在实施“好客山东”品牌后得到快速发展。

（2）2013～2018 年为缓慢增长期。从 2013 年开始，大部分城市市场总量四项绩效开始缓慢下降，不同年份之间也存在上下波动，但是总体上处于缓慢上升阶段，到了 2018 年，大部分城市的总量四项绩效虽然均为正值，但是与 2008～2012 年比较均有了下降，旅游业发展进入缓慢增长阶段。当然，不同地市之间也存在差别。东营、德州和菏泽在 2013～2014 年两年继续保持了国内游客增长率绩效（MP_{123}）和国内旅游收入增长率绩效（MP_{124}）为 10 的成绩，从 2015 年开始缓慢下降。2013 年，枣庄和聊城也保持了国内游客增长率绩效（MP_{123}）和国内旅游收入增长率绩效（MP_{124}）为10的成绩。此外，青岛、烟台、潍坊、济宁、日照、临沂和滨州在2013年国内游客增长率绩效（MP_{123}）没有达到最高值10，但是保持了国内旅游收入增长率绩效（MP_{124}）为10的成绩。

横向比较来看。从2018年的数据分析（见图10－10），17个地市可以分为两类。第一类是国内市场总量四大绩效都较好的城市，即在国内游客绩效（MP_{121}）、国内旅游收入绩效（MP_{122}）、国内游客增长率绩效（MP_{123}）和国内旅游收入增长率绩效（MP_{124}）都比较高的城市。包括济南、青岛、淄博、烟台、潍坊、济宁、泰安、威海、日照和临沂这10个城市。这些城市旅游发展基础条件较好，旅游管理经验丰富，发展后劲也比较足。第二类是国内市场总量四大绩效中，在国内游客绩效（MP_{121}）和国内旅游收入绩效（MP_{122}）方面绩效比较差，但是在国内游客增长率绩效（MP_{123}）和国内旅游收入增长率绩效（MP_{124}）方面比较好的城市。包括枣庄、东营、莱芜、德州、聊城、滨州、菏泽等7个城市。这些城市旅游经济发展基础条件相对薄弱，旅游管理经验不够丰富，近几年虽然与之前比较有了很大的发展，但是由于旅游经济发展底子不足，与竞争对手比较从市场总量上仍然处于劣势。

（三）市场总量绩效指数

根据以上数据，进一步计算市场总量国外市场绩效、市场总量国内市场绩效（见表10－19）。为了便于描述，表格中MP_{11}、MP_{12}分别代表市场总量国外市场绩效、市场总量国内市场绩效；MP_1代表市场总量绩效指数。表10－19的数据显示，从影响市场总量绩效指数的因素来看，主要是国外市场的市场总量绩效比较低。

以2018年的数据为例（见图10－11），17个地市中，除了青岛和滨州国外市场总量与国内市场相差不大，小于1以外（青岛：$MP_{11}-MP_{12}=0.35$；滨州：$MP_{11}-MP_{12}=0.27$），其他15个地市的差别均超过2，其中最大的是济宁，国外市场的市场总量绩效比国内市场的市场总量绩效低了6.12（济宁：$MP_{11}-MP_{12}=-6.12$）。因此，大部分地市是由于国外市场的市场总量绩效较低导致了市场总量绩效指数较低。

表 10-19　　2008~2018 年各地市市场总量绩效（归一化处理）

年份	地区	济南	青岛	淄博	枣庄	东营	烟台	潍坊	济宁	泰安	威海	日照	莱芜	临沂	德州	聊城	滨州	菏泽
2008	MP_{11}	5.46	2.42	5.61	5.38	5.43	6.54	5.73	5.80	5.88	5.90	5.70	5.37	5.56	5.43	4.11	5.40	5.37
	MP_{12}	6.17	4.21	5.87	5.46	5.41	6.19	5.96	6.00	5.94	5.90	5.74	5.37	5.99	5.46	5.47	5.41	5.39
	MP_1	5.86	3.43	5.76	5.43	5.42	6.34	5.86	5.91	5.91	5.90	5.72	5.37	5.80	5.45	4.87	5.40	5.38
2009	MP_{11}	5.87	7.96	5.69	5.39	5.45	6.71	5.91	6.03	6.09	6.24	5.83	5.37	5.61	5.46	5.43	5.41	5.38
	MP_{12}	6.37	7.00	6.03	5.52	5.44	6.36	6.13	6.15	6.12	6.01	5.83	5.39	6.15	5.50	5.50	5.44	5.43
	MP_1	6.15	7.42	5.88	5.46	5.45	6.52	6.04	6.09	6.11	6.11	5.83	5.38	5.92	5.48	5.47	5.43	5.41
2010	MP_{11}	5.98	7.87	5.84	5.42	5.49	6.98	6.09	6.21	6.26	6.39	5.92	5.37	5.73	5.49	5.45	5.43	5.38
	MP_{12}	6.60	7.27	6.22	5.59	5.48	6.57	6.37	6.35	6.39	6.13	5.94	5.42	6.38	5.56	5.55	5.49	5.48
	MP_1	6.33	7.53	6.06	5.51	5.48	6.75	6.24	6.29	6.33	6.24	5.93	5.40	6.10	5.53	5.51	5.46	5.43
2011	MP_{11}	6.14	8.77	5.95	5.43	5.52	7.31	6.29	4.48	6.42	6.52	6.03	5.38	5.80	5.51	5.48	5.44	3.67
	MP_{12}	6.87	7.59	6.44	5.66	5.54	6.84	6.65	6.60	6.67	6.23	6.08	5.46	6.63	5.66	5.62	5.55	5.53
	MP_1	6.55	8.10	6.23	5.56	5.53	7.05	6.49	5.67	6.56	6.36	6.06	5.42	6.27	5.59	5.56	5.50	4.72
2012	MP_{11}	6.23	9.27	6.02	5.25	5.56	2.65	6.49	4.51	6.59	6.66	6.13	5.39	5.92	2.81	5.51	5.46	5.39
	MP_{12}	7.16	7.94	6.62	5.75	5.60	7.10	6.90	6.83	6.93	6.39	6.22	5.49	6.88	5.79	5.73	5.61	5.63
	MP_1	6.75	8.52	6.36	5.53	5.58	5.16	6.72	5.81	6.78	6.51	6.18	5.44	6.46	4.49	5.63	5.55	5.52
2013	MP_{11}	0.83	3.78	0.61	0.07	1.46	1.90	1.06	0.92	1.14	1.24	0.73	0.02	0.52	0.14	0.14	0.10	0.03
	MP_{12}	6.87	7.91	5.96	5.82	5.66	7.14	6.94	6.95	6.84	6.19	6.24	5.28	6.92	5.86	5.80	5.64	5.69
	MP_1	4.23	6.11	3.62	3.30	3.83	4.85	4.37	4.31	4.35	4.03	3.83	2.98	4.12	3.36	3.32	3.22	3.22

续表

年份	地区	济南	青岛	淄博	枣庄	东营	烟台	潍坊	济宁	泰安	威海	日照	莱芜	临沂	德州	聊城	滨州	菏泽
2014	MP_{11}	4.53	6.16	0.52	1.53	2.33	4.32	1.01	0.79	1.10	2.35	1.44	0.02	0.51	0.05	1.65	0.50	0.98
	MP_{12}	6.60	7.75	5.72	5.26	5.72	6.76	6.60	6.41	6.66	5.93	5.63	4.34	6.41	5.95	5.19	5.65	5.75
	MP_1	5.69	7.06	3.45	3.63	4.24	5.69	4.16	3.96	4.23	4.37	3.80	2.45	3.83	3.37	3.64	3.40	3.67
2015	MP_{11}	5.09	8.67	1.14	2.68	1.79	6.51	2.25	4.77	2.69	3.38	0.72	1.51	0.63	0.05	1.26	4.35	5.02
	MP_{12}	7.04	8.14	6.02	5.17	5.35	7.02	6.53	6.60	6.70	6.09	5.77	4.68	6.69	5.36	5.21	5.17	5.41
	MP_1	6.18	8.37	3.89	4.08	3.80	6.79	4.66	5.80	4.95	4.90	3.56	3.30	4.04	3.04	3.48	4.81	5.24
2016	MP_{11}	4.67	8.18	2.65	5.43	2.13	6.33	3.20	4.56	3.51	5.31	3.61	5.39	2.79	0.96	3.70	4.01	5.39
	MP_{12}	7.20	8.38	6.28	5.14	5.05	7.13	6.85	6.68	6.83	6.17	5.79	4.19	6.98	5.21	5.27	4.90	5.25
	MP_1	6.10	8.29	4.70	5.27	3.78	6.78	5.26	5.75	5.38	5.79	4.84	4.71	5.15	3.36	4.58	4.51	5.31
2017	MP_{11}	5.22	6.53	2.56	0.48	2.58	5.32	3.23	1.84	2.12	2.00	0.71	2.72	1.45	2.18	0.15	4.24	2.76
	MP_{12}	8.02	9.24	6.91	5.71	5.64	8.02	7.87	7.50	7.62	6.86	6.53	4.88	7.60	5.56	5.85	5.77	5.89
	MP_1	6.80	8.05	5.01	3.43	4.30	6.84	5.84	5.03	5.22	4.74	3.99	3.93	4.91	4.08	3.36	5.10	4.52
2018	MP_{11}	5.12	9.78	2.42	2.28	1.43	3.59	3.78	1.09	1.89	2.91	1.53	0.03	2.69	2.66	2.80	5.49	2.65
	MP_{12}	8.61	9.43	7.12	5.78	5.62	8.35	8.12	7.21	6.87	5.35	4.88	4.16	7.97	5.91	5.61	5.22	5.55
	MP_1	7.09	9.58	5.07	4.25	3.79	6.27	6.22	4.53	4.70	4.28	3.42	2.36	5.66	4.49	4.38	5.34	4.28

注：绩效等级分类见第八章，其中0～2表示"非常差"，2～4表示"较差"，4～6表示"中等"，6～8表示"良好"，8～10表示"优秀"。

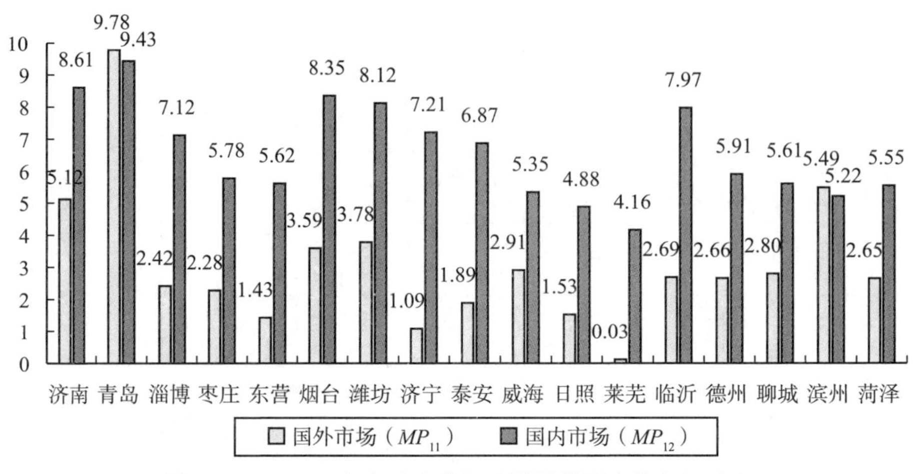

图 10－11　2018 年各地市市场总量绩效国内外市场对比

五、各地市旅游市场份额绩效指数计算与比较

（一）国外各细分市场的市场份额绩效

2008～2018 年山东省各地市国外市场的市场份额绩效（归一化处理）见表 10－20。图 10－12 是 2018 年各地市入境游客市场份额增长率市场绩效和入境旅游收入市场份额增长率市场绩效。

从表 10－20 的各地市国外市场的市场份额绩效来看，总体上各地市都比较好的是 2008 年。一方面，2008 年，青岛作为 2008 北京奥运会的伙伴城市，承办奥帆赛为其自身带来了入境游客市场份额和入境旅游收入市场份额的增长，因此 2008 年青岛在入境游客市场份额绩效（$MP_{211}=10$）和入境旅游收入市场份额绩效（$MP_{212}=10$）均达到 17 个地市中的最大值。另一方面，青岛承办 2008 北京奥运会帆船赛也为山东省其他地市带来了更多的外国游客的市场份额的增长和入境旅游收入的增长，这也导致其他 16 个地市将进一步瓜分外国游客的市场份额增长率和入境旅游收入市场份额增长率。因此，2018 年除了青岛自身在入境游客市场份额增长率（MP_{213}）和入境旅游收入市场份额增长率（MP_{214}）方面的绩效为零外，其他地市都达到了较高的绩效。大部分城市，例如淄博、枣庄、东营、烟台、潍坊、济宁、泰安、日照、莱芜、

表 10－20　　2008～2018 年各地市国外市场的市场份额绩效（归一化处理）

年份	地区	济南	青岛	淄博	枣庄	东营	烟台	潍坊	济宁	泰安	威海	日照	莱芜	临沂	德州	聊城	滨州	菏泽
2008	MP_{211}	2.30	10	1.27	0.14	0.25	4.75	1.78	2.57	2.57	3.89	2.05	0.02	0.88	0.39	0.26	0.23	0.08
	MP_{212}	1.86	10	1.00	0.07	0.34	5.97	1.58	1.36	2.13	3.07	0.99	0.04	0.95	0.20	0.19	0.12	0.04
	MP_{213}	8.62	0	10	10	10	10	10	10	10	10	10	10	10	10	3.65	10	10
	MP_{214}	10	0	10	10	10	10	10	10	10	9.73	10	10	10	10	10	10	10
2009	MP_{211}	2.07	10	1.38	0.15	0.28	4.43	1.91	2.70	2.66	3.56	1.99	0.02	0.94	0.47	0.28	0.27	0.08
	MP_{212}	1.64	9.72	1.03	0.07	0.39	5.47	2.16	2.13	2.65	2.83	1.44	0.04	0.91	0.24	0.20	0.13	0.04
	MP_{213}	0	4.45	10	10	10	0	10	10	7.06	0	0	4.03	10	10	10	10	10
	MP_{214}	0	0	3.80	3.79	10	0	10	10	10	0	10	0	0	10	4.57	10	0
2010	MP_{211}	2.16	10	1.60	0.24	0.31	4.41	2.07	2.70	2.79	3.48	2.01	0.04	1.13	0.54	0.33	0.28	0.09
	MP_{212}	1.64	8.67	1.33	0.12	0.45	5.44	2.34	2.47	2.65	2.76	1.41	0.05	1.11	0.25	0.23	0.13	0.03
	MP_{213}	8.89	0	10	10	10	0	10	0	9.63	0	1.92	10	10	10	10	4.09	8.37
	MP_{214}	0	0	10	10	10	0	10	10	0.05	0	0	10	10	6.80	10	0	0
2011	MP_{211}	2.34	9.34	1.69	0.26	0.35	4.43	2.33	2.75	2.85	3.35	2.06	0.05	1.18	0.53	0.36	0.30	0.09
	MP_{212}	1.73	8.40	1.39	0.12	0.50	5.71	2.50	2.17	2.66	2.66	1.40	0.06	1.10	0.26	0.26	0.13	0.03
	MP_{213}	10	0	10	10	10	0.95	10	3.55	4.42	0	5.10	10	9.87	0	10	10	5.34
	MP_{214}	7.94	0	6.77	0.16	10	6.63	9.26	0	0.60	0	0	10	0	2.03	10	0	0

续表

年份	地区	济南	青岛	淄博	枣庄	东营	烟台	潍坊	济宁	泰安	威海	日照	莱芜	临沂	德州	聊城	滨州	菏泽
2012	MP_{211}	2.30	9.26	1.69	0.30	0.39	3.86	2.54	2.72	2.96	3.33	2.13	0.06	1.38	0.50	0.40	0.33	0.10
	MP_{212}	1.71	8.77	1.36	0.11	0.54	5.12	2.69	1.96	2.74	2.69	1.44	0.06	1.20	0.23	0.29	0.14	0.03
	MP_{213}	0	0	0.37	10	10	0	10	0	7.76	0	7.05	10	10	0	10	10	10
	MP_{214}	0	5.91	0	0	10	0	9.90	0	3.78	1.26	4.16	10	10	0	10	10	7.85
2013	MP_{211}	2.32	9.35	1.66	0.24	0.42	3.93	2.53	2.68	2.91	3.32	2.12	0.05	1.38	0.48	0.41	0.33	0.10
	MP_{212}	1.72	9.04	1.32	0.09	0.54	5.27	2.64	1.82	2.64	2.72	1.41	0.06	1.16	0.22	0.27	0.14	0.03
	MP_{213}	1.90	2.07	0	0	10	3.55	0	0	0	0	0	0	0	0	2.37	0	1.72
	MP_{214}	1.34	4.09	0	0	0.69	4.02	0	0	0	1.34	0	0	0	0	0	1.23	0
2014	MP_{211}	2.42	9.84	1.50	0.22	0.43	4.19	2.51	2.35	2.81	3.44	2.07	0.05	1.36	0.19	0.41	0.34	0.10
	MP_{212}	1.95	9.43	1.08	0.09	0.58	5.41	2.48	1.55	2.58	2.77	1.46	0.05	1.12	0.06	0.29	0.15	0.03
	MP_{213}	8.03	10	0	0	6.89	10	0	0	0	7.08	0	0	0	0	2.81	3.19	0
	MP_{214}	10	5.86	0	9.04	8.91	3.58	0	0	0	2.96	4.90	0	0	0	9.23	3.10	6.16
2015	MP_{211}	2.47	9.94	1.45	0.23	0.43	4.27	2.48	2.39	2.75	3.43	2.01	0.05	1.30	0.17	0.41	0.35	0.10
	MP_{212}	1.98	9.85	1.03	0.08	0.56	5.57	2.36	1.57	2.53	2.70	1.27	0.05	1.05	0.06	0.27	0.15	0.03
	MP_{213}	4.68	2.05	0	9.44	0	3.74	0	3.33	0	0	0	0	0	0	0	7.06	10
	MP_{214}	1.60	6.15	0	0	0	3.88	0	1.88	0	0	0	0	0	0	0	0	3.88

续表

年份	地区	济南	青岛	淄博	枣庄	东营	烟台	潍坊	济宁	泰安	威海	日照	莱芜	临沂	德州	聊城	滨州	菏泽
2016	MP_{211}	2.48	9.95	1.43	0.24	0.42	4.33	2.46	2.44	2.72	3.42	2.00	0.05	1.29	0.15	0.41	0.35	0.11
	MP_{212}	1.99	9.95	1.00	0.08	0.54	5.61	2.28	1.55	2.47	2.76	1.25	0.07	1.03	0.05	0.27	0.15	0.04
	MP_{213}	0.61	0.28	0	6.41	0	2.59	0	3.93	0	0	0	9.31	0	0	0	0	9.45
	MP_{214}	0.89	1.35	0	8.62	0	1.02	0	0	0	3.18	0	10	0	0	2.03	3.42	10
2017	MP_{211}	2.60	10	1.45	0.24	0.43	4.42	2.41	2.27	2.74	3.41	1.91	0.06	1.30	0.15	0.40	0.35	0.11
	MP_{212}	2.04	10	0.99	0.08	0.54	5.73	2.39	1.55	2.37	2.67	1.18	0.07	0.97	0.05	0.25	0.16	0.04
	MP_{213}	10	0.95	3.16	0	3.52	4.24	0	0	1.23	0	0	6.64	1.13	4.67	0	3.48	8.01
	MP_{214}	3.49	0.64	0	0	0.53	2.97	6.59	0.44	0	0	0	0	0	0	0	10	0
2018	MP_{211}	2.66	10	1.43	0.24	0.43	4.26	2.45	2.20	2.67	3.38	1.88	0.05	1.29	0.17	0.39	0.37	0.12
	MP_{212}	2.06	10	0.97	0.07	0.48	5.66	2.31	1.37	2.25	2.56	1.09	0.06	0.95	0.04	0.26	0.18	0.03
	MP_{213}	4.42	4.91	0	3.96	0	0	3.15	0	0	0	0	0	0	10	0	10	10
	MP_{214}	1.20	10	0	0	0	0	0	0	0	0	0	0	0	0	2.79	10	0

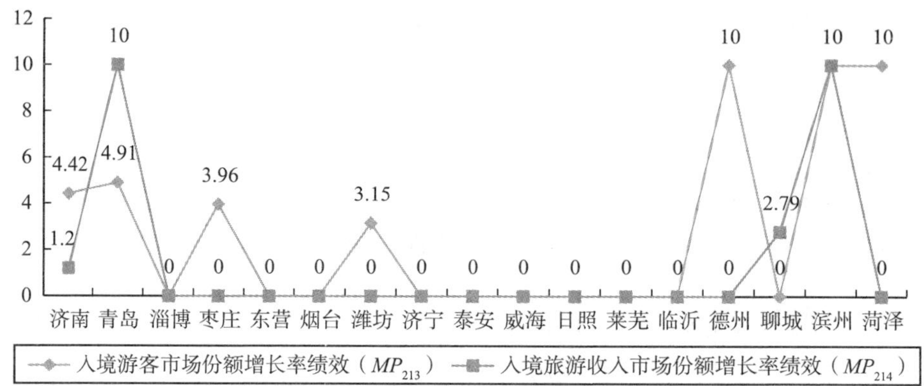

图 10－12　2018 年各地市入境游客市场份额增长率绩效和入境旅游收入市场份额增长率绩效

临沂、德州、滨州、菏泽等都取得了入境游客市场份额增长率（MP_{213}）和入境旅游收入市场份额增长率（MP_{214}）绩效均为最大值 10 的好成绩。

从 2009 年开始，各地国外各细分市场的绩效开始逐渐出现不同程度的下降。2009 年，东营、潍坊、济宁、德州、滨州这几个城市入境游客市场份额增长率（MP_{213}）和入境旅游收入市场份额增长率（MP_{214}）依然保持了绩效最大值 10 的成绩；淄博、枣庄、泰安、聊城这几个城市入境游客市场份额增长率（MP_{213}）或入境旅游收入市场份额增长率（MP_{214}）虽然有不同程度的下降，但依然保持了正值；而其他城市则这两项指标或者其中的某一项迅速下降为零。从 2010～2018 年，各地市市场份额各细分市场指标的绩效在不同年份出现上升或下降的波动，到 2018 年，除了青岛和滨州两个城市的四项指标的绩效超过或者与 2008 年持平外，其他大部分城市各细分市场指标的绩效总体上还是处于下降趋势。

以 2018 年的数据为例（见表 10－20、图 10－12），市场份额四项指标绩效均为正值的有青岛、济南和滨州三个地市。其中青岛在入境游客市场份额（MP_{211}）、入境旅游收入市场份额（MP_{212}）和入境旅游收入市场份额增长率（MP_{214}）这三项都取得绩效最大值 10 的成绩，入境游客市场份额增长率（MP_{213}）绩效也达到了 4. 91，总体上绩效好于 2008 年。滨州虽然在入境游客市场份额（MP_{211}）和入境旅游收入市场份额（MP_{212}）这两项指标的绩效很低（分别为 0. 37 和 0. 18），但是在入境旅游游客市场份额增长率（MP_{213}）

和入境旅游收入市场份额增长率（MP_{214}）这两项都取得绩效最大值 10 的成绩，总体上绩效和 2008 年相差不大。济南入境游客市场份额（MP_{211}）和入境旅游收入市场份额（MP_{212}）这两项指标的绩效高于 2008 年（分别为 2.66 和 2.06），但是在入境旅游游客市场份额增长率（MP_{213}）和入境旅游收入市场份额增长率（MP_{214}）这两项都低于 2008 年（分别为 4.42 和 1.20）。除了这三个城市以外，其他城市则出现四项指标中的入境旅游收入市场份额增长率（MP_{214}）和入境游客市场份额增长率（MP_{213}）两项同时为零或者其中一项绩效为零的情况，总体上绩效远远低于 2008 年。

其中，德州、菏泽、枣庄和潍坊虽然入境旅游游客市场份额增长率（MP_{213}）取得较好的成绩（四个城市的绩效依次分别是 10、10、3.96 和 3.15），但是入境旅游收入市场份额增长率（MP_{214}）方面绩效为零。聊城则是相反的情况，入境旅游游客市场份额增长率（MP_{213}）绩效为零，但是在入境旅游收入市场份额增长率（MP_{214}）方面绩效大于零，为 2.79。除此之外，淄博、东营、烟台、济宁、泰安、威海、日照、莱芜和临沂这两指标的绩效都为零，总体上绩效远远低于 2008 年。

（二）国内各细分市场的市场份额绩效

2008 ~ 2018 年各地市国内各细分市场的市场份额绩效的数据（归一化处理）见表 10 - 21。从表 10 - 21 的绩效数值来看，国内各细分市场的市场份额绩效存在较大的区别，每个年份均有城市达到最大值 10，也有不少城市为最小值零，还有一部分城市是介于 0 ~ 10 之间。

1. 纵向比较

纵向来看，各地市各年份的市场份额绩效存在不同程度的上下波动，规律并不十分明显。以 2008 年和 2018 年的数据对比为例，将 2018 年的绩效减去 2008 年的绩效，求出差值，见表 10 - 22。

（1）在国内游客市场份额绩效（MP_{221}）和国内旅游收入市场份额绩效（MP_{222}）方面。绩效较好的是枣庄、东营、潍坊、泰安、临沂、德州、聊城、滨州和菏泽，11 年间这两项总体上均有不同程度的上升。绩效较差的是威海、烟台、济宁和日照，11 年间国内游客市场份额绩效和国内旅游收入市场

表 10－21　2008～2018 年各地市国内市场的市场份额绩效（归一化处理）

年份	地区	济南	青岛	淄博	枣庄	东营	烟台	潍坊	济宁	泰安	威海	日照	莱芜	临沂	德州	聊城	滨州	菏泽
2008	MP_{221}	8.60	10	6.17	2.28	1.60	8.77	6.99	7.70	6.91	5.93	5.43	1.35	7.60	2.45	2.41	1.57	1.48
	MP_{222}	6.21	10	3.76	1.09	0.84	6.36	4.35	4.44	4.15	4.52	2.38	0.39	4.38	0.87	1.03	0.79	0.60
	MP_{223}	0	0	10	10	10	0	10	0	10	0	0.40	0	10	10	0	10	10
	MP_{224}	0	0	10	10	10	10	10	0	10	0	2.02	10	10	10	0	10	10
2009	MP_{221}	8.79	10	6.40	2.33	1.60	8.60	7.20	7.61	7.23	5.72	5.37	1.36	7.61	2.44	2.28	1.63	1.60
	MP_{222}	6.20	10	3.92	1.12	0.85	6.25	4.50	4.39	4.41	4.41	2.38	0.40	4.43	0.87	1.00	0.83	0.68
	MP_{223}	10	0	10	10	1.43	0	10	0	10	0	0	0.82	0.47	0	0	10	10
	MP_{224}	0	0	10	10	10	0	10	0	10	0	1.65	10	10	9.07	0	10	10
2010	MP_{221}	8.65	10	6.54	2.43	1.64	8.41	7.57	7.68	7.76	5.43	5.22	1.35	7.81	2.48	2.24	1.70	1.72
	MP_{222}	6.08	10	4.11	1.20	0.86	6.07	4.70	4.40	4.78	4.11	2.30	0.42	4.62	0.90	1.00	0.86	0.72
	MP_{223}	0	0	10	10	10	0	10	5.00	10	0	0	0	10	8.62	0	10	10
	MP_{224}	0	0	10	10	10	0	10	5.90	10	0	0	10	10	10	0	10	10
2011	MP_{221}	8.58	10	6.61	2.47	1.67	8.33	7.77	7.80	7.96	5.12	5.23	1.36	7.87	2.67	2.28	1.75	1.76
	MP_{222}	6.05	10	4.13	1.22	0.88	6.04	4.89	4.45	4.93	3.87	2.33	0.44	4.64	0.99	1.02	0.90	0.74
	MP_{223}	0	0	5.54	7.86	10	0	10	8.07	10	0	1.11	3.76	4.39	10	8.87	10	10
	MP_{224}	0	0	7.75	10	10	0	10	10	10	0	10	10	10	10	10	10	10

续表

年份	地区	济南	青岛	淄博	枣庄	东营	烟台	潍坊	济宁	泰安	威海	日照	莱芜	临沂	德州	聊城	滨州	菏泽
2012	MP_{221}	8.55	10	6.45	2.50	1.73	8.21	7.79	7.75	7.96	4.92	5.16	1.34	7.85	3.01	2.50	1.84	2.03
	MP_{222}	6.03	10	4.04	1.27	0.90	5.94	4.92	4.41	4.95	3.75	2.33	0.45	4.69	1.14	1.14	0.93	0.87
	MP_{223}	0	0	0	8.07	10	0	1.25	0	0.03	0	0	0	0	10	10	10	10
	MP_{224}	0	0	0	10	10	0	10	0	9.60	0	0.25	10	10	10	10	10	10
2013	MP_{221}	8.45	10	6.32	2.55	1.82	8.21	7.79	7.79	7.94	4.89	5.18	1.34	7.86	3.07	2.55	1.85	2.10
	MP_{222}	5.96	10	3.95	1.28	0.97	5.92	4.92	4.41	4.93	3.74	2.33	0.44	4.70	1.19	1.16	0.94	0.93
	MP_{223}	0	0	0	10	10	0	0.24	2.60	0	0	2.21	0	0.40	9.20	10	4.26	10
	MP_{224}	0	0	0	10	10	0	1.45	1.40	0	0	3.38	0	2.82	10	10	0	10
2014	MP_{221}	8.39	10	6.26	2.56	1.88	8.19	7.79	7.78	7.96	4.90	5.17	1.32	7.81	3.16	2.56	1.90	2.16
	MP_{222}	5.96	10	3.95	1.28	0.97	5.92	4.92	4.41	4.93	3.74	2.33	0.44	4.70	1.19	1.16	0.94	0.93
	MP_{223}	0	0	0	2.03	10	0	0.08	0	1.38	0.29	0	0	0	10	1.71	10	10
	MP_{224}	0	1.63	0	4.77	10	0	1.09	0	0	0	0	0	0	10	2.09	10	10
2015	MP_{221}	8.38	10	6.21	2.59	1.91	8.22	7.74	7.77	7.95	4.90	5.15	1.33	7.81	3.19	2.58	1.92	2.19
	MP_{222}	5.96	10	3.94	1.28	0.98	5.91	4.92	4.41	4.92	3.75	2.34	0.44	4.70	1.19	1.16	0.94	0.94
	MP_{223}	0	0	0	4.75	7.71	1.52	0	0	0	0.03	0	2.95	0	4.41	2.83	7.08	5.77
	MP_{224}	1.61	0	0	0	10	0	0	0.88	0	8.19	8.88	0	2.30	1.60	3.60	0	10

续表

年份	地区	济南	青岛	淄博	枣庄	东营	烟台	潍坊	济宁	泰安	威海	日照	莱芜	临沂	德州	聊城	滨州	菏泽
2016	MP_{221}	8.37	10	6.19	2.59	1.91	8.20	7.73	7.76	7.93	4.91	5.15	1.32	7.84	3.19	2.60	1.92	2.21
	MP_{222}	5.96	10	3.94	1.28	0.98	5.91	4.92	4.40	4.92	3.76	2.34	0.44	4.72	1.19	1.16	0.94	0.94
	MP_{223}	0	0	0	1.62	1.60	0	0	0	0	1.47	0.27	0	2.05	0.88	4.99	0	6.25
	MP_{224}	0.48	0	0.58	2.07	10	0	1.11	0	0	3.83	1.20	0	7.04	3.60	4.19	4.69	9.43
2017	MP_{221}	8.36	10	6.16	2.60	1.92	8.18	7.81	7.76	7.91	4.92	5.16	1.31	7.82	3.20	2.62	1.95	2.26
	MP_{222}	5.96	10	3.92	1.28	0.99	5.93	4.92	4.40	4.92	3.77	2.35	0.43	4.72	1.18	1.17	0.94	0.94
	MP_{223}	0	0	0	1.48	2.99	0	5.18	0.35	0	0.65	0.09	0	0	0.65	3.95	8.23	10
	MP_{224}	0	0	0	2.65	9.97	4.88	0.54	0	0.51	5.42	8.95	0	2.52	0	8.98	4.08	3.49
2018	MP_{221}	8.32	10	6.12	2.59	1.92	8.29	7.88	7.66	7.88	4.84	5.12	1.28	7.82	3.20	2.59	1.91	2.23
	MP_{222}	6.31	9.88	3.94	1.30	1.07	5.88	4.93	4.36	4.73	3.58	2.20	0.42	4.76	1.19	1.19	0.95	1.11
	MP_{223}	0	10	0	0	0	6.64	4.84	0	0	0	0	0	0	0.33	0	0	0
	MP_{224}	10	0	7.49	10	10	0	4.44	0	0	0	0	0	10	10	10	10	10

表 10－22　　2008 年与 2018 年各地市国内市场份额绩效差值分析

地区	济南	青岛	淄博	枣庄	东营	烟台	潍坊	济宁	泰安	威海	日照	莱芜	临沂	德州	聊城	滨州	菏泽
MP_{221}（2018－2008）	－0.28	0	－0.05	0.31	0.32	－0.48	0.89	－0.04	0.97	－1.09	－0.31	－0.07	0.22	0.75	0.18	0.34	0.75
MP_{222}（2018－2008）	0.1	－0.12	0.18	0.21	0.23	－0.48	0.58	－0.08	0.58	－0.94	－0.18	0.03	0.38	0.32	0.16	0.16	0.51
MP_{223}（2018－2008）	0	10	－10	－10	－10	6.64	－5.16	0	－10	0	－0.4	0	－10	－9.67	0	－10	－10
MP_{224}（2018－2008）	10	0	－2.51	0	0	－10	－5.56	0	－10	0	－2.02	－10	0	0	10	0	0

份额绩效均有不同程度的下降。济南和莱芜国内游客市场份额绩效虽然下降了（与2008年比较，2018年两个城市分别下降了0.28和0.07），但是国内旅游收入市场份额绩效增加了（两个城市分别增加了0.1和0.03）。青岛国内游客市场份额绩效持平，但是2018年国内旅游收入市场份额绩效比2008年减少了0.12。

（2）在国内游客市场份额增长率绩效（MP_{223}）和国内旅游收入市场份额增长率绩效（MP_{224}）方面。2018年与2008年对比，青岛、烟台在国内游客市场份额增长率绩效方面有了较大的增长（两个城市分别增加了10和6.64），但是在国内旅游收入市场份额增长率绩效方面增加并不理想，青岛与2008年全年持平，烟台从10下降到零。济南和聊城在国内旅游收入市场份额增长率绩效方面有了较大大的增长（两个城市都分别增加了10），但是在国内游客市场份额增长率绩效方面增加并不理想，两个城市与2008年基本持平，变化不大。其他城市，例如淄博、枣庄、东营、潍坊、济宁、泰安、威海、日照、莱芜、德州、滨州和菏泽等则在国内游客市场份额增长率绩效和国内旅游收入市场份额增长率绩效方面均不理想，与2008年比较，2018年增长率均为负值或者为零。

2. 横向比较

下面以2018年的数据为例进行对比（见图10－13、图10－14）。

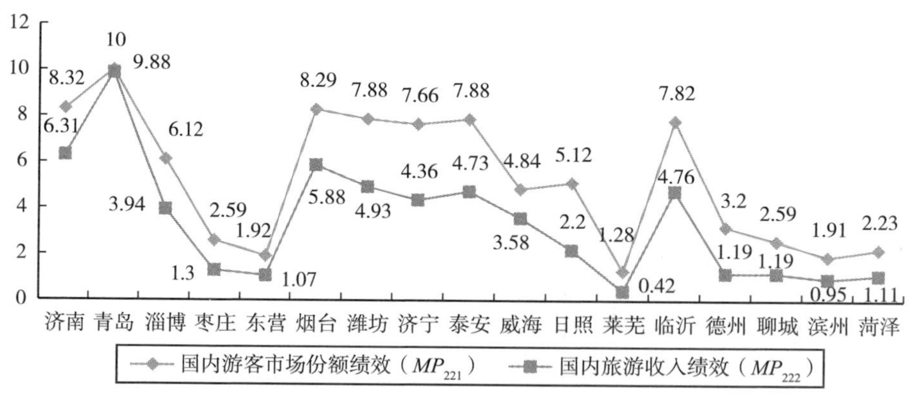

图10－13　2018年各地市国内游客市场份额绩效和国内旅游收入市场份额绩效比较

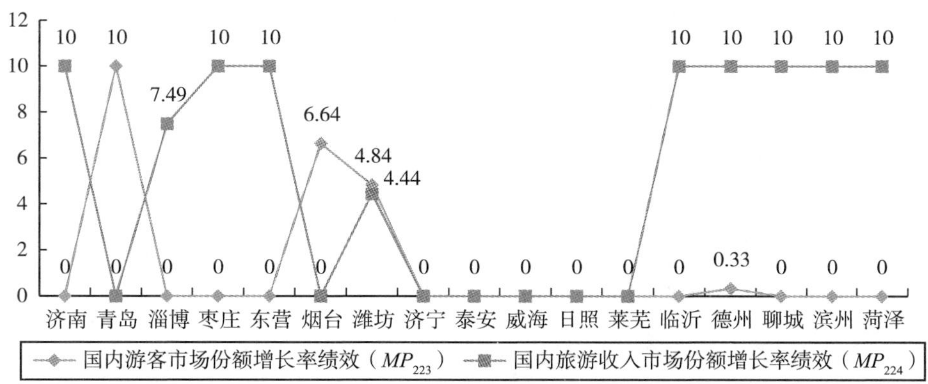

图 10－14　2018 年各地市国内游客市场份额增长率绩效和国内旅游收入市场份额增长率绩效比较

（1）国内游客市场份额绩效（MP_{221}）和国内旅游收入市场份额绩效（MP_{222}）方面（见图 10－13）。数据显示，各地市中绩效最好的是青岛，两项指标绩效在 17 个地市中最大（分别为 10 和 9.88）。排在第二和第三的分别是济南和烟台，国内游客市场份额绩效在 8～9 之间（分别是 8.32 和 8.29）；国内旅游收入市场份额绩效在 5～7 之间（分别是 6.31 和 5.88）。排在第四到第七的依次是潍坊、泰安、临沂和济宁，国内游客市场份额绩效在 7～8 之间（分别是 7.88、7.88、7.82 和 7.66），国内旅游收入市场份额绩效在 4～5 之间（分别是 4.93、4.73、4.76 和 4.36）。排在第八到第十位的是淄博、日照和威海，国内游客收入市场份额绩效在 4～7 之间（分别是 6.12、5.12 和 4.84），国内旅游收入市场份额绩效在 2～4 之间（分别是 3.94、2.2 和 3.58）。排在第十一到第十七位的是德州、枣庄、聊城、菏泽、东营、滨州和莱芜，国内游客收入市场份额绩效在 1～4 之间（分别是 3.2、2.59、2.59、2.23、1.92、1.91 和 1.28），国内旅游收入市场份额绩效在 0～2 之间（分别是 1.19、1.3、1.19、1.11、1.07、0.95 和 0.42）。总体上看，17 个地市国内旅游收入市场份额绩效低于国内游客市场份额绩效。

（2）国内游客市场份额增长率绩效（MP_{223}）和国内旅游收入市场份额增长率绩效（MP_{224}）方面（见图 10－14）。数据显示，各地市在这两项指标上的绩效差异很大。这些城市大体上可以分为三类。第一类，是实现了国内游客市场份额效和国内旅游收入市场份额增长率绩效均为正值的地市。有两个城市，是潍坊（两项绩效指数分别为 4.84 和 4.44）和德州（两项绩效指数分别为 0.33 和 10）。第二类，虽然国内游客市场份额增长率绩效为零，但是国内旅游收入市场份额增长率绩效为正值的地市，包括济南、淄博、枣庄、东营、临沂、聊城、滨州和菏泽。第三类，是实现了国内游客市场份额绩效为正值，但是国内旅游收入市场份额增长率绩效为零的地市，包括青岛、烟台。第四类，国内游客市场份额绩效和国内旅游收入市场份额增长率绩效均为零的城市，包括济宁、泰安、威海、日照、莱芜。

（三）市场份额综合绩效指数

根据以上数据，进一步计算市场份额的国外市场绩效、市场份额的国内市场绩效（见表 10－23）。为了便于描述，表格中 MP_{21}、MP_{22} 分别代表市场份额的国外市场绩效、市场份额的国内市场绩效；MP_2 代表市场份额绩效指数。

从表 10－23 中的数据可以看出，各地市市场份额绩效在 2008～2018 年期间存在不同程度的波动，但是大部分城市总体呈现下降趋势。仅有济南和青岛出现了上升趋势，例如，济南市场份额绩效从 2008 年的 4.38 上升到 2018 年的 4.65；青岛国内市场份额绩效从 2008 年的 4.71 上升到 2018 年的 7.74。

从影响市场份额绩效的因素来看，主要原因是国外市场份额绩效指数较低。以 2018 年的数据为例（见图 10－15），在国外市场方面，青岛的国外市场份额绩效较高，占了绝对的优势（绩效为 8.77）；排在第二的滨州国外市场绩效指数仅为 5.26，与青岛相差了 3.51。而其他地市在这一项中绩效指数则更低，大部分在 0～3 之间。从国内市场份额绩效来看，最高的也是青岛，为 6.95；排在第二的是济南，为 6.28；排在第三位的是临沂，为 5.76；其他城市大部分在 0～5 之间。

表 10-23　　2008~2018 年各地市市场份额绩效（归一化处理）

年份	地区	济南	青岛	淄博	枣庄	东营	烟台	潍坊	济宁	泰安	威海	日照	莱芜	临沂	德州	聊城	滨州	菏泽
2008	MP_{21}	5.80	4.87	5.68	5.18	5.28	7.76	5.94	6.06	6.27	6.74	5.85	5.15	5.58	5.27	3.70	5.21	5.16
	MP_{22}	3.28	4.58	7.59	6.14	5.94	6.38	7.90	2.63	7.83	2.33	2.36	3.38	8.02	6.11	0.73	5.93	5.86
	MP_2	4.38	4.71	6.76	5.72	5.65	6.98	7.05	4.12	7.15	4.24	3.87	4.14	6.96	5.74	2.02	5.62	5.55
2009	MP_{21}	0.90	5.87	4.03	3.50	5.30	2.43	6.13	6.29	5.71	1.54	3.53	0.99	2.87	5.30	3.77	5.22	2.45
	MP_{22}	5.72	4.58	7.67	6.16	3.89	3.29	7.98	2.60	7.96	2.26	2.14	3.58	5.75	3.43	0.69	5.95	5.90
	MP_2	3.62	5.14	6.09	5.00	4.50	2.92	7.17	4.21	6.98	1.95	2.74	2.45	4.50	4.24	2.03	5.63	4.40
2010	MP_{21}	3.07	4.52	5.84	5.22	5.32	2.42	6.21	3.96	3.67	1.51	1.29	5.15	5.68	4.45	5.26	1.09	2.05
	MP_{22}	3.26	4.58	7.75	6.20	5.96	3.21	8.10	5.60	8.16	2.13	1.59	3.38	8.12	5.79	0.69	5.97	5.93
	MP_2	3.17	4.55	6.92	5.77	5.68	2.87	7.28	4.89	6.21	1.86	1.46	4.15	7.06	5.21	2.67	3.85	4.25
2011	MP_{21}	5.55	4.30	5.00	2.55	5.34	4.52	6.11	2.05	2.57	1.45	2.06	5.16	2.94	0.74	5.28	2.52	1.32
	MP_{22}	3.24	4.58	6.02	5.70	5.97	3.19	8.19	7.61	8.24	2.00	4.89	4.29	6.79	6.18	5.85	5.99	5.95
	MP_2	4.24	4.46	5.58	4.33	5.70	3.77	7.29	5.20	5.78	1.76	3.66	4.67	5.12	3.82	5.60	4.48	3.94
2012	MP_{21}	0.96	5.98	0.83	2.52	5.36	2.21	6.38	1.12	4.29	1.79	3.69	5.16	5.75	0.17	5.30	5.24	4.58
	MP_{22}	3.23	4.58	2.29	5.76	5.98	3.14	6.10	2.63	5.73	1.93	1.66	3.39	5.75	6.29	6.19	6.01	6.03
	MP_2	2.24	5.19	1.66	4.35	5.71	2.74	6.22	1.98	5.10	1.87	2.54	4.16	5.75	3.63	5.80	5.68	5.40
2013	MP_{21}	1.79	6.08	0.72	0.08	2.84	4.21	1.26	1.08	1.35	1.82	0.85	0.03	0.61	0.17	0.74	0.44	0.45
	MP_{22}	3.19	4.58	2.25	6.24	6.02	3.13	3.28	3.69	2.81	1.92	3.14	0.37	3.68	6.12	6.21	1.62	6.06
	MP_2	2.58	5.23	1.58	3.57	4.64	3.60	2.40	2.56	2.18	1.88	2.15	0.22	2.35	3.54	3.83	1.11	3.62

续表

年份	地区	济南	青岛	淄博	枣庄	东营	烟台	潍坊	济宁	泰安	威海	日照	莱芜	临沂	德州	聊城	滨州	菏泽
2014	MP_{21}	5.71	8.69	0.62	2.52	4.33	5.75	1.21	0.93	1.31	4.01	2.18	0.02	0.60	0.06	3.35	1.73	1.70
	MP_{22}	3.18	5.07	2.23	2.75	6.03	3.13	3.13	2.64	3.15	2.00	1.59	0.36	2.72	6.33	1.83	6.03	6.07
	MP_2	4.28	6.64	1.53	2.65	5.29	4.27	2.30	1.90	2.35	2.87	1.84	0.22	1.80	3.61	2.49	4.16	4.17
2015	MP_{21}	2.64	6.98	0.60	2.36	0.24	4.38	1.18	2.26	1.28	1.48	0.78	0.02	0.57	0.05	0.16	1.83	3.50
	MP_{22}	3.66	4.58	2.22	1.97	5.49	3.50	2.77	2.90	2.81	4.41	4.27	1.07	3.42	2.45	2.56	2.31	5.07
	MP_2	3.22	5.62	1.52	2.14	3.21	3.88	2.08	2.63	2.15	3.14	2.76	0.62	2.18	1.41	1.52	2.10	4.39
2016	MP_{21}	1.47	5.28	0.58	3.96	0.24	3.35	1.15	1.91	1.26	2.35	0.78	4.99	0.56	0.05	0.71	1.04	5.03
	MP_{22}	3.32	4.58	2.39	1.84	4.02	3.13	3.11	2.63	2.81	3.44	2.02	0.36	5.35	2.21	3.26	2.03	5.01
	MP_2	2.52	4.88	1.61	2.76	2.38	3.22	2.26	2.32	2.14	2.97	1.48	2.37	3.27	1.27	2.15	1.60	5.02
2017	MP_{21}	4.48	5.27	1.35	0.07	1.23	4.33	2.95	1.04	1.53	1.47	0.74	1.64	0.82	1.18	0.16	3.67	1.97
	MP_{22}	3.17	4.58	2.21	1.98	4.35	4.60	4.19	2.72	2.96	3.73	4.32	0.36	3.49	1.07	4.46	3.82	4.13
	MP_2	3.74	4.88	1.84	1.16	3.00	4.48	3.65	1.99	2.34	2.75	2.76	0.91	2.33	1.12	2.59	3.76	3.19
2018	MP_{21}	2.53	8.77	0.58	1.03	0.22	2.44	1.92	0.85	1.19	1.43	0.71	0.03	0.54	2.47	0.91	5.26	2.45
	MP_{22}	6.28	6.95	4.47	3.85	3.67	4.73	5.30	2.60	2.75	1.87	1.54	0.35	5.76	4.01	3.82	3.63	3.73
	MP_2	4.65	7.74	2.78	2.63	2.17	3.74	3.83	1.84	2.07	1.68	1.18	0.21	3.50	3.34	2.56	4.34	3.18

注：绩效等级分类见第八章，其中0~2表示“非常差”，2~4表示“较差”，4~6表示“中等”，6~8表示“良好”，8~10表示“优秀”。

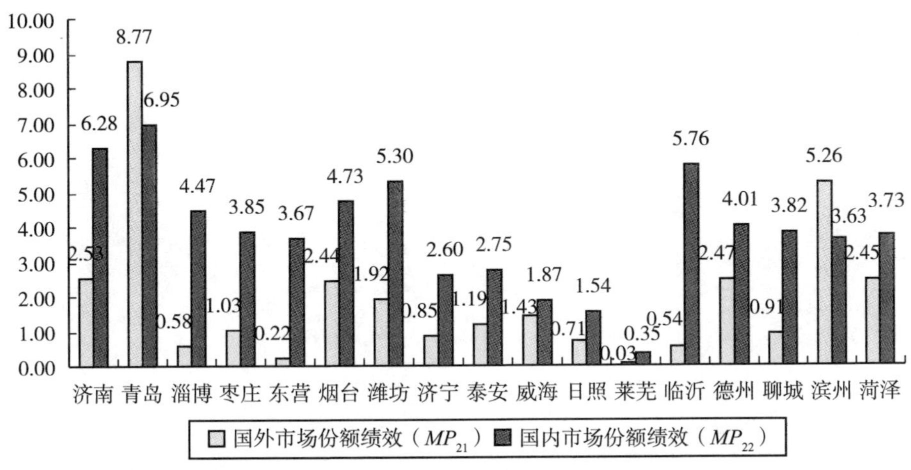

图 10－15　2018 年各地市国内市场份额绩效与国外市场份额绩效对比

六、各地市旅游市场综合绩效指数

根据以上数据，进一步计算各地市的市场综合绩效指数（见表 10－24）。为了便于描述，表格中 MP_1 和 MP_2 分别代表市场总量绩效指数和市场份额绩效指数，*MP* 代表市场综合绩效指数。

（一）纵向比较

从表 10－24 中的数据可以看出，各地市在 2008～2018 年间市场综合绩效出现不同程度的波动可分为三类情况（见表 10－25）。

第一类，总体上属于上升趋势的地市。2008～2018 年间，总体上属于不断上升的是济南和青岛，不同年份虽然有不同程度的波动，但是总体上处于上升趋势，2018 年绩效均比 2008 年有不同程度的上升。其中，青岛上升幅度最快，市场综合绩效从 2008 年的 4.1 上升到 2018 年的 8.6，上升了 4.5。此外，济南市场综合绩效也从 2008 年的 5.1 上升到 2018 年的 5.8，上升了 0.7。

第二类，总体上属于呈现倒“U”形变化的地市。聊城市场综合绩效从 2008 年到 2018 年出现不同年份的上下波动，2008～2012 年上升到最大值，从 2013 年开始有逐渐下降到 2008 年的绩效，呈现倒“U”形，2018 年与 2008 年比较基本变化不大。

表 10－24　　2008～2018 年各地市旅游市场综合绩效指数（归一化处理）

年份	地区	济南	青岛	淄博	枣庄	东营	烟台	潍坊	济宁	泰安	威海	日照	莱芜	临沂	德州	聊城	滨州	菏泽
2008	MP_1	5.86	3.43	5.76	5.43	5.42	6.34	5.86	5.91	5.91	5.90	5.72	5.37	5.80	5.45	4.87	5.40	5.38
	MP_2	4.38	4.71	6.76	5.72	5.65	6.98	7.05	4.12	7.15	4.24	3.87	4.14	6.96	5.74	2.02	5.62	5.55
	MP	5.1	4.1	6.3	5.6	5.5	6.7	6.5	5.0	6.5	5.0	4.8	4.7	6.4	5.6	3.4	5.5	5.5
2009	MP_1	6.15	7.42	5.88	5.46	5.45	6.52	6.04	6.09	6.11	6.11	5.83	5.38	5.92	5.48	5.47	5.43	5.41
	MP_2	3.62	5.14	6.09	5.00	4.50	2.92	7.17	4.21	6.98	1.95	2.74	2.45	4.50	4.24	2.03	5.63	4.40
	MP	4.8	6.2	6.0	5.2	5.0	4.7	6.6	5.1	6.6	4.0	4.2	3.9	5.2	4.8	3.7	5.5	4.9
2010	MP_1	6.33	7.53	6.06	5.51	5.48	6.75	6.24	6.29	6.33	6.24	5.93	5.40	6.10	5.53	5.51	5.46	5.43
	MP_2	3.17	4.55	6.92	5.77	5.68	2.87	7.28	4.89	6.21	1.86	1.46	4.15	7.06	5.21	2.67	3.85	4.25
	MP	4.7	6.0	6.5	5.6	5.6	4.8	6.8	5.6	6.3	4.0	3.6	4.8	6.6	5.4	4.0	4.6	4.8
2011	MP_1	6.55	8.10	6.23	5.56	5.53	7.05	6.49	5.67	6.56	6.36	6.06	5.42	6.27	5.59	5.56	5.50	4.72
	MP_2	4.24	4.46	5.58	4.33	5.70	3.77	7.29	5.20	5.78	1.76	3.66	4.67	5.12	3.82	5.60	4.48	3.94
	MP	5.4	6.2	5.9	4.9	5.6	5.4	6.9	5.4	6.2	4.0	4.8	5.0	5.7	4.7	5.6	5.0	4.3
2012	MP_1	6.75	8.52	6.36	5.53	5.58	5.16	6.72	5.81	6.78	6.51	6.18	5.44	6.46	4.49	5.63	5.55	5.52
	MP_2	2.24	5.19	1.66	4.35	5.71	2.74	6.22	1.98	5.10	1.87	2.54	4.16	5.75	3.63	5.80	5.68	5.40
	MP	4.4	6.8	3.9	4.9	5.7	3.9	6.5	3.8	5.9	4.1	4.3	4.8	6.1	4.0	5.7	5.6	5.5
2013	MP_1	4.23	6.11	3.62	3.30	3.83	4.85	4.37	4.31	4.35	4.03	3.83	2.98	4.12	3.36	3.32	3.22	3.22
	MP_2	2.58	5.23	1.58	3.57	4.64	3.60	2.40	2.56	2.18	1.88	2.15	0.22	2.35	3.54	3.83	1.11	3.62
	MP	3.4	5.7	2.6	3.4	4.2	4.2	3.4	3.4	3.2	2.9	3.0	1.6	3.2	3.5	3.6	2.1	3.4

续表

年份	地区	济南	青岛	淄博	枣庄	东营	烟台	潍坊	济宁	泰安	威海	日照	莱芜	临沂	德州	聊城	滨州	菏泽
2014	MP_1	5.69	7.06	3.45	3.63	4.24	5.69	4.16	3.96	4.23	4.37	3.80	2.45	3.83	3.37	3.64	3.40	3.67
	MP_2	4.28	6.64	1.53	2.65	5.29	4.27	2.30	1.90	2.35	2.87	1.84	0.22	1.80	3.61	2.49	4.16	4.17
	MP	5.0	6.8	2.5	3.1	4.8	5.0	3.2	2.9	3.3	3.6	2.8	1.3	2.8	3.5	3.0	3.8	3.9
2015	MP_1	6.18	8.37	3.89	4.08	3.80	6.79	4.66	5.80	4.95	4.90	3.56	3.30	4.04	3.04	3.48	4.81	5.24
	MP_2	3.22	5.62	1.52	2.14	3.21	3.88	2.08	2.63	2.15	3.14	2.76	0.62	2.18	1.41	1.52	2.10	4.39
	MP	4.7	7.0	2.7	3.1	3.5	5.3	3.3	4.2	3.5	4.0	3.1	1.9	3.1	2.2	2.5	3.4	4.8
2016	MP_1	6.10	8.29	4.70	5.27	3.78	6.78	5.26	5.75	5.38	5.79	4.84	4.71	5.15	3.36	4.58	4.51	5.31
	MP_2	2.52	4.88	1.61	2.76	2.38	3.22	2.26	2.32	2.14	2.97	1.48	2.37	3.27	1.27	2.15	1.60	5.02
	MP	4.3	6.5	3.1	4.0	3.1	4.9	3.7	4.0	3.7	4.3	3.1	3.5	4.2	2.3	3.3	3.0	5.2
2017	MP_1	6.80	8.05	5.01	3.43	4.30	6.84	5.84	5.03	5.22	4.74	3.99	3.93	4.91	4.08	3.36	5.10	4.52
	MP_2	3.74	4.88	1.84	1.16	3.00	4.48	3.65	1.99	2.34	2.75	2.76	0.91	2.33	1.12	2.59	3.76	3.19
	MP	5.2	6.4	3.4	2.3	3.6	5.6	4.7	3.5	3.7	3.7	3.4	2.4	3.6	2.6	3.0	4.4	3.8
2018	MP_1	7.09	9.58	5.07	4.25	3.79	6.27	6.22	4.53	4.70	4.28	3.42	2.36	5.66	4.49	4.38	5.34	4.28
	MP_2	4.65	7.74	2.78	2.63	2.17	3.74	3.83	1.84	2.07	1.68	1.18	0.21	3.50	3.34	2.56	4.34	3.18
	MP	5.8	8.6	3.9	3.4	3.0	5.0	5.0	3.1	3.3	2.9	2.3	1.3	4.5	3.9	3.4	4.8	3.7
$MP_{(2018-2008)}$		0.7	4.5	-2.4	-2.2	-2.6	-1.7	-1.5	-1.8	-3.2	-2.1	-2.5	-3.5	-1.9	-1.7	0.0	-0.7	-1.8

注：绩效等级分类见第八章，其中0~2表示"非常差"，2~4表示"较差"，4~6表示"中等"，6~8表示"良好"，8~10表示"优秀"。$MP_{(2018-2008)}$代表2018年与2008年市场综合绩效的差值。

表 10-25 基于市场绩效纵向变化的城市划分

项目	基于市场绩效的城市划分		
	持续发展型城市	倒“U”形持平型城市	总体下降型城市
城市	青岛、济南	聊城	莱芜、泰安、东营、日照、淄博、枣庄、威海、烟台、潍坊、济宁、临沂、德州、菏泽、滨州
特征	市场绩效总体上属于上升趋势	市场绩效总体先上升，后下降，整体变化不大	市场绩效总体上属于下降的趋势

第三类，总体上属于下降趋势的地市。除了以上三个城市外，其他 14 个城市的市场综合绩效均出现不同程度的下降。其中，下降幅度在 3 分以上的城市有两个，莱芜和泰安。2008～2018 年间下降幅度最明显的城市是莱芜，下降了 3.5 分，其次是泰安，下降了 3.2 分。下降幅度在 2～3 之间的城市有五个，东营（下降 2.6 分）、日照（下降 2.5 分）、淄博（下降 2.4 分）、枣庄（下降 2.2 分）和威海（下降 2.1 分）。下降幅度在 1～2 之间的城市有六个，临沂（下降 1.9 分）、济宁（下降 1.8 分）、菏泽（下降 1.8 分）、烟台（下降 1.70 分）、德州（下降 1.7 分）、潍坊（下降 1.5 分）。此外，滨州下降 0.7 分。

（二）横向比较

横向对比方面，以 2018 年的数据为例进行分析（见图 10-16）。

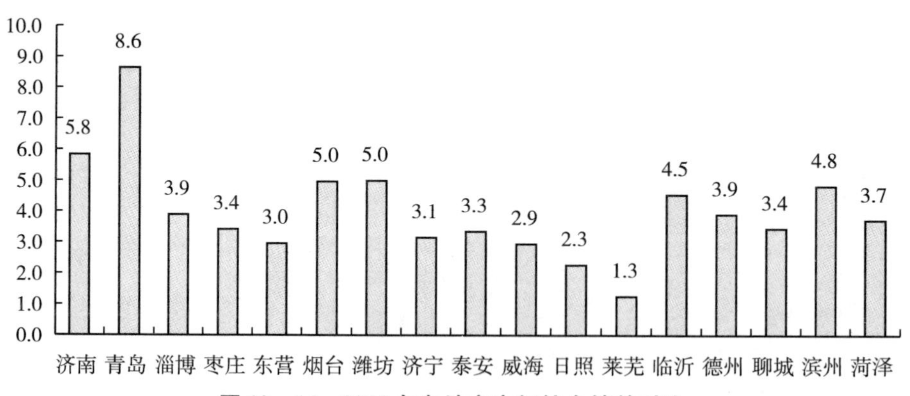

图 10-16 2018 年各地市市场综合绩效对比

根据2018年数据，基于各地市市场综合绩效的横向对比，可以将17个地市根据市场绩效综合指数进行分类（见表10－26）。

表10－26　　基于市场绩效横向对比的城市划分

项目	城市划分				
	优秀	良好	中等	较差	非常差
城市	青岛	—	济南、烟台、潍坊、滨州、临沂	淄博、德州、菏泽、枣庄、聊城、泰安、济宁、东营、威海、日照	莱芜
2018市场绩效指数	8～10	6～8	4～6	2～4	0～2

第一类，绩效为“优秀”的城市。综合绩效最好的是青岛，为8.6，绩效在8～10之间，属于“优秀”层次，并且总体市场绩效远远高于其他竞争对手。

第二类，绩效为“良好”较好的城市。绩效在6～8之间，属于“良好”层次的地市空缺。

第三类，绩效为“中等”的城市。绩效在4～6之间，属于“中等”层次的地市有以下几个：即十七地市中绩效排序在第二到第六的城市，分别是济南（5.8）、烟台和潍坊（均为5.0）、滨州（4.8）和临沂（4.5）。

第四类，绩效为“较差”的城市。绩效在2～4之间，属于“较差”层次的地市有以下几个：即十七地市中绩效排序在第七到第十六的城市，分别是淄博和德州（3.9）、菏泽（3.7）、枣庄和聊城（3.4）、泰安（3.3）、济宁（3.1）、东营（3.0）、威海（2.9）、日照（2.3）。

第五类，绩效为“非常差”的城市。绩效在0～2之间，属于“非常差”的地市有一个，是莱芜（1.3），是17个地市中绩效排序第十七位，即最后一位的城市。

第四节 结论与建议

一、结论

(一) 旅游产业的发展已经由快速增长进入缓慢发展阶段

虽然从直观的市场总量（旅游人数、旅游收入）来看，山东省 2008～2018 年处于持续增长状态，但是通过综合考虑竞争对手的情况，以及综合考虑市场总量、市场总量增长率、市场份额、市场份额增长率四个指标来看，山东省旅游产业的发展已经从过去量的快速增长进入缓慢发展时期。从山东省总体绩效指数变化趋势来看（见表 10－14），2008～2011 年市场绩效持续上升，2011 年达到最大值（$MP=7.0$），2012 开始下降，2014 年下降到最低值（$MP=3.6$），2015～2018 年逐渐缓慢上升。从总体绩效指数数值大小来看，绩效“良好”的年份是 2009～2012 年，绩效指数在 6～8 之间，绩效处在较好状态；绩效“中等”的年份，包括 2008 年、2015～2018 年，绩效在 4～6 之间，绩效处在一般状态；绩效“较差”的年份是 2013～2014 年这两年，绩效在 2～4 之间。

从“好客山东”子品牌即下属各个地市的旅游市场绩效来看（见表 10－25），除了青岛、济南属于持续发展型城市、聊城属于基本持平型城市外，其他城市市场综合绩效均处在持续下降趋势。也表明各地市依靠市场总量（旅游人数、旅游收入）的增长获得竞争优势的阶段已经成为过去。

(二) 国外市场绩效较低是影响旅游市场总体绩效的主要因素

从细分市场来看，影响旅游市场总体绩效的因素包括市场总量因素（进一步细分为国内市场、国外市场）和市场份额因素（进一步细分为国内市场、国外市场）。研究结果表明（见表 10－14），市场总量方面，除了 2009～2012 年这四年国外市场总量绩效均稍微高于国内市场总量绩效之外，2008 年以及 2013～2018 年这七年国外市场总量绩效均明显比国内市场总量绩效低，国外市场总量绩效较低是影响市场总量绩效的主要因素。研究结果也同时表明（见表 10－14），市场份额方面，除了 2011～2012 年这两年国外市场份额绩效指数大于国内市场份额绩效指数以外，其他年份（2008～2010 年，2013～2018 年）国外市场份额绩效指数均小于国内市场份额绩效指数，国外市场份额绩效较低是影响市场份额绩效的主要因素。因此，国外市场绩效较低是导致旅游市场总体绩效较低的主要因素。

（三）区域发展不平衡是“好客山东”品牌市场绩效的制约因素

一方面，区域发展实力的不平衡。17 个地市横向对比方面。以 2018 年的数据为例（见图 10－16），总体绩效最好的是青岛，为 8.6，绩效在 8～10 之间，属于“优秀”层次，并且总体市场绩效远远高于其他地市。绩效在 6～8 之间，属于“良好”层次的地市空缺。绩效在 4～6 之间，属于“中等”层次的地市有 5 个，即排在第二位到第六位的，依次是济南、烟台、潍坊、滨州和临沂。绩效在 2～4 之间，属于“较差”层次的地市有 10 个，即排在第七位到第十六位的，依次是淄博和德州、菏泽、枣庄和聊城、泰安、济宁、东营、威海、日照。绩效在 0～2 之间，属于“非常差”的地市有一个，是莱芜，排在最后一位。另一方面，区域发展的潜力不平衡。17 个地市纵向对比方面。各地市在 2008～2018 年间市场综合绩效出现不同程度的波动（见表 10－24）。分为三种情况：第一类，总体上属于上升趋势的地市是济南和青岛；第二类，总体上属于呈现倒“U”形变化的地市是聊城；第三类，总体上属于下降趋势的地市，即除了以上 3 个城市外，其他 14 个城市的市场综合绩效均出现不同程度的下降。因此，区域发展不平衡是“好客山东”品牌市场绩效的制约因素。

二、建议

（一）促进旅游产业高质量发展

改革开放 40 多年以来，山东省的旅游业迅猛发展，特别是“好客山东”品牌战略实施以来，旅游业占地区生产总值和第三产业的比重逐渐增加，成为山东省的战略性支柱产业。另外，山东省的旅游业发展也和全国总体的旅游业发展一样，40 年以来在经历了总量上的快速增长后，都面临着如何推动旅游经济由高速增长阶段转向高质量发展阶段转变的问题（魏敏等，2020）。

1. 通过文旅融合促进旅游产业高质量发展

旅游和文化密不可分（马波，2002）。文化是旅游发展的灵魂，旅游是文化发展的依托。文旅融合发展使得旅游产品具有高附加价值和强渗透能力，是旅游产业高质量发展的路径创新。通过文旅融合的思路，对于区域产业协同发展和旅游经济发展方式转变具有极其重要的推动作用。在实践过程中通过各种手段推动文旅产业的融合，促进文化创意产业的发展，可以为区域旅游经济的可持续发展提供动力（杨旦修等，2015）。

旅游产业（企业）层面：通过开发文旅融合产品，扩大市场份额，将通过提高产品附加值来满足旅游者需求视为实现利润最大化的重要途径，推动旅游产业高质量的发展。

区域层面：重视区域文旅产业融合发展，实现旅游产业质量的提高，将结构优化视作实现产业可持续发展的重要举措，推动旅游产业高质量发展。

2. 通过科技创新促进旅游产业高质量发展

旅游产业和企业层面：第一，加快利用现代科技进行创新的能力，结合自身供给能力，预测和分析市场需求，确保旅游产品从低附加值转向高附加值，旅游产品由观光型向深度体验型转变，最大限度避免旅游产品（服务）的无效供给，真正意义上实现旅游产业经济从粗放型向集约型的转型升级。第二，通过科技创新构建高质量的旅游产品和服务体系。除了大众旅游产品之外，品质化和中高端化将成为新时代旅游消费的突出特征。因此，构建高质量的旅游产品和服务体系，满足旅游者个性化、定制化的需求，实现旅游产品由观光型向度假型以及深度体验型转变，驱动旅游服务由人工型向人工与智能结合型转变，是旅游业转型升级实现高质量发展的必由之路。

区域层面：通过科技创新，实现区域之间旅游资源的共享和旅游服务要素的集合，全面整合旅游资源和公共服务，推动山东旅游由城市旅游向全域旅游转变（许峰等，2013）。具体做法上，在旅游行政管理部门支持下，加强旅游基础信息资源建设，各地市要共同构建旅游数据中心库、旅游调研和预报系统、旅游目的地营销系统、旅游产品预订系统等，通过科技创新实现区域合作（李丽娜，2014）。

（二）加强国外旅游市场绩效的提升

1. 加强旅游从业人员的外语培训

山东海外市场来源多样。以2016～2018的数据为例（见表10－27），按地区分，亚洲市场是最主要的客源市场，占国外市场的比重在70%左右。按国别分，排在前五位的国家从高到低依次是韩国、日本、美国、俄罗斯和新加坡；其中，排在第一位的韩国占外国市场的比重在45%左右，排在第二位的日本占外国市场的比重在10%左右。但是由于英语的普及性，我国传统的外语教育普遍是英语，韩语、日语、俄语人才非常缺乏，山东省旅游人才状况也是如此。这导致韩国、日本、俄罗斯等国家游客在山东旅游过程中，经常由于旅游从业人员缺乏提供相应的外语技能导致服务质量下降；甚至在遇到不满意需要投诉时，也经常因为语言不通，无法及时维护自己的权益，而不了了之。因此，政府和企业必须加大奖励和扶持力度，培养高素质的韩语、日语旅游从业人员，以便提高国外游客的满意度。

表10－27　　2016～2018年山东入境游客分布

客源地		2016年		2017年		2018年	
		人数（万人次）	比重（%）	人数（万人次）	比重（%）	人数（万人次）	比重（%）
按地区	亚洲	250.93	71.15	248.17	70.29	255.75	69.85
	欧洲	48.85	13.85	51.6	14.62	53.53	14.62
	美洲	29.65	8.41	31.4	8.90	32.39	8.85
	大洋洲	10.02	2.84	10.42	2.95	11.24	3.07
	非洲	7.80	2.21	4.93	1.40	5.61	1.53
	其他	4.25	1.21	7.01	1.99	7.10	1.94

续表

客源地		2016 年		2017 年		2018 年	
		人数（万人次）	比重（%）	人数（万人次）	比重（%）	人数（万人次）	比重（%）
按国家	韩国	168.42	47.76	160.67	45.51	164.31	44.88
	日本	37.54	10.64	39.12	11.08	40.91	11.17
	美国	21.13	5.99	22.17	6.28	21.94	5.99
	俄罗斯	10.91	3.09	12.11	3.43	13.19	3.6
	新加坡	9.94	2.82	10.29	2.91	10.88	2.97
	其他	104.70	29.7	108.68	30.79	114.88	31.39

资料来源：《山东旅游统计便览》。

2. 提升旅游地标识牌的导视功能

标识牌是旅游地传递信息的视觉服务系统，是旅游地使用功能、服务功能及游览信息的载体，是旅游地设施完善不可或缺的一部分。目前，存在的主要问题：一是很多城市的公共场所、道路标识只有中文标识牌，城市的火车站、汽车站售票窗口、公共广场等显示屏价格公告牌等并未设有外语解说；二是大部分 3A 以上旅游景区有英文标识牌，但是同时具备英语、韩语、日语标识牌的旅游景区还不普遍；三是大部分 4A 以上旅游景区同时具备英语、韩语、日语标识牌，但是翻译的语言生硬且错误较多，并未真正为外国游客提供便利；四是一些公共场所、旅游景区的道路标识信息未及时更新，也给外国游客造成困扰，影响其在目的地的旅游体验。因此，加强公共场所和旅游景区标识牌的多语种导视功能亟待解决。

3. 开发符合外国游客需求的旅游产品

首先，对外国旅游市场进行细分，韩国、日本、俄罗斯和欧美游客文化背景不同，需求也不同。各地市要根据自身的优势和客源现状，对外国旅游市场进行细分，并且在旅游产品设计上充分考虑不同客源市场的文化背景和文化差异。其次，与韩国、日本、俄罗斯和美国等主要国家的旅游城市建立友好城市，共同举办文体竞赛活动、旅游节庆和旅游文化周活动，通过体育赛事、文化交流、国际会议等途径加强山东与国外主要客源市场的友好往来和了解，提高外国游客对“好客山东”品牌的认知，提升旅游市场绩效。

（三）加强区域合作和协调发展

区域合作的目标是在“好客山东”品牌的统一战略管理框架下，建立关联紧密的城市区域合作体系（许峰，2013）。山东各地市旅游业发展不平衡，各地市发展速度不同，区域的协调发展需要政府的政策、资金、人才等各方面的大力支持，为此政府部门应制定政策鼓励各地市之间进行旅游业合作交流，促进相邻地市之间的合作，扩大山东各地市的旅游业发展规模。

1. 发挥青岛作为区域龙头的带动作用

以青岛旅游区为基础建立第一旅游经济圈，促进山东旅游业整体经济实力的提升。青岛市作为山东省滨海城市，资源品质高，旅游发展成熟，青岛啤酒节等地方性、周期性国际重大事件享誉国内外，是国际著名休闲旅游度假目的地，是实现山东旅游高质量发展的龙头城市。除了传统的旅游资源外，青岛借助2008年北京奥运会、2014年青岛世园会、2018年青岛上合组织峰会等国际性重大事件持续提高了国际影响力。自“好客山东”品牌提出以来，青岛一直保持了稳定的持续增长，2018年市场综合绩效保持“优秀”状态，远远高于山东省其他地市。因此，以青岛为龙头，通过文旅融合和科技创新加强区域合作，一是带动周边其他滨海城市的发展（例如威海、日照、烟台）的发展；二是带动周边城市的发展（例如潍坊）；三是带动山东省其他城市的发展（例如临沂、枣庄、东营、济宁、泰安等）。

2. 发挥济南作为区域城市中心的辐射作用

以济南旅游区为基础建立第二旅游经济圈，发挥其作为省会城市的辐射作用，促进山东旅游业整体经济实力的提升。济南市地处山东省中西部，资源丰富多样，是齐鲁文化的中心。自“好客山东”品牌提出以来，也一直保持了持续增长（速度比青岛慢），虽然2018年市场综合绩效处于“中等（5.8）”状态，但是通过努力进入“良好（6～8）”状态轻而易举。因此，以济南为中心，通过文旅融合和科技创新加强区域合作，一是带动山水圣人旅游城市的发展（例如泰安、济宁）；二是带动齐鲁文化其他旅游城市的发展（例如淄博、潍坊、滨州、菏泽、枣庄、德州、聊城等）。

3. 正确发挥政府在城市旅游区域合作中的作用

制度质量提升可以促进旅游经济增长，缩小地区发展差距。而政府的放任不管、不当干预或过度干预都会抑制旅游业的区域合作（刘英基等，2020）。第一，旅游业是综合性很强的产业集群，各个城市之间、各个城市内部不同产业之间彼此相互依赖性很强，各地政府首先要放弃各自为政的落后思想，通过制度安排鼓励区域合作。第二，在发展思路上不能唯 GDP 导向，片面追求项目的短期利益，而是要真正把当地旅游业整体竞争力放在第一位，通过选择好项目、整治好环境和培育文化品位，建设高质量旅游目的地，发挥旅游业在经济、社会和环境三方面的综合效益。第三，要引导各城市树立区域合作观念和可持续发展观。引导各城市树立长远发展观念，不急功近利，不盲目地迎合市场，通过与竞争对手的区域合作实现自身利益的最大化，真正做到双赢。

| 第十一章 |

“好客山东”品牌舆情管理研究

第一节 旅游地品牌舆情管理概述

一、舆情

舆情是作为主体的民众，以媒介为载体，反映现实社会这一客体的动态过程，是个人以及公众关于公共事务的情绪、态度、意愿和意见的总和（谢耘耕，2012）。这里的公共事务不只是包括行政权力执行所引起的事件，还包括各种社会公众事件。

根据上述代表性舆情定义，可以看出舆情包括以下三层含义：一是舆情是民众的认知、情感、态度和行为倾向等的总和；二是舆情大都借助一定的媒体方式集中体现；三是舆情是围绕某一事件产生的，伴随着事件的起始演变（刘毅，2006）。

二、网络舆情

（一）网络舆情的概念

舆情的传播媒介如果是网络，或者说公众是通过网络来传播舆情，则演化为网络舆情。因此，网络舆情是通过互联网传播的公众对现实生活中某些热点、焦点问题所持的具有较强影响力、倾向性的言论或观点（陶建杰，2007）。

（二）网络舆情的特点

1. 直接性

针对某一社会事件，公众可通过微博、论坛、博客等网络社交软件即时发表自己的观点，有关这些事件的陈述和观点发布在网络上之后，经由网民的不断转发、评论，借助网络强大的病毒式传播功能迅速传播和蔓延，形成网络舆论。网络改变了舆情传播的方式和手段，使信息的传播更加迅速，具有直接性，有时甚至令有关监管部门束手无措。

2. 突发性

网络能够冲破时空的界限，使某一事件在很短时间内在网络上得到迅速的传播，同时网络还具有便捷性的特征，使得网民能够随时随地发表观点和评论，这导致事件的发展态势变化莫测，具有突发性。网络事件的突发性使得网民一时之间难以做出正确的判断，事态的发展方向也难以把握（王芳，2010）。

3. 隐匿性

网络的便捷性、高效率以及低成本，打破了政府对于大众媒体的垄断。网络的虚拟性使得网民可以隐藏身份在网络上随意发表自己的观点，宣泄个人情绪。信息传播的主体可以是个人也可以是群体，他们可以从自身的利益角度出发随意发表信息。在网络上，网民不受身份、性别、种族的制约，任何个人或者群体都可以隐藏身份通过网络传播信息，发起讨论，因此网络舆情具有隐匿性（张岩松等，2012）。

4. 偏差性

网络舆情是网络社交中最活跃的一部分。尤其是针对某些娱乐事件，以及一些针对当今社会现象比较敏感的现象，网民大都发表自己的不同观点。但是，网络舆情也只是部分人的观点，并不具有唯一性和权威性。尤其是网络的虚拟性和隐蔽性使得网民隐蔽身份随意发表观点，仿佛无论发表怎样的观点都不会受到现实的惩罚。更有甚者，为了引导舆论导向，通过“网络水军”操控评论，使得网络信息在传播中具有一定的偏差性，从而误导公众。

5. 多元化

网络的虚构性和开放性为公众提供了一个发泄情绪，抒发情感的新平台，也为收集真实的舆论信息提供了方便。网络平台具有虚拟性、开放性和隐藏性的特点，网民可以随意发表自己的观点，同时不会受到现实的道德舆论制约，这使得网络舆情信息在传播时呈现五花八门、多元化的特点。例如，网络上既有积极向上的舆情，同时也有消极灰色令人消沉的舆情，甚至还有违法犯罪、危害未成年人的色情舆情等。

（三）网络舆情的要素

1. 网络

网络是网络舆情产生的重要载体，也为舆情的传播与发展提供各种可能。事件在网络上发表是产生网络舆情的前提，网络的便捷性、公开性等特点也为舆情的实时掌控提供方便。

2. 主客体

网络参与主体包括每一个通过网络直接或者间接影响政府决策和行为导向的个人或者组织，客体主要包括引起关注的社会事件，社会现象和社会管理者等要素。

3. 网络载体

针对传统的口授相传的信息传播方式，在信息化时代，信息传播方式更加丰富，传播载体呈现多样化趋势，微信、微博、博客、论坛、QQ 等网络载体都可以是网络舆情的传播工具。

4. 传播互动

网络舆情的一大重要因素就是传播互动。事件在网络上，经由网民的无限次传播以及交流互动，形成一股无形的舆论力量。网民处于不同的立场各抒己见，随着交流互动的增加，舆情的传播速度更加迅速，受众面更加广阔。

5. 倾向性言论

针对网络事件，不同的网民存在不同观点。但大都是从自身利益角度出发，表达自己的主观性看法，因此带有一定的情绪性和个人色彩。由于每个人的生活经验、所处的环境、人生阅历等方面的差异，在面对同一件事情时会产生不同的观点。这些观点大都带有一定的情绪性，无形之中造成一种舆论压力。倾向性的言论也可能使事态在传播过程中违背了客观现实本身。

6. 扩散和反馈

网络的便捷性使得信息传播扩散速度迅速，同时可以得到及时反馈，缩小了舆情传播在时间和空间的差距。在舆情传播初期，网络反馈大多是分散的，到中后期倾向性舆论的出现，分散的言论凝聚在一起，形成强大的网络舆情，对事态的发展产生不容小觑的力量。

7. 影响力

网络舆情的影响力涉及很多方面。由于网民主体的主观性以及所处立场的不同，舆论可能会偏离中心，涉及其他方面。对不同方面造成的影响程度也有一定的差异，在带来正面效应的同时也可能产生消极影响。

三、旅游地网络舆情

（一）旅游地网络舆情的概念

旅游地网络舆情属于网络舆情中的一类。即旅游地网络舆情是针对旅游业内的事件或者涉及旅游的事件，民众或网络媒体在网络发表的一系列认知看法、情绪、行为倾向的总结，也称为旅游网络舆情。由于旅游业是一个综合性产业，旅游者在旅游地的消费是全方位的高层次的体验性享受，任何一项单向的旅游产品出现了问题，导致旅游者不满意，这种不满意就会产生投射效应，导致降低旅游者对目的地其他旅游产品的评价和消费，产生“100 - 1 = 0”的负面效应。因此，旅游地网络舆情可能会涉及旅游者需求的各个方面，以及在旅游活动中接触到的各个产业。也就是说，旅游地网络舆情既可以是针对某一项单独的旅游产品产生的舆论潮，也可以是针对旅游地整个旅游行程即综合的旅游产品产生的舆论潮。本书中，旅游网络舆情和旅游地网络舆情是可以通用的，会在行文中根据使用习惯采用不同的表述。

（二）旅游地网络舆情的分类

根据旅游地网络舆情反映的事件性质是属于积极的和还是消极的，可以分为两类：一是正面旅游地网络舆情，二是负面旅游地网络舆情。

其中，正面旅游地网络舆情，是指事件经过传播之后，民众或网络媒体在网络发表的一系列认知看法是正面的，是赞扬的，情绪是积极的，对旅游地以及相关组织和企业形象产生了积极性的影响的舆情。反之，负面旅游地网络舆情，是指事件经过传播之后，民众或网络媒体在网络发表的一系列认知看法是负面的，是批评的，情绪是消极的，对旅游地以及相关组织和企业形象产生了消极性的影响的舆情，也被称为旅游地网络舆情危机（曹娜，2016；王乐，2017）。

（三）旅游地网络舆情的构成

参考网络舆情的构成要素，旅游地网络舆情的构成要素包括舆情媒体、舆情主体、舆情客体和舆情本体四个方面（见图 11－1）。

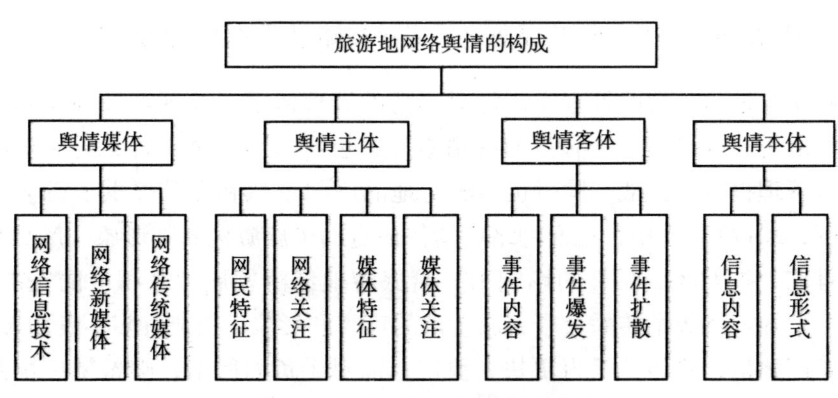

图 11－1　旅游地网络舆情的构成

资料来源：付业勤（2014）。

（四）旅游地网络舆情的传播过程

旅游地网络舆情传播与一般的舆情传播、谣言传播类似，是一个复杂的过程。旅游地网络舆情的传播网络也是一个复杂的网络，舆情传播发起者和每个接收者都是网络中的一个节点，而舆情的每一次传播都是网络中的一条边。舆情传播的主体分为舆情制造方，舆情中间人（既是舆情接收者又是舆情传播者）和舆情接收方（见图 11－2）。网络转载和复制的便利性，使得网络舆情经过传播和再传播后被不断扩散和放大，就像病毒的传播一样，会导致舆情信息在网络上迅速蔓延，形成强大的舆论中心（陈明亮等，2008）。

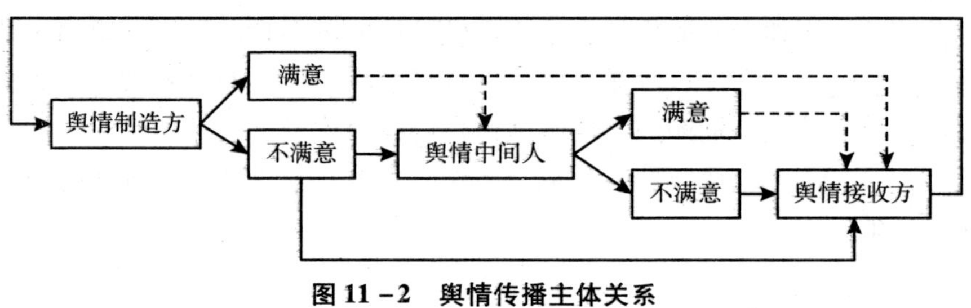

图 11－2　舆情传播主体关系

四、研究旅游地网络舆情的意义

（一）旅游网络舆情研究是旅游地品牌战略管理的重要组成部分

在旅游地品牌战略管理中，针对舆情的管理体现了管理者处理品牌重大事件的能力。网络舆情既有正面舆情事件，也有负面舆情事件，它对旅游地的品牌管理提出了挑战，同时也给旅游地品牌的塑造和提升提供了机会（杨秀侃等，2017）。其中，正面网络舆情传播有助于旅游地品牌形象、产品和服务的推广，扩大区域品牌的影响力，给旅游地经济发展带来积极的正能量；反之，负面网络舆情传播会损害旅游地的声誉和形象，造成许多不良的影响。对于正面舆情，希望传播得更快、更广；而对于负面舆情，则希望尽快停止传播（曹娜，2016）。水可载舟，亦可覆舟。为了趋利避害，旅游管理部门必须掌握旅游地网络舆情传播应对机制，有效地控制网络舆情的传播进程。旅游地网络舆情研究对于山东省各地政府部门以及下属组织和企业采取正确的舆情营销策略和危机管理策略，树立“好客山东”品牌形象，提升“好客山东”品牌价值具有重要的现实意义。

（二）大数据时代为旅游地网络舆情的研究提供了新的视角

大数据不仅仅是一种信息技术，更是一种方法论，它带来了一场全新的信息技术革命，代表着一个新时代的到来（张宁熙，2015）。

对于旅游地网络舆情管理来说，大数据环境既有劣势又有优势（裴莹，2016）。一方面，大数据加速了旅游地网络舆情的产生、发展和演化的进程，加快了旅游地网络舆情的传播速度和旅游类舆情事件的生成。尤其是在互联网发达的时代，网络上的“蝴蝶效应”更加明显。由于互联网表达大大降低了表达意见的成本，同时消息的传递变得非常的通畅和便利，通过一键转发，就可以实现信息的裂变式传播，从而迅速形成复杂、难以控制的舆论潮（乔夏阳，2013）。另一方面，大数据技术及其应用的不断成熟，又为采用大数据分析方法进行旅游地网络舆情监测分析、预警和管控等科学决策提供了有力的技术支撑（裴莹，2016）。

此外，虽然大数据分析方法在网络舆情热点挖掘和图书馆事业等方面的应用已经有所进展（蔡立辉等，2015；韩晨靖，2013；马波，2017；张寿华等，2013）；但是当前缺乏从大数据的视角，从政府部门网络强省、提升旅游地品牌战略管理角度出发，针对网络上存在的海量关于“好客山东”品牌的舆情信息进行快速的热点挖掘和分析的技术的研究。旅游地不仅需要利用大数据尽快识别负面的网络舆情，以便进行危机预警；更需要利用大数据扩大正面网络舆情的传播，实现精准营销，提升旅游者的体验，从而塑造旅游地品牌（胡抚生，2016）。

第二节　大数据时代旅游地网络舆情管理框架

一、旅游地网络舆情管理的总体思路

旅游地网络舆情主要通过网络社交媒体进行快速传播，形成舆论效应（付业勤等，2016）。互联网时代，智能手机移动技术的发展，旅游者随时随地可以通过社交媒体进行舆情的传播。旅游地网络舆情传播的社交媒体很广泛，包括论坛、博客、微博、微信、贴吧等等。“大数据”网络舆情管理的

核心价值在于快速挖掘网络信息，精准把握受众的心理需求，并进行舆情管理决策从而正确引导舆论。图 11－3 总结了大数据时代旅游地网络舆情管理的总体思路与框架。

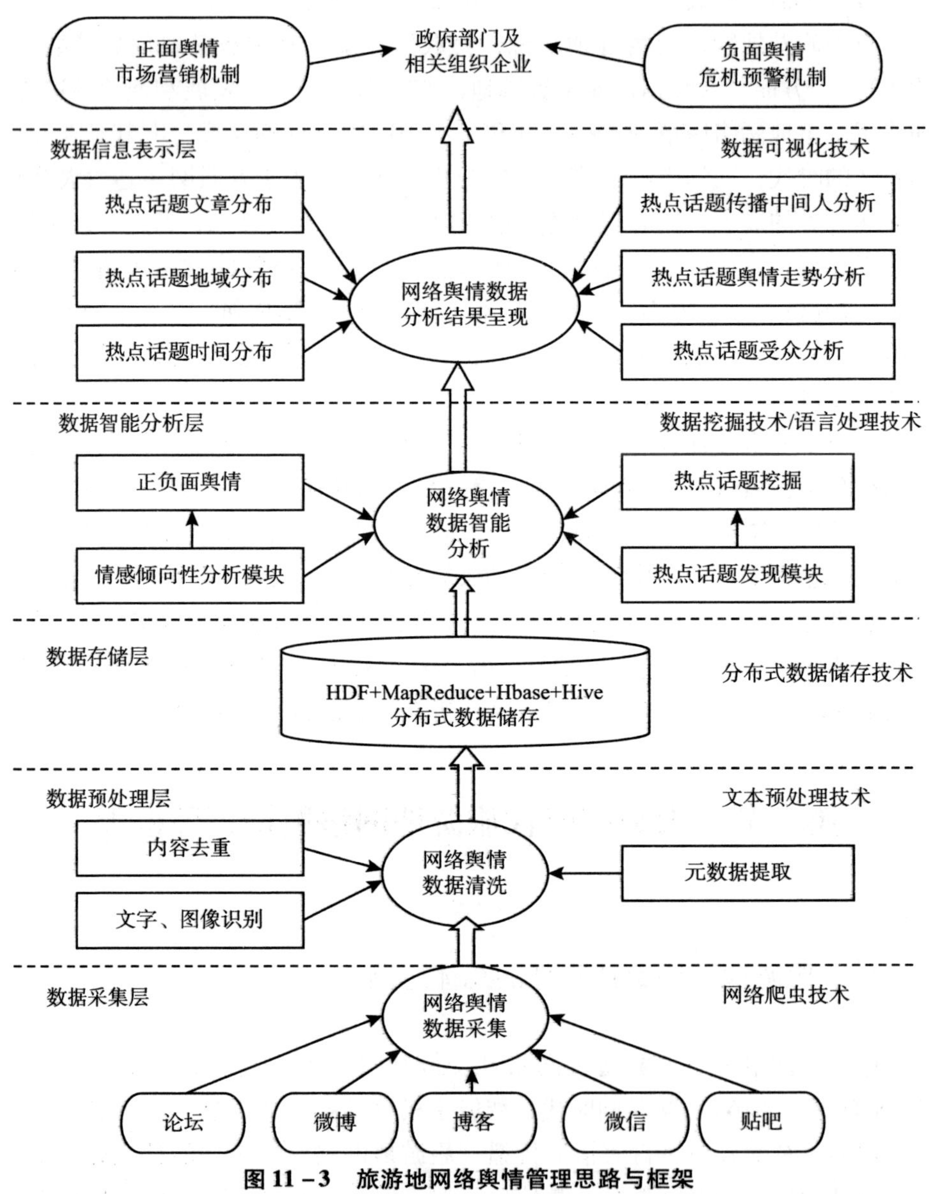

图 11－3 旅游地网络舆情管理思路与框架

二、旅游地网络舆情分析的具体方法

网络舆情热点发现是文本挖掘领域的一个新兴的研究方向。如图 11 - 3 所示，有关网络舆情热点发现的文本挖掘的研究内容一般分为网络舆情数据采集、网络舆情数据清洗、分布式数据储存、网络舆情数据智能分析、网络舆情数据分析结果呈现等过程，其中每个部分都有较为成熟的处理流程和常用算法（陈彦舟等，2013；马彦，2014；王宇，2016；王连喜等，2015；撖宏等，2018）。

（一）旅游地网络舆情的数据挖掘和处理技术

对于网络舆情的管理，数据的挖掘是第一步，其次还需要对数据进行科学的分析。根据图 11 - 3，可以采用 Hadoop 基础平台，并应用该平台底层的 HDFS（Hadoop Distributed File System）分布式文件系统和平台上层的 MapReduce 处理引擎来完成数据挖掘和分析工作。

1. 数据采集技术

目前相关的数据网络爬虫工具很多，可以使用编程方法自主实现，如使用 Python 实现，也可以使用专门的网页数据爬虫工具实现。例如，爬虫软件八爪鱼采集器可以将网页非结构化数据转换成结构化数据，以数据库或 Excel 等多种形式进行存储，方便研究者快速获取需要的网络数据。

2. 文本预处理技术

根据要求对数据进行清洗，对图像和文字进行识别和分类，去除无效信息和重复信息，提取研究需要的元数据。

3. 数据储存技术

相比传统信息处理和储存技术，大数据技术具有处理海量数据的优势，大数据处理引擎 MapReduce 是对海量网络舆情数据进行处理和储存的关键技术。

4. 数据智能分析技术

主要借助大数据技术、数据挖掘技术（分类算法、聚类算法、相似项发现法、序列模式挖掘算法）和自然语言处理技术、情感分析技术实现智能分析。

5. 数据可视化技术

采用文字表达和图表等各种形式，直观体现网络舆情信息的热点话题特征。

（二）旅游地网络舆情的数据分析技术

1. 网络舆情热点挖掘

采用热点话题发现模块，对网络舆情热点进行挖掘。一是网络舆情热点词分析和网络舆情热点文本聚类。即通过热点词和热点文本的分析，了解旅游地网络舆情关注的热点问题、热点需求和热点事件等。二是旅游地网络舆情热点传播的时空特性分析。例如对网络舆情热点传播的时间趋势、空间趋势进行分析。通过趋势分析，为管理者进行正面的网络舆情精准营销提供依据，也为管理者进行负面的网络舆情的管控提供方法和对策。三是旅游地网络舆情热点传播的受众分析。例如从人口统计特征方面，对旅游地网络舆情热点传播的受众进行分析。通过对受众的精准分析，掌握旅游地网络舆情热点传播的特点、扩散趋势、扩散路径，为管理者提供决策支持。

2. 网络舆情情感分析

网络舆情内容的情感表达以及该舆情是否引起了受众的情感共鸣是影响舆情传播速度的关键因素，也是管理者对网络舆情进行有效管理的关键。采用情感倾向性分析模块，对网络舆情热点话题进行情感分析，主要包括以下方面：一是网络舆情情感统计。主要包括提取情感词、对情感值进行计算和对情感趋势进行分析等几个方面。二是情感维度分析。针对网络舆情表达中的情感趋势和情感状态，从情感维度的角度进行分析，主要包括情感级别分析、情感反应分析、情感焦点分析、情感指向分析等几个方面。

3. 旅游地品牌建设的网络舆情决策支持研究

针对网络舆情传播热点和情感维度要素综合测定，对旅游地舆情进行分类和采取不同的策略。一是针对热点挖掘的正面网络舆情的市场营销机制。二是针对热点挖掘的负面网络舆情的危机预警机制。

第三节　大数据时代山东负面旅游网络舆情管理实证分析

近年来，我国各地负面旅游网络舆情危机频发，例如2013年的“凤凰古城收取门票事件”，2015年的“云南导游骂游客事件”和“青岛大虾事件”，

2016年的“哈尔滨天价鱼事件”和“丽江女游客被打事件”，2017年的“黑龙江雪乡事件”，等等。负面旅游网络舆情不仅使旅游者对旅游地失去信任，对旅游地品牌形象和声誉产生消极的影响，而且会进一步影响旅游者对旅游目的地的选择（沈淑蕊等，2018）。负面旅游网络舆情如果处理不当，更有可能对旅游地产生致命性的打击，可能使旅游地花费巨资和精力长期塑造的旅游品牌毁于一旦，造成不可估量的损失，因此，旅游地对此必须高度重视。负面旅游网络舆情方面，本书将以2015年“青岛大虾事件”为案例进行实证分析。

一、案例介绍

2015年10月4日晚上，从不同客源地到青岛旅游的两位游客选择了同一家餐厅用餐，在付钱时，原本38元一份的大虾变成38元一只，双方争议无果后，游客选择向相关部门投诉。但是从事件的发展过程来看，游客投诉后，相关部门并没有及时采取措施，而是各部门之间相互推诿扯皮，从而造成了事件的持续发酵，形成舆论危机。事发当天晚上，游客将此事发布在新浪微博上。10月5日青岛交通广播官方微博转发该游客的微博内容，使得此事件迅速传播。

除了众多的网民转发传播外，报纸、杂志和电视广播等官方微博也纷纷加入其中。该事件受众蔓延至全国甚至引起国外媒体的关注。到了10月9日，涉事店主被找到，游客收到退款，青岛市北区物价局通过官网公开道歉，事件得到解决。

此事件后，在一段时间内，“天价虾”事件周围的商家受到很大的影响，生意惨淡。这种负面影响甚至从餐饮业波及酒店业、景点、购物等各方面。刘文宇等（2017）对该事件在网络上引发的微博批评性话语研究发现，与“青岛（人）”“山东（人）”相关的排名前十位的词包括“垃圾”“挨宰”“丢人”“好客”“公安”“文明”“名声”“抹黑”“环境”和“取消”等。本书第六章对“好客山东”百度关注度的研究也发现，2015年10月8日“好客山东”网络关注度达到9年间（2011～2019年）的最大峰值6517次，是整体日平均值（253次）的25倍多。说明该事件在当时引起了网民高度的关注和强烈的负面情绪。该负面网络舆情事件不仅使青岛市的旅游品牌形象受到重挫，也使山东省多年塑造的“好客山东”品牌形象受到了很大的负面影响（冯瑞，2017）。

二、研究设计

网络关注度是网络舆情的晴雨表和方向标。目前，百度指数和新浪指数都有收录大量的有关网民对某一问题关注的信息记录。在“百度指数”和“新浪指数”平台以“青岛大虾事件”和“青岛大虾”作为关键词输入，结果新浪指数显示均没有收录该关键词的指数。因此，最终选择百度指数进行研究。如前所述，百度是全球最大的中文搜索引擎。通过百度指数可以发现、共享和挖掘互联网上最有价值的信息，这些信息直接、客观地反映了网络舆情的热点和网民的诉求。

在关键词选择上，目前网络上比较常用的表达有“青岛大虾事件”和“青岛天价虾事件”，根据百度网站搜索以及百度指数的搜索，大部分国内网友在日常检索中，使用更多的还是“青岛大虾事件”。因此，选择“青岛大虾事件”作为关键词进行输入。

在数据挖掘的内容上，首先对“青岛大虾事件”发生以来的舆情演化趋势数据进行挖掘；其次利用爬虫软件八爪鱼采集器从网页抓取数据。根据青岛大虾事件发生的时间，本书抓取了 2015 年 9 月 1 日到 2019 年 9 月 1 日的数据。

在数据分析方法上，主要是对采集到的数字进行频数和趋势分析，并结合各大网站、微博、主流媒体的新闻报道，以及网民在微博的发帖和网站新闻的舆情文本等进行内容分析，以归纳负面网络舆情的演化趋势。

三、基于网络关注度的旅游负面网络舆情演化特征分析

在“百度指数”以“青岛大虾事件”作为关键词输入，将获得的数据进行整理和分析。由于该事件发生在 2015 年 10 月 4 日，因此界定数据收集时间为 2015 年 9 月 1 日至 2019 年 9 月 1 日。“青岛大虾事件”的“百度指数”总体趋势如图 11 – 4 所示。

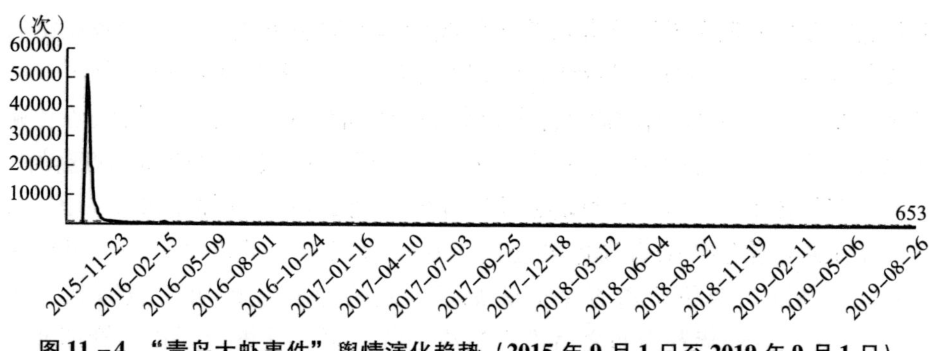

图 11－4 "青岛大虾事件"舆情演化趋势（2015 年 9 月 1 日至 2019 年 9 月 1 日）

资料来源：百度指数。

借鉴付业勤等（2014）、娄晓凤（2013）对旅游危机事件网络舆情演化机理的研究，将"青岛大虾事件"的发展演化划分为 7 个阶段，分别是孕育期、出现期、爆发期、高潮期、回落期、反复期与长尾期（见表 11－1）。

表 11－1 青岛大虾事件网络舆情的演化阶段分析 单位：次

舆情阶段划分	最低搜索值	最高搜索值	平均搜索值	持续时间
孕育期	0	0	0	很长（2015 年 10 月 4 日以前）
出现期	0	130	65	2 天（2015 年 10 月 4 日至 5 日）
爆发期	2711	31565	17138	2 天（2015 年 10 月 6 日至 7 日）
高潮期	77306	96525	89876	3 天（2015 年 10 月 8 日至 10 日）
回落期	245	54683	2888	113 天（2015 年 10 月 11 日至 2016 年 1 月 31 日）
反复期	259	1084	517	22 天（2016 年 2 月 1 日至 22 日）
长尾期	168	456	244	很长（2016 年 2 月 23 日至 2019 年 9 月 1 日）

（一）孕育期

孕育期是指事件发生前的阶段，是主观和客观条件逐渐形成的时期。在旅游地经常会出现由于经营者哄抬物价或者其他的服务质量问题导致旅游者不满意的事情。大部分旅游者因为人生地不熟，会大事化小小事化了。类似地，在本案例中的两位旅游者来青岛旅游之前，或许也有别的旅游者碰到过这种情况，他们可能选择了忍气吞声，没有将该事件传播到媒体中；或者是即使传播了，因为时间点不合适被其他的热点事件淹没了。因此，该事件在两位旅游者来青岛旅游之前就在孕育当中，只是没有一个可以爆发的客观条件。两位旅游者来到青岛后，首先是在烧烤店吃饭遇到“挨宰”，其次是与经营者沟通之后没有达成一致，再次是投诉到相关管理部门后处理不当导致旅游者不满，再加上适逢“十一”黄金周大量旅游者外出旅游的时间节点，普遍对旅游地服务质量极为关注。因此该事件通过社交媒体传播后才暴露在公众的视线当中，引起大众的广泛关注、评议和转发。因此，在事件爆发前，也就是 10 月 4 日即旅游者在微博曝光事件经过之前为孕育期。

（二）出现期

出现期是指事件发生之后，由于具有利益相关性或轰动效应等，受到媒体和网民的关注，从而引起网络舆情的阶段。特征包括：事件被网络曝光、事件被主流媒体报道、事件出现在门户网站的首页位置、事件关键词开始出现在搜索引擎和事件引起网民的转发和评论等。

如前所述，“青岛大虾事件”是在 2015 年 10 月 4 日发生的。大约晚上 8 点，从不同客源地来到青岛旅游的两位游客，在青岛某家烧烤店用餐时，各自都点了一份大虾，点餐时菜单上标价 38 元，结账时，店老板却按每只虾 38 元的价格收费，该烧烤店的价目单显示，“海捕大虾 38 元”，旁边没有标明计价方式是按“一个”还是“一份”，但在价目单的最下方，有“以上海鲜单个计价”的说明（孟亚旭，2015）。游客不满意与商家协商无果后，打电话 110 报警，起初遭遇派出所、物价局相互推诿，后经过派出所协商后，最后两人分别给了烧烤店老板 2000 元和 800 元的餐费后离开。两位游客当晚随后将自己的遭遇发到新浪微博，引起了社会的极大关注（中华新闻网，2015）。原本可以当天解决的纠纷小事，青岛职能部门却不作为。

10 月 5 日该事件的微博被网民和媒体关注。9 时 45 分，青岛交通广播官方微博转载“被宰”博主博文。在 10 月 5 日中午 12 点左右，该微博被极有影响力的头条新闻转发，此后引发了29585次转发和22633次评论（王乐，2016）。随后，全国众多主流新闻媒体官微转发博文。17时30分，“作业本”发布了长篇微博列举了青岛各处的宰客现象（王乐，2016）。但是当地的舆论监管部门和市场管理部门依然并没有及时给出妥善的回应。

图11－4的数据也显示，“青岛大虾事件”百度关注度在10月5日突破孕育期一直是零的现状，变为130。因此，2015年10月4日、5日是该舆情事件的出现期，由于事件发生时间短，还未发生广泛的扩散，媒体和网民的讨论较少，因此搜索值比较低。

（三）爆发期

爆发期是指在该事件发生后，由于未得到相关部门的回应采取有效的控制，或者是由于其他因素的叠加从而导致网络舆情危机恶化、网络关注度攀升，但还尚未达到顶点的阶段。特征包括：事件继续发酵、媒体持续关注、事件继续出现在媒体的显著位置、微博平台设置讨论话题、意见领袖介入发表意见、热帖大量出现，即由网络热议转为现实行动，通过网络和现实传播等各种方式，网民的意见出现急速爆发扩散。

从图11－4的趋势曲线和表11－1的数据看，10月6日至10月7日为爆发期。

从百度搜索值次数看，10月6日和7日分别为2711次和31565次，分别是10月5日的20.9倍和242.8倍，其增长率与10月5日比较，分别是1985%和24181%。即网民的关注度呈几何级快速爆炸式增长。因此，10月6日和7日这两天为爆发期。

从媒体和网络发表的内容看，10月6日，以《北京青年报》为代表媒体采访当事游客，深入报道事件细节；《人民日报》、央视等权威媒体开始在报纸、电视、广播等领域开设评论文章及评论栏目；微博上开始出现根据该事件编写的讽刺段子；网民和微博大佬们相继发布评论微博，以负面评价居多。10月7日，BBC网站头条、CNN以及新加坡等境外中文媒体跟进报道。同时关于“青岛大虾事件”的评论及“段子”大量出现，网民主要评论和转发由微博转移到微信公众号以及朋友圈（群）平台。

从事件爆发的原因看，除了事件发生在国庆节的假期旅游高峰时间节点之外，另一个主要原因就是职能部门处理负面网络舆情的滞后行为。10月5

日相关职能部门发现舆情危机后没有引起重视，直到10月6日上午，青岛市物价局官微、青岛市市北区政府新闻办公室官微、市北区委宣传部官微宣称，该烧烤店涉嫌误导游客消费，依据相关法律规定予以立案处理。10月6日傍晚，青岛市市北区宣传部在官微发布消息称，物价局拟对该经营者做出9万元罚款等行政处罚（王乐，2016）。然而，由于错过最佳处理时机，这些回应并没有使舆情危机得到很好的控制。

（四）高潮期

高潮期是指事件经过网络爆发发酵后，由于相关责任方回应不利或处理不当，事件经过网络在媒体议程设置下的激烈讨论，成为全社会共同关注的热点话题（付业勤等，2014）。事件特征包括：主流媒体继续进行报道和深度讨论、事件当事人被大量媒体采访和网民实际行动关注、网民意见更激烈、强负面情绪评论大量增加，以及新闻信息、网络搜索、微博发帖、转帖和热门帖子等相继达到最大值。从趋势曲线看，10月8日至10月10日为高潮期。

从百度搜索值次数看（见表11－1），10月8日、10月9日和10月10日分别为96525次、77306次和95796次，在整个舆情阶段中分别排在第一、第三和第二位。处于网络关注度的最高峰阶段。因此，10月8日至10月10日这三天为高潮期。

从媒体和网络发表的内容看，10月8日，《人民日报》发表评论性文章，网易、新浪等多家媒体转载人民网评论。凤凰网10月8日和9日连续发布两篇报道，分别就青岛官方针对涉事经营者采取的惩罚措施和游客采取的补救措施进行持续报道（凤凰网，2015a，2015b）；其他众多新闻媒体也报道了事件处理进展及结果。网民对该事件评价仍然以负面为主。

同时，由于前期管理部门对事件的处理不当导致舆情持续发展达到高潮，事件引起当地政府的高度重视，开始进行危机公关和处理，为后续舆情的回落期打下基础。10月7日，青岛市委书记作出批示，市长立即召集负责人和有关部门研究采取措施。10月8日，青岛市市长主持召开全市旅游工作会议，依法打击各类扰乱市场秩序的违法违规行为；同时民警和物价局人员通过《京华时报》向公众公布处理流程。此外，10月8日，中消协就“青岛大虾事件”发声，希望政府有关部门对不法经营者采取零容忍态度，依法严厉处罚。10月9日，涉事经营者被找到；游客收到退款；同时青岛市北区物价局一名工作人员通过官方网络向游客及其家人表示公开道歉。

10月4日至10月10日这七天的时间虽然短暂，但是“青岛大虾事件”的网络舆情却经历了从无到有，从孕育到高潮的快速发展阶段。

（五）回落期

回落期是指由于该事件得到了有效的处理、舆情得到应对，从而导致不满情绪得到缓解，相应的新闻素材以及相关帖子的转发减少，网民对该事件的关注度明显衰退的阶段（付业勤等，2014）。事件特征包括：网民对事件关注度减弱，新闻信息和发帖开始逐渐下降，网络搜索值也相应下降，网络关注度曲线开始逐渐降到较低的值或者恢复到事件之前的发展水平。从趋势曲线看，2015年10月11日至2016年1月31日为回落期（见图11－5）。

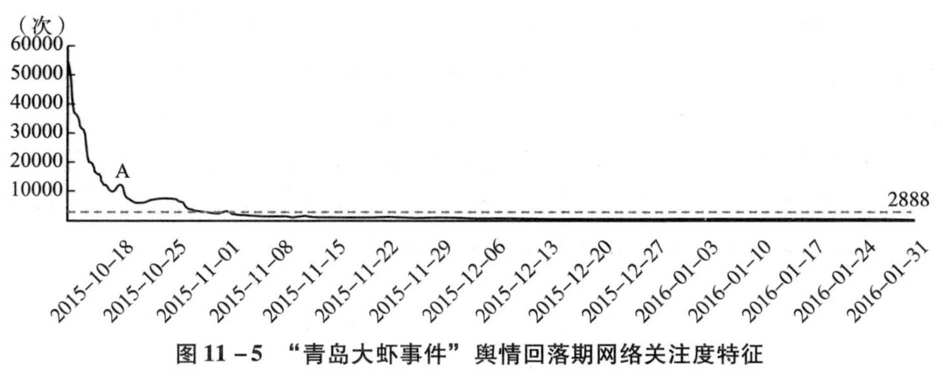

图11－5 “青岛大虾事件”舆情回落期网络关注度特征

资料来源：百度指数。

从百度搜索值次数看，该事件的百度网络搜索值从10月10日的95796次下降为10月11日的54683次，下降了41113次，为单日下降最大值，下降率为43%。此外，从舆情整体趋势来看，搜索值从10月11日开始逐渐下降，到了2016年1月31日（中国传统农历为十二月廿二，小年的前一天）下降到245次，达到舆情反复期之前的最低谷，为反复期之前舆情关注度曲线趋势的最低值。表明舆情关注度已经从高潮开始逐渐回落。

从官方处理措施来看，山东省以及青岛市充分认识到该负面舆情对旅游地的危害，积极采取有效措施亡羊补牢。例如10月15日左右，山东旅游管理部门向事件中的两名游客通过电话表达歉意，并肯定了两名游客理性的维权态度和较高的综合素质，希望邀请他们担任山东旅游服务质量社会监督员，被游客拒绝。同时，人民网、央广网也分别在10月16日、17日报道了山东旅游管理部门这一积极的做法，该报道成为新闻头条。

从媒体和网络发表的内容看，微博、微信等社交媒体仍有不少网友针对该事件进行讨论，但是热度已经在持续下降；各大媒体对事件的处理后续报道和评论引发网友的共鸣，由于官方对该事件的处理方式达到了多数网民的认同，网民的关注度开始逐渐回落。人们对该事件的关注和讨论渐渐趋于缓和，微博或博客里的发帖量明显减少，人们的不满情绪有所缓解，媒体的报道也转向别的方向。网民对该事件评价开始出现正面评价，负面评论的数量开始下降。

（六）反复期

反复期是指是在事件冷却一段时间后，受当事人言行、事件发展、外部环境变化、突发事件等影响，该事件又重回大众视野、再度成为热门话题的阶段（付业勤等，2014）。事件特征包括：网民对事件关注度由低谷开始反弹，新闻信息和发帖开始逐渐上升，网络搜索值也相应上升，网络关注度曲线开始逐渐由最低值开始反弹上升，但是总体上最高值明显低于第一个高潮期。从趋势曲线看，2016年2月1日至22日为反复期（见图11-6）。

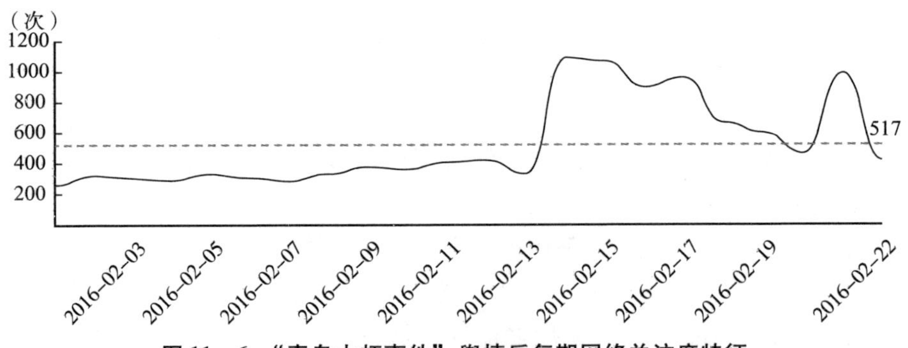

图11-6 “青岛大虾事件”舆情反复期网络关注度特征

资料来源：百度指数。

从百度搜索值次数看，该事件的百度网络搜索值从2016年2月1日开始逐渐上升，到了2月14日上升到反复期的较高值1084次，之后开始出现波动反复，到了2月22日下降为419次，从2016年2月1日至22日这个阶段的整体日平均值是517。出现反复期的原因可能是：第一，从2016年2月1日开始是中国的小年（农历十二月廿三），2月22日是春节的元宵（农历正月十五），这是中国人外出旅游和探亲访友的另一个高峰期，即国庆节之后紧接着的春节假期旅游高潮让游客开始关注之前发生的旅游负面舆情危机事件；第二，2月14日为情人节，网民在餐饮、旅游方面的消费也会相应增加，对之前的旅游类似负面舆情事件开始重新讨论和回忆，从而引发增加了新的关注。

从媒体和网络发表的内容看，微博、微信等社交媒体对此事的关注从回落开始上升反弹，大部分网友是因为类似的旅游经历或者想去山东或青岛旅游，引发针对该事件的再度进行的讨论和调侃，网民对该事件评价大部分是中性的，也有少数负面的评价。

（七）长尾期

长尾期是指网民和媒体对事件的关注告一段落之后，重新又引发关注的可能性，由于发展趋势特征类似帕累托分布的“长尾”特征，故称为长尾阶段。即事件的关注度降到很低的水平，但是不会终止，存在长期的消弭期。该阶段的事件特征包括：网民和媒体结束了对该事件的长时间的集中讨论与关注，媒体不再报道，个人用户的“爆料”和“段子”基本消失，但是由于事件未能从根本性解决，随着争议言行、满月周年、其他旅游地发生类似事件等会影响负面效应再现，网络舆情可能再现。从趋势曲线看，2016年2月23日至今为长尾期。在实际操作中，为了便于比较，本书数据截止到2019年9月1日为止（见图11－7）。

从百度搜索值次数看，该事件的百度网络搜索值从2016年2月23日开始逐渐下降，在不同的时间虽有反复波动，但是差别不大，最低值为168次，最高值为456次，平均值为244次。

从媒体和网络发表的内容看，网民对此事的关注主要是由于该地或其他旅游地类似经历，从而引发的联想和回忆或者比较，网民对该事件评价大部分是中性的或者正面的，负面的占少数。但是，该事件对旅游地的影响是长期

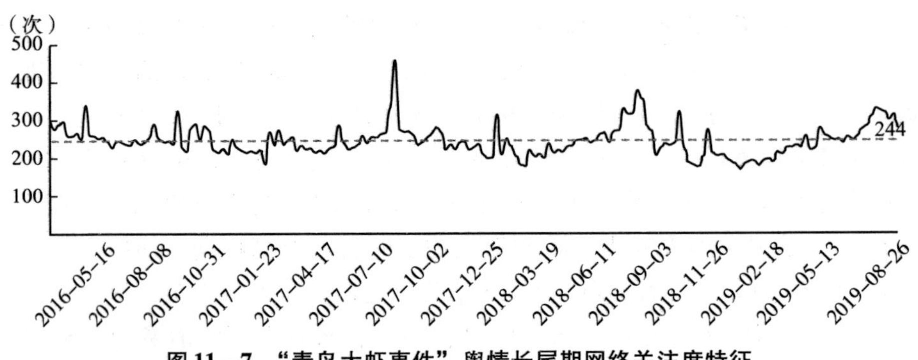

图11-7 “青岛大虾事件”舆情长尾期网络关注度特征

资料来源：百度指数。

存在的，不会消失，一般不可能回到事件发生前的零搜索值的阶段。

四、旅游地网络负面舆情形成的原因

（一）官方危机处理时效性不足

通过分析“青岛大虾事件”可以看出，事件发生当晚，当事人就已经向有关部门投诉反映，但是各部门之间以“假期无人上班”和“不属于管辖范围”等措辞为由，互相推脱扯皮。原本可以及时妥善处理的事件，却由于管理人员一味推诿，最终引发网络舆论关注。而且当事人在网络上发表相关微博后，当地的舆情监测相关部门也未能做出及时的回应，多个危机处理时机官方部门都未及时把握，这使得事件持续发酵，舆情蔓延至全国甚至国外，变成网络舆情危机事件。

（二）官方危机公关能力不足

从“青岛大虾事件”可以看出，官方部门在公关方面能力上的不足。(1) 信息发布不及时。事件发生后，即使相关部门10月4日晚上已经前去了解情况，但是并未在网络上发布任何公关信息，一直到10月6日该事件在网络发酵引起广泛关注后，才发布了采取的措施。这导致持续关注事件进展的广大网民没有获得及时的信息反馈。这也是导致网络舆情危机进一步严重的原因。(2) 对舆情危机缺乏敏感性。在"天价虾"事件发生之后，青岛旅游局官方微博却在10月7日又发表了涉及山东美食的微博文案（王乐，2016）。在青岛的餐饮业受到如此大的丑闻的情况下，发布这样的文案，自然会受到网民们的调侃。青岛官方的这一行为也确实暴露出其对网络舆情危机缺乏敏感性，以及危机公关能力方面的欠缺。

（三）政府部门的舆情监测力量不足

"青岛大虾事件"也可以看出，政府部门在网络舆情监测能力方面的欠缺。当事人在网络上发布信息，引起网民的广大关注后，更有影响力较大的微博博主参与转发，甚至国内外新闻媒体开始关注和评论。在这样的情况下，仍未引起相关舆情监测部门的重视，未及时妥善的处理。这就致使事件进一步发酵，舆情危机不断加重。如果政府舆情监测部门能够及时引起重视，采取有效的措施，阻止事件的进一步蔓延就不会出现后期的网络舆情危机的爆发。从很多类似的旅游网络负面舆情事件看，相关部门在网络舆情监测力量方面的不足，以及采取的被动行为，也是加重网络舆情危机的重要原因（王超等，2014）。

（四）网络舆论意见领袖加剧负面舆情

分析"青岛大虾事件"也不难看出，在网络舆情的传播中，具有影响力的微博用户的转发和评论形成一股舆论风向。在他们的舆论引导下，网民们对事件地区进行各种声讨，更是挖出以前一些舆论风声不大、相类似的负面舆情事件（例如本案例中，网民挖出青岛天价蟹事件），对旅游地品牌的影响进一步加剧。而且这些意见领袖者们的评论大都是负面的，这使得网民对旅游地的印象更加走向负面批判的方向，从而引发更激烈的负面舆情（韩苗苗，2016）。

五、旅游地负面网络舆情的应对策略

（一）负面网络舆情处理的原则

1. 应急原则

网络舆情危机事件发生后，旅游目的地可能面临四面楚歌的境地。但是如果在事件发生后的短时间内，处理不及时或者不得当，就会引发更多的问题，加大对旅游地品牌的负面影响。因此，危机发生后，旅游地相关部门应及时了解情况，在第一时间采取有效措施，妥善处理问题。这样的态度才能挽回游客的信任，重塑目的地形象。

2. 变危机为机会原则

网络舆情危机发生后，在给旅游地带来负面影响的同时，也提高了旅游地的知名度。危机得到处理后，在网民对旅游地还保持高度关注的时间内，应该对旅游地如何采取措施解决问题的过程进行详细的报道，并对如何杜绝此类事件发生的后续管理跟进措施进行宣传，以便得到网民的认可。利用此次危机事件，充分把握话题度，转危为安，变危机为旅游地宣传的机会，引导舆论走向正面的方向。

3. 实事求是原则

在处理网络舆情危机事件时，全面解析事件发生的前后进程，做到实事求是，不偏不倚，态度公正。管理者应该承担应有的责任，对事件不回避、不避重就轻。同时处理过程也要公开、公正、不隐瞒，坚持实事求是的原则处理问题。

（二）负面网络舆情的预防策略

1. 重视网络舆情的监测

（1）建立网络舆情的长期监测机制。通过分析“青岛大虾事件”可以看出，网络舆情危机的发生很大的原因在于政府舆情监测的疏忽和不重视，导致事件蔓延至全国。旅游目的地作为游客时刻关注的焦点，任何负面的风吹草动都有可能会发展成为严重的网络舆情危机事件。因此，政府应加强及时监控，在发现存在危机的第一时间采取有效稳妥的措施，将危机扼杀在萌芽状态。

（2）加强节假日等特殊时期的舆情监控。除了“青岛大虾事件”以外，最近几年影响较大的负面旅游网络舆情事件都是发生在节假日期间，例如2015年的“丽江导游骂游客事件”发生在五一假期，2016年的“雪乡宰客事件”发生在元旦期间等。节假日期间是旅游地游客人数倍增的时期，旅游人数众多，难免会发生市场混乱的现象。在此期间，政府相关部门应加强舆情监测力度。针对游客的投诉和反馈，及时采取有效措施，提高游客的满意度，避免发生舆情危机。

2. 对旅游地加强管理

（1）加强市场监管力度。分析“青岛大虾事件”可以看出，餐饮行业的市场监管力度不足，价格监督机制不完善，也是造成这次舆情危机的根源问题之一（王超等，2017）。惩罚机制不严谨，监管部门不作为，使得无良商家为所欲为。同时各部门的职权分配不清晰，造成了事件发生后各部门之间相互推诿。“青岛大虾事件”只是市场混乱的冰山一角，暴露的也只是餐饮业的问题。同时与旅游相关的酒店业、交通业等同样存在着“宰客”现象。政府应该加强对整个大市场的监管力度，加大对违法违规行为的处罚力度净化市场。

（2）增强旅游地安全管理。人身、生命和财产安全是旅游者最基本的安全要素。遇到危机后投诉无门或者部门之间互相推诿，游客的安全得不到保障，旅游地品牌在游客心目中必定很难得到认同。因此，旅游地要全面加强安全管理，消除其人生地不熟担心被宰的恐惧心理，使游客在生理上和心理上都获得安全的保障。此外，应该针对游客较多的区域增加相关报警设施，确保游客在遇到危机时第一时间内快速报警，得到求助。最后，在节假日期间的人流高峰期更要做好人员分流工作。避免游客超过景区的承载力造成安全隐患引发负面网络舆情。

（3）加强旅游地服务质量管理。在旅游业中，游客就是上帝。无论是平时的服务还是针对危机发生后的处理，态度良好的服务，无微不至的关怀，都会降低游客的负面情绪，有利于问题的妥善解决。各地旅游市场监管部门，应建立保护旅游消费者权益的长效、联动机制，畅通投诉处理渠道，建立旅游市场不法经营者黑名单制度，加强旅游地服务质量管理，为旅游者创造放心的旅游消费环境。

（三）负面网络舆情处理策略

1. 把握负面网络舆情处理的黄金期

旅游业作为一种互动性很强的服务行业，在主客交往过程中出现误解、纠纷是很正常的。但是面对这些纠纷，如果双方各执己见，互不相让，情绪上相互对立，就容易发展成为舆情危机。如果处理不及时，舆情就会迅速扩散甚至失控。因此在事件发生后，各监管部门应该在第一时间了解情况，依法依规进行及时处理，将矛盾就地化解。舆情危机事件解决的最佳时机在于萌芽阶段，相关部门应主动采取措施，把握事态处理的黄金期，控制事态的发展方向。

2. 公开公正处理负面网络舆情

舆情危机事件爆发后，旅游目的地的一举一动都会成为网民和广大媒体关注的焦点。一个不当的行为就会成为网络讨伐的热点。因此，在进行危机处理时要把握网民的心理，不逃避、不拖沓、不偏袒、不隐瞒。做到诚恳、公开、公正的态度面对公众，将维护游客的合法权益放在首要位置。只有将游客放在第一位，才能取得民心，进而降低游客的负面情绪，促使危机尽快解决，尽量将危机对各方的影响降到最低。

3. 妥善处理好与外部信息传播方的关系

各大网络媒体等信息传播方在宣传方面，既可以给旅游目的地带来增加关注度和美誉度的正面影响，同时也是传播负面舆情的重要源头。在大部分网络舆情危机的蔓延中，例如影响力较大的微博、新闻媒体、公安部门等，都是加大危机受众的外部信息传播方。因此，旅游地要处理好与他们的关系。在危机发生后，协调各方面的力量，尽量做到将负面信息的传播降到最低。危机过后，减少负面舆论的传播，加强对正面信息的传播。

4. 保证信息发布的统一性

建议各旅游地设立新闻发言人制度，无论在平时的旅游地形象塑造和品牌管理方面，还是在舆情危机公关方面，都有唯一的渠道发布一致的信息，做到对外统一口径，发布真实有效的信息，以避免信息发布的混乱。同时以正面理性的舆论声音引导网民，借助微博和论坛等平台加强与网民互动，及时解答网民的疑惑，维护旅游目的地品牌。

5. 把握网络信息发布技巧

一是要做到第一时间发布信息。建立旅游目的地政府以及相关旅游企业网络舆情危机事件信息发布制度，减少信息发布的审批环节和手续，抢占媒体话语权和主动权，避免出现网络上舆情快速扩散，而官方部门和企业却集体失语的被动局面，满足公众和媒体的信息需求。二是要注意信息发布策略和修辞技巧。要安排专人负责网络舆情管理，运用网络新媒体手段与网民和媒体加强交流互动。政府也要发挥相应的作用，保证媒体正常播报，在保护网民言论自由的情况下，做到不随意删帖，依法处置不实信息和恶意造谣帖子。

6. 做好负面网络舆情的善后工作

危机发生后旅游目的地的关注度随之上升，旅游目的地的一举一动都受到极大的关注，因此要妥善处理好危机的善后工作。第一，及时对受害者进行补偿。与受害者进行沟通，真诚道歉，将事件的解决方案和赔偿方案公布于众，争取受害者和广大网民的理解和支持，将负面网络舆情对旅游地造成的损失减到最小。第二，尽快恢复旅游地运营常态。加强内部整顿和管理，变危机为机遇，使危机成为提高旅游地形象和服务质量的机会，避免类似的事件再次发生。旅游地要密切保持与媒体的关系，通过官方渠道和旅游地微信微博加强对外宣传和沟通，公布旅游地针对危机采取的相关措施，让游客重新树立对旅游地的信心，逐渐消除不安全感，恢复旅游地的正常运营活动状态。

第四节　大数据时代山东正面旅游网络舆情管理实证分析

旅游地借助网络舆情塑造旅游地品牌的方式很多，可以利用招聘事件、网络热点事件、电影、重大节日（如中国的传统节日、旅游地的节庆事件等）和国际性重大事件（如奥运会、世博会、世界杯等）等正面网络舆情，提高旅游地的知名度和美誉度，塑造旅游地品牌（吕臣等，2015）。

对于旅游地而言，大型国际性节事具有偶然性和短期性，组委会在举办之前要对已申请的举办城市进行严格的审核，并且在举办形式上有很多限制，因此举办城市难以形成自己的特色（陈方英，2008）。相对于大型国际性节事，当地富有特色的日常重大节事具有很多优点，例如常态性、地方性、持续性、自主性以及文化的传承性等，这类节事的举办时间相对固定，间隔时间短，而且结合了当地的文化特色，可以成为当地旅游资源的一部分（陈方英等，2009）。因此，通过本土文化特色的日常重大节庆事件制造网络舆情，是传播和塑造旅游地品牌的重要手段之一（宋振春等，2008）。

一、案例介绍

本书将以山东省青岛市的重大国际性节庆事件即青岛国际啤酒节为案例进行实证研究。顾名思义，青岛啤酒节是以青岛啤酒为媒介举办的节庆活动。青岛啤酒是全世界著名的三大啤酒品牌之一，具有悠久的历史文化背景。青岛啤酒股份有限公司前身是1903年由英、德商人创办的“日尔曼啤酒公司青岛股份公司”，是最早的啤酒生产企业之一。青岛啤酒节创始于1991年，到2019年已经举办了29届。最初是由青岛啤酒厂主办，后由青岛市人民政府组建专门的机构主办，该活动是以啤酒为媒介，融合旅游、经贸、青岛文化等于一体的大型国际性节庆活动。举办时间上，大部分时间选在每年八月的第二个周末在青岛开幕，为期16天。也有例外，例如2008年时间是9月9日到10月4日，2017年是8月4日到8月27日，2018年是7月20日到8月26日，2019年是7月26日到8月18日。

青岛啤酒节是国内规模最大的酒类狂欢活动，在国外也有广泛的知名度和影响力，被誉为亚洲最大的啤酒盛会，对“好客山东”品牌的推广起到了十分重要的作用。同时，该事件与本章上一节讨论的负面网络舆情即“青岛大虾事件”属于同一个城市。更有助于管理者对同一旅游地中不同类别的旅游网络舆情的管理和比较。

二、研究设计

研究最初计划选择百度指数和新浪指数作为数据获取的应用平台。在“百度指数”和“新浪指数”平台以“青岛啤酒节”和“青岛国际啤酒节”作为关键词输入，结果新浪指数显示均没有收录该关键词的指数。因此，最终选择百度指数进行研究。

在关键词选择上，由于大部分国内网友在日常检索中，使用更多的是“青岛啤酒节”而不是“青岛国际啤酒节”，因此，选择“青岛啤酒节”作为关键词进行输入。

在数据挖掘的内容上，首先对“青岛啤酒节”发生以来的舆情演化趋势、人群画像属性、人群的需求图谱特征等数据进行挖掘；其次，利用爬虫软件八爪鱼采集器从网页抓取数据。由于百度指数仅提供2011年以来有关青岛啤酒节的数据，因此本书抓取了2011年1月1日到2019年12月31日共9年的数据进行分析。

在数据分析方法上，主要是对采集到的数字进行频数和趋势分析，并结合官方网站、微信、微博获得文本进行内容分析，通过定性和定量的结合，总结旅游地正面网络舆情的演化规律和特征。

三、基于网络关注度的旅游正面网络舆情演化趋势分析

在“百度指数”中输入“青岛啤酒节”，时间为2011年1月1日至2019年12月31日，获得“青岛啤酒节”的“百度指数”总体演化趋势如图11－8所示。

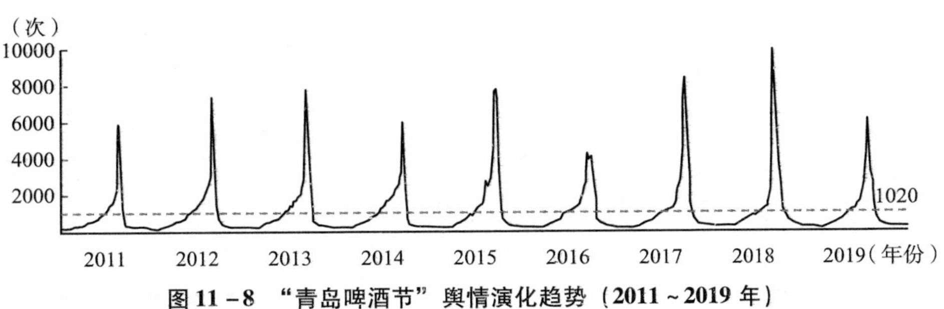

图11－8 “青岛啤酒节”舆情演化趋势（2011～2019年）

资料来源：百度指数。

（一）长期舆情发展演化特征

从图11－8可以看出，网络关注度呈现按照年度循环发展的趋势。即每一年从低谷到高潮再回落到低谷之后，会重新兴起，进入下一年度的再循环发展的状态，不存在长尾期。这与青岛啤酒节是常态性、持续性的和地方性的年度重大节庆事件有关。即每一年的节庆举办期间是青岛啤酒节的网络关注度的高峰时期，上一年的节庆时间结束之后，再进入下一年的再循环的高峰时期。表11－2列出了2011～2019年青岛啤酒节搜索值特征。从可获得的2011～2019年共9年的网络关注度的搜索值数据显示，青岛啤酒节2011～2019年的整体日平均值次数为1020。数据也显示，网络关注度波峰和波谷的

最高值都出现在2018年（最高搜索值为18033次，最低搜索值为199次）。通过分析发现，2018年举办的持续相对较长（7月20日到8月26日），一共38天，是近九年来举办时间最长的年份。网络关注度波峰和波谷的最低值出现在2016年（最高搜索值为2199次，最低搜索值为86次），原因可能是2015年10月发生的负面网络舆情即“青岛大虾事件”对其产生了消极的影响，导致其品牌的网络关注度大大降低。

表11-2　2011~2019年青岛啤酒节搜索值特征

年份	最低搜索值（次）	最高搜索值（次）	平均搜索值（次）	举办时间	持续天数（天）
2011	159	9685	769	8月13日至8月28日	16
2012	174	12957	992	8月11日至8月26日	16
2013	185	12227	1047	8月10日至8月25日	16
2014	166	9142	959	8月16日至8月31日	16
2015	166	9979	1155	8月15日至8月30日	16
2016	86	2199	919	8月13日至8月28日	16
2017	163	11690	1190	8月4日至8月27日	24
2018	199	18033	1217	7月20日至8月26日	38
2019	112	9778	950	7月26日至8月18日	24

（二）一年内舆情发展演化特征

从图11-8可以看出，就短期一年来说，青岛啤酒节每一年的网络关注度都是经历从低谷到高潮再到低谷的演化规律。与上一节的负面舆情“青岛大虾事件”比较，由于青岛啤酒节是年度性节庆事件，是从1991年开始举办的，因此孕育期应该是在1991年之前。通过对可获得的2011~2019年这九年的数据进行详细分析（见图11-9到图11-17）发现，青岛啤酒节在一年内的舆情演化特征大致可以划分为六个阶段，即出现期、爆发期、高潮期、回落期、反复期和长尾期。除了个别年份（例如2011年和2012年）反复期不明显以外，其他年份均比较符合舆情发展的这一普遍规律。因此最终将青岛啤酒节在一年内的舆情演化特征划分为六个阶段，即出现期、爆发期、高潮期、回落期、反复期和长尾期。下面以2019年的数据为例进行详细分析。

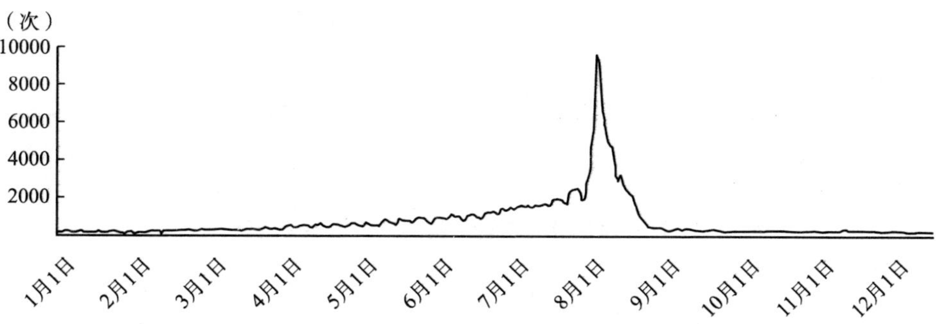

图11－9　2011年青岛啤酒节舆情演化趋势

资料来源：百度指数。

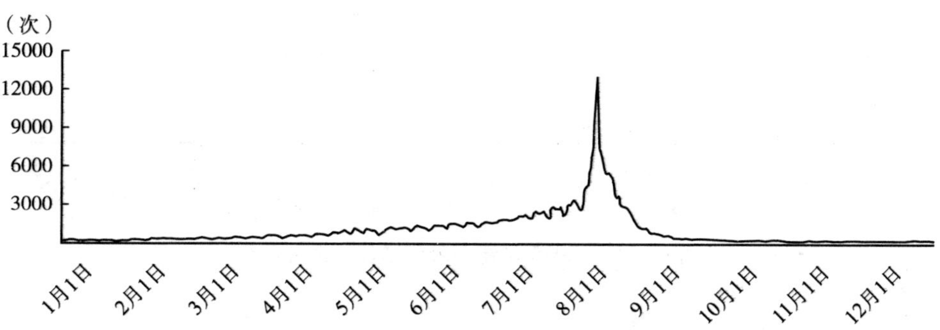

图11－10　2012年青岛啤酒节舆情演化趋势

资料来源：百度指数。

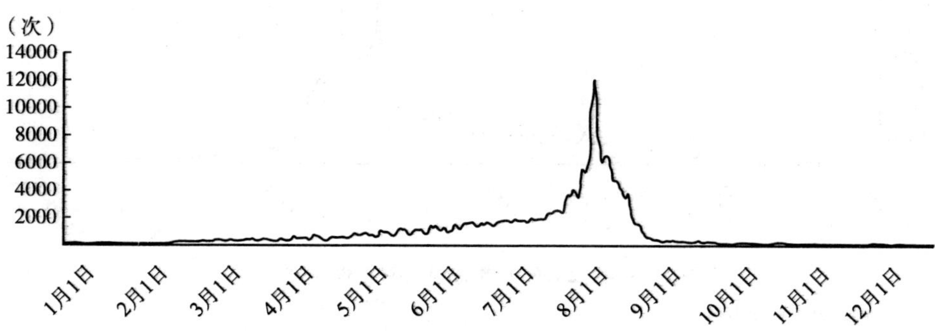

图11－11　2013年青岛啤酒节舆情演化趋势

资料来源：百度指数。

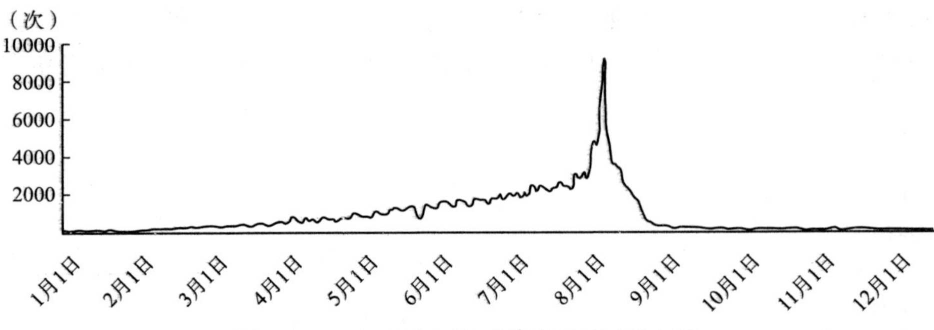

图 11－12　2014 年青岛啤酒节舆情演化趋势

资料来源：百度指数。

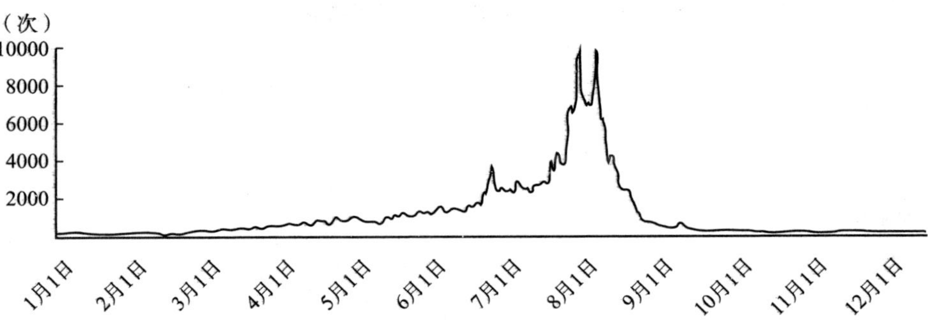

图 11－13　2015 年青岛啤酒节舆情演化趋势

资料来源：百度指数。

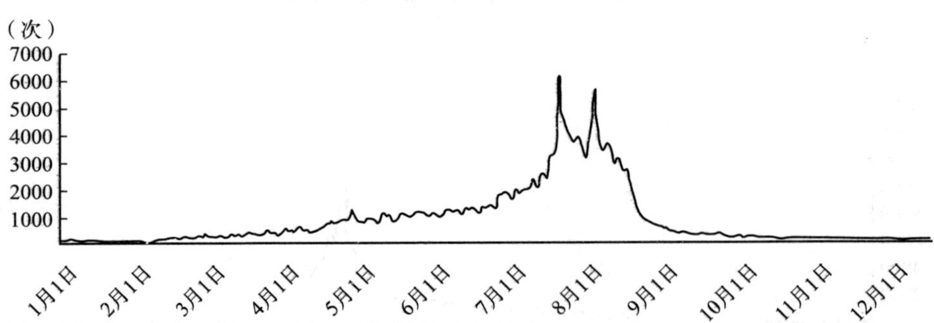

图 11－14　2016 年青岛啤酒节舆情演化趋势

资料来源：百度指数。

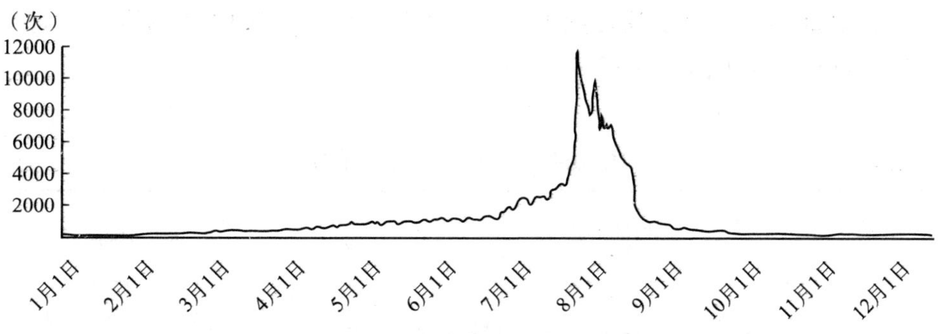

图 11－15　2017 年青岛啤酒节舆情演化趋势

资料来源：百度指数。

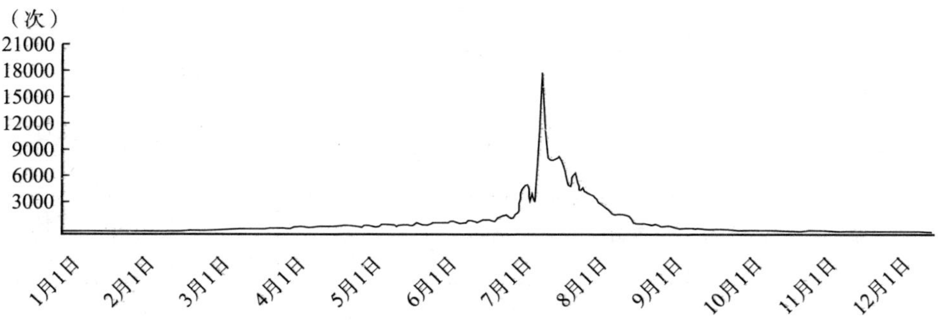

图 11－16　2018 年青岛啤酒节舆情演化趋势

资料来源：百度指数。

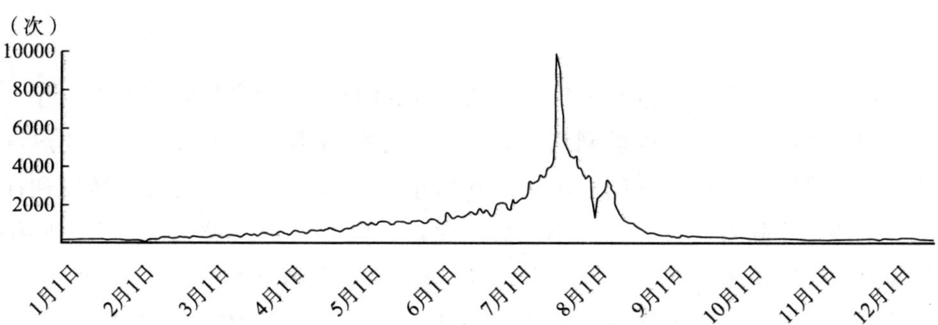

图 11－17　2019 年青岛啤酒节舆情演化趋势

资料来源：百度指数。

根据2019年百度关注度数据，对“青岛啤酒节”2019年网络舆情演化趋势进行划分（见图11－17和表11－3）。

表11－3　“青岛啤酒节”网络舆情的演化阶段

舆情阶段划分	最低搜索值（次）	最高搜索值（次）	平均搜索值（次）	增长率（%）	持续时间
出现期	112	1850	681	—	181天（2019年1月1日至6月30日）
爆发期	1770	5111	2803	312	21天（2015年7月1日至25日）
高潮期	3323	9778	5090	82	15天（2015年7月26日至8月9日）
回落期	1356	2230	1793	－65	2天（2015年8月10日至11日）
反复期	2369	3303	2769	54	7天（2015年8月12日至18日）
长尾期	211	2643	402	－85	122天（2019年8月19日至12月31日）

注：2019年青岛啤酒节举办时间为7月26日至8月18日。

1. 出现期

自青岛啤酒节创办以来，每一年的6月30日之前的半年时间可以看作是出现期。特征包括：事件被网络开始关注，并随着事件的推移，事件的热度开始逐渐升温，事件关键词开始出现在搜索引擎和事件引起网民的转发和评论等。特别是随着5月1日“小长假”之后，随着各地气候温度上升，网络关注度开始逐渐上升，超过1000次，甚至个别天数网络关注度达到1850次，但是总体来说上半年网络关注度处在缓慢上升阶段，平均值为681次。

2. 爆发期

2019年的7月1日开始到25日这25天可以看作是爆发期。随着七月份进入旅游旺季，再加上青岛啤酒节节庆的临近，很多旅游者参加青岛啤酒节的欲望开始上升，事件的网络关注度快速攀升，但还尚未达到顶点。特征包括：事件关注度继续发酵、搜索引擎网络关注度迅速上升，微博平台设置讨论话题、热帖大量出现。从百度搜索值次数看，网络搜索值最低是 1770 次，最高是 5111 次；平均值 2803 次，平均值比出现期增长了 312%。

3. 高潮期

2019 年的 7 月 26 日开始到 8 月 9 日即从开幕式开始的两周，这 14 天可以看作是高潮期。经过前面半年多的事件发酵，在青岛啤酒节事件开幕的当天，事件经过网络在媒体议程设置下的激烈讨论，成为全社会共同关注的议题，并且在开幕式当天网络关注度达到了整个舆情的顶峰（9778 次）。事件特征包括：主流媒体进行大量的报道，旅游者从网络关注开始进行实际行动，并亲自到目的地体验节庆；同时，网络上新闻信息、网络搜索、微博发帖、转帖和热门帖子等相继达到最大值。从百度搜索值次数看，网络搜索值最低是 3323 次，最高是 9778 次；平均值 5090 次，平均值比爆发期增长了 82%。

4. 回落期

2019 年的 8 月 10 日至 11 日这两天可以看作是回落期。由于青岛啤酒节举办持续时间较长（2019 年为 24 天），在节庆的中间网民的关注度不可能一直如开幕时那样处于高潮期，再加上青岛啤酒节大部分活动是在露天举办，异常天气或其他意外事件也会对节庆的举办产生影响。因此，在节庆期间一般会由于各种原因出现网络关注度衰退的现象。事件特征包括：网民对事件关注度减弱，新闻信息和发帖开始逐渐下降，网络搜索值也相应下降，网络关注度曲线开始逐渐降到较低的值或者恢复到事件之前的发展水平。例如，2019 年在节庆期间出现回落期的主要原因除了网民关注度和媒体关注度的下降之外，另一个原因就是由于受到第 9 号台风“利奇马”影响，节庆主会场金沙滩啤酒城在 8 月 10 日至 11 日闭馆两天，导致回落期网络关注度大幅度下降。从百度搜索值次数看，网络搜索值最低是 1356 次，最高是 2230 次；平均值 1793 次，平均值比高潮期下降了 65%。

5. 反复期

从青岛啤酒节来看，随着节庆临近尾声，网民对该事件开始产生依依不舍的情感，以及事件结束后需要等待一年的周期才能再到来的留恋心理，会促使网民在回落期后掀起节庆闭幕式之前的第二次网络关注度的高潮。事件特征包括：网民对事件关注度由低谷开始反弹，新闻信息和发帖开始有所上升，网络搜索值也相应上升，网络关注度曲线由最低值开始反弹上升，但是总体上最高值明显低于第一个高潮期。从趋势曲线看，2019 年 8 月 12 日至 18 日即节庆结束前一周的这 7 天为反复期。从百度搜索值次数看，网络搜索值最低是 2369 次，最高是 3303 次；平均值 2769 次，平均值比回落期增长了 54%。

6. 长尾期

2019 年的 9 月 1 日开始到 12 月 31 日这三个月可以看作是长尾期。随着青岛啤酒节节庆事件的结束，网民和媒体对事件的大量关注告一段落，事件的关注度降到很低的水平，但是不会终止，长尾结束后，事件进入下一个周期的循环。从百度搜索值次数看，网络搜索值最低是 211 次，最高是 2643 次；平均值 402 次，比反复期下降了 85%。

需要特别说明的是，第一，上述对青岛啤酒节正面舆情事件网络关注度演化规律的分析只是一个大致阶段的分类，只适用与那些青岛啤酒节类似的周期性旅游节庆事件；第二，由于其他外界因素的影响，即使是同一个旅游节庆在不同年份的网络舆情也会有差异，在不同阶段的时间节点和持续时间的长短可能会有差异；第三，旅游地的正面舆情事件的类型很多，不同类型的舆情事件，例如国际性重大事件、网络热点事件等，其舆情演化规律与周期性舆情事件的演化规律会有所不同。

四、基于网络关注度的旅游正面网络舆情人群画像属性特征分析

人群画像是基于网民的百度搜索数据，对关键词检索人群属性的聚类分析。本书收集了从 2019 年 10 月 1 日至 31 日（百度指数中只有近一个月的相关数据）的青岛啤酒节人群画像数据进行统计分析。

（一）性别特征

从性别特征来看（见图 11 - 18），男女比例分别为 51.1% 和 48.9%，基本持平。说明人们对青岛啤酒节的网络关注度并不存在性别差异。

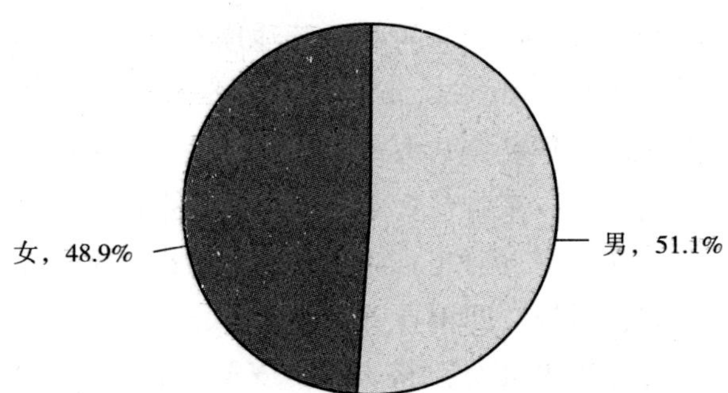

图 11－18 “青岛啤酒节”网络关注度性别特征

（二）年龄特征

从年龄来看，20～29 岁的群体所占比例最大，为 53.16%；排在第二位的是小于或等于 19 岁的群体，所占的比例为 25.95%；排在第三位的是 30～39 岁群体，所占的比例为 19.3%；40 岁及以上的群体所占的比例最小，为 1.59%（见图 11－19）。表明青岛啤酒节的网络关注群体主要是年轻人。

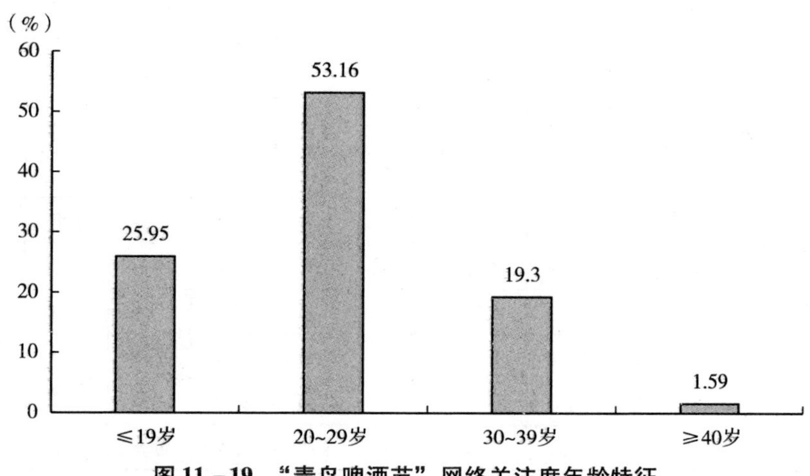

图 11－19 “青岛啤酒节”网络关注度年龄特征

（三）地域特征

如表 11－4 列出了最近五年（2015～2019 年）青岛啤酒节的网络关注地

域分布特征。可以看出青岛啤酒节的网络关注度在空间分布上具有相似性和延续性，主要的搜索省份是山东、北京、河南、河北、天津、浙江、江苏、广东等，前十个省份都比较稳定。五年以来，排在第一的一直没变化，是山东省。排在前六位的除了广东省从 2015 年的第二名下降为 2019 年的第八名之外，其他的省份例如北京、河北、江苏、上海的排名不同年份有一些波动，但是一直排在前六名；另外，四川省 2016 年进入前十名，山西省 2015 ~ 2017 年排在第十位，2018 ~ 2019 年分别被天津、安徽取代。从地域看，与山东临近的华东地区和华北地区是青岛啤酒节关注度较高的主要市场，并且关注度比较稳定；华南地区中经济比较发达的广东省也是青岛啤酒节关注度较高的重要市场，但是关注度呈现下降趋势。华西地区中的四川省也在 2016 年成为青岛啤酒节关注度较高的市场，但是关注度在 2017 年之后呈现下降趋势，排在第十名之外。

表 11 - 4　　2015 ~ 2019 年“青岛啤酒节”网络舆情地域特征

排名	2015 年		2016 年		2017 年		2018 年		2019 年	
	省份	城市	省份	城市	省份	城市	省份	城市	省份	城市
1	山东	青岛	山东	青岛	山东	青岛	山东	青岛	山东	青岛
2	广东	济南	北京	济南	北京	济南	北京	北京	北京	北京
3	北京	北京	广东	北京	江苏	北京	河北	济南	江苏	济南
4	河北	上海	河北	上海	河北	潍坊	江苏	潍坊	河北	上海
5	江苏	潍坊	江苏	临沂	河南	上海	河南	上海	上海	临沂
6	上海	临沂	上海	潍坊	上海	临沂	上海	临沂	河南	潍坊
7	河南	烟台	河南	成都	浙江	郑州	浙江	天津	浙江	天津
8	浙江	天津	浙江	天津	广东	烟台	广东	郑州	广东	郑州
9	天津	郑州	四川	郑州	安徽	杭州	安徽	杭州	天津	苏州
10	山西	石家庄	山西	烟台	山西	天津	天津	苏州	安徽	杭州

从主要的搜索城市来看，青岛一直排在第一位，济南和北京一直排在第二位或第三位，上海一直在第四位到第六位之间波动，天津在第七到第十位之间波动，郑州则在第七到第九位之间波动。前十名的城市中，山东

省除了济南、青岛以外，还包括潍坊、临沂和烟台；省外除了北京、上海、郑州、天津之外，还包括杭州、苏州、石家庄和成都。由于旅游吸引力存在距离递减规律，所以主要的搜索城市是青岛周边的城市。另外，与青岛距离较远的四川省成都市也是网络关注度较高的城市之一，在 2016 年曾经排名第七位，这与成都作为休闲之都，而青岛啤酒节正好是夏季休闲消暑的重要节日有关。

五、基于网络关注度的旅游正面网络舆情需求图谱搜索特征分析

需求图谱是百度针对指定搜索关键词的前后相关搜索词进行聚类所得到的词云分布，对其进行分析可以更深入地了解网民在搜索青岛啤酒节时的其他的需求偏好和搜索习惯。本书以周为单位，利用网络爬虫软件八爪鱼采集器抓取了 2019 年的“青岛啤酒节”需求图谱数据。经过对数据的清洗和校验、剔除企业广告和笔误信息等，利用 SPSS 对数据进行分类和词频统计，并对某些含义相近的词汇进行合并，例如“青岛啤酒节时间（地点）”“青岛啤酒节 2019 年时间”和“青岛啤酒节 2019 年时间地点”合并为“青岛啤酒节（2019 年）时间（地点）”；“慕尼黑啤酒节”和“德国啤酒节”合并为“慕尼黑（德国）啤酒节”；“青岛美食”和“青岛小吃”合并为“青岛美食”。“青岛旅游攻略”和“青岛哪里好玩”合并称为“青岛旅游攻略”等，然后提取出前 26 位出现次数最多的关键词进行排序，如表 11－5 所示。

表 11－5　“青岛啤酒节”需求图谱高频相关词　　单位：次

排名	相关词热度	搜索值
1	青岛啤酒节（2019 年）时间（地点）	144
2	青岛啤酒（扎啤）	51
3	青岛啤酒街	43
4	啤酒节	42
5	青岛国际啤酒节	35

续表

排名	相关词热度	搜索值
6	青岛啤酒博物馆	27
7	慕尼黑（德国）啤酒节	26
8	燕京（北京）啤酒节	25
8	青岛啤酒城	25
10	青岛	24
10	大连啤酒节（门票）	24
12	哈尔滨啤酒节	22
13	青岛金沙滩	16
14	青岛糖球会	15
14	青岛美食	15
16	青岛旅游（一卡通）	10
16	青岛旅游攻略	10
18	青岛啤酒厂	9
19	青岛海洋节	7
20	青岛海鲜节	5
20	潍坊（国际）风筝节	5
22	山东（旅游）景点	3
22	青岛啤酒节门票	3
22	青岛啤酒音乐节	3
22	青岛啤酒节官网	3
22	崂山风景名胜区	3

与青岛啤酒节相关度较高的关键词可以归纳为以下四个方面。

第一，是青岛啤酒节本身相关的信息。关键词热度最高的是青岛啤酒节（2019 年）时间（地点），总计 144 次，其他信息根据次数高低依次是：青岛啤酒（扎啤）（51 次）、青岛啤酒街（43 次）、啤酒节（42 次）、青岛国际啤酒节（35 次）、青岛啤酒博物馆（27 次）、青岛啤酒城（25 次）、青岛啤酒厂（9 次）、青岛啤酒节门票（3 次）、青岛啤酒音乐节（3 次）、青岛啤酒节官网（3 次）。这说明青岛啤酒节作为青岛规模最大的国际性旅游节庆和舆情事件，具有很大的影响力，与节庆相关的舆情信息是旅游者关注的首要焦点。

第二，是和青岛以及山东省旅游相关的信息。根据搜索值次数，热度较高的关键词从高至低依次是：青岛（24 次）、青岛金沙滩（16 次）、青岛美食（15 次）、青岛旅游（一卡通）（10 次）、青岛旅游攻略（10 次）、崂山风景名胜区（3 次）、山东（旅游）景点（3 次）。这说明，旅游者参加青岛啤酒节的动机是多样的，除了啤酒节之外，同时会关注青岛以及山东省旅游的相关信息，提前做好攻略，从而为包括青岛在内的山东之行进行合理的行程安排，以达到最佳的旅游体验。

第三，是和青岛以及山东省相关的其他节庆。根据搜索值次数，热度较高的关键词从高至低依次是：青岛糖球会（15 次）、青岛海洋节（7 次）、青岛海鲜节（5 次）、潍坊（国际）风筝节（5 次）。其中，青岛糖球会举办时间基本上从每年农历正月十六左右开始，历时一周，已经有 500 多年的历史，2006 年被列入山东省首批非物质文化遗产目录，是比较受旅游者欢迎的传统民俗节日，因此很多旅游者一想到青岛啤酒节就会关注青岛糖球会。另外，青岛海洋节举办时间是每年的七月份，青岛海鲜节的举办时间是八月份，这两个节庆的举办时间与青岛啤酒节接近，因此也是旅游者搜索的热点词汇。另外，潍坊（国际）风筝节从 1984 年开始举办，举办时间是每年的四月，是我国最早冠以“国际”并被国际社会承认的大型地方节会，也是山东省世界知名的国际性旅游节庆，也是节庆爱好者搜索时关注的词汇。

第四，是由青岛啤酒节所引起的其他啤酒节等节庆活动的搜索。根据搜索值次数，热度较高的关键词从高至低依次是：慕尼黑（德国）啤酒节（26 次）、燕京（北京）啤酒节（25 次）、大连啤酒节（门票）（24 次）、哈尔滨啤酒节（22 次）。以上节庆中，慕尼黑啤酒节，是历史最悠久的啤酒节，也是世界三大著名啤酒节之一，举办时间是每年 9 月 15 日之后的第一个星期的周六至 10 月初的第一个星期的周日，持续两周，举办时间在青岛啤酒节之后；大连啤酒节前身是中国国际啤酒节，1999 ~ 2001 年在北京举办，2002 年开始在大连举办，大部分举办时间是每年的 7 月中下旬到 8 月上旬，时间与青岛啤酒节举办时间接近；燕京（北京）啤酒节，从 1992 年开始举办，大部分时间是每年的 6 月 6 ~ 8 日，举办时间在青岛啤酒节之前；哈尔滨啤酒节从 1988 年开始举办，大部分时间是每年的 7 月份的上旬到中旬，举办时间也是在青岛啤酒节之前。从以上分析可以推测，旅游者在准备参与某种节事活动时，会对与之类似的其他地方的节庆进行比较，然后做出参与决策。可能的原因之一，旅游者外出参与旅游节庆会受到节庆的知名度、个人闲暇时间和可自由支配收入等各种因素的影响，通常是在出游前进行各方面对比之后才做出的最佳决策，选择其中的一个或者几个进行参与。可能的原因之二，旅游者非常喜欢这一类节庆（例如与啤酒相关的啤酒节，是许多啤酒爱好者夏天休闲消暑的重要生活方式），通过了解各地知名的类似节庆以便参与其中所有的节庆。

六、结论与建议

（一）结论

1. 舆情发展趋势特征

从长期来看，青岛啤酒节的正面网络舆情呈现年度循环发展的趋势。即每一年从低谷到高潮再回落到低谷之后，会重新兴起，进入下一年度的再循环发展的状态，不存在长尾期。从短期一年来看，青岛啤酒节的在一年内的网络舆情演化特征大致可以划分为六个阶段，即出现期、爆发期、高潮期、回落期、反复期和长尾期，与一般网络舆情发展的特征类似。

2. 人群的基本属性特征

第一，从性别上看，男女性别差异不大（女性与男性分别占比是 49% 和 51%）。

第二，从年龄上看，网络搜索关注度最高的是 39 岁以下的青年和少年人群。这说明了年轻人是青岛啤酒节的主要客源市场。

第三，从地域特征看，主要的搜索省份集中以下方面：一是地缘相近的省份，例如北京、河南、河北、天津、浙江、江苏、安徽、上海等；二是经济发达的省份，例如广东；三是西部省份，例如四川。另外，主要的搜索城市集中在以下方面：一是山东省内的城市，例如济南、潍坊、临沂和烟台；二是地缘接近的城市，例如北京、石家庄、天津、苏州、上海、杭州；三是西部休闲城市，例如成都。

3. 需求图谱特征

从旅游者相关热词搜索特征来看，分为四类：一是与青岛啤酒节相关的信息；二是与旅游地青岛以及山东省旅游相关的信息；三是与旅游地青岛以及山东省相关的其他节庆；四是与青岛啤酒节类似的其他地方的啤酒节信息。

（二）建议

1. 注重利用传统的重大节庆宣传旅游地品牌

研究表明，像青岛啤酒节这一类具有常态性、持续性、周期性和地方性的重大事件是宣传旅游品牌的重要途径之一，对旅游地品牌能够起到周期性强化和提高的作用，旅游地应该加强重大节庆对旅游地品牌的宣传。具体措施上，一是深入挖掘地方文化特色，举办周期性旅游节庆；二是加强政府对旅游节庆的支持力度；三是加强当地居民对旅游节庆的参与，营造节庆的文化氛围；四是注重节庆的联动效应，通过区域合作举办节庆的方式，实现节庆对旅游地品牌提升的扩散效应。

2. 加强重大节庆官网的建设

对旅游者搜索的需求图谱特征研究表明，旅游者需求多样，动机多元。青岛啤酒节的相关信息、与青岛旅游和山东旅游相关信息，以及青岛其他节庆、与啤酒节相关的其他城市的节庆等信息都是旅游者关注的热点词汇。在旅游者搜索信息的实际应用中，虽然搜索引擎能够满足旅游者搜索的一部分需求，但是很多旅游者还是会到官网去进行搜索相关信息。其目的：一是验证其他渠道信息的可靠性；二是通过官网获得更多的相关信息。本次研究中“青岛啤酒节官网”成为与啤酒节相关的网络热搜词汇也说明了这一点。因此，节庆举办方应该丰富官网的信息，把节庆官网建设成一个综合性的能够满足其所有的需求，并能为旅游者实现一站式完美服务的权威性网站。具体建议如下：

（1）丰富网站信息。除了青岛啤酒节的信息，例如举办时间、地点、活动项目等外，青岛啤酒节的相关网站还可以提供举办地的一些其他的旅游信息，例如青岛其他节庆的信息、青岛旅游和山东旅游的相关信息等应该全面提供，借此宣传旅游目的地品牌。

（2）做好网站超级链接的完善工作。对旅游者需求热点的一些其他信息，在网站中无法介绍的，应该通过超级链接实现，以便满足旅游者全方面的需求，增加旅游者的点击量和访问率。链接网站应该至少包括以下方面内容：一是青岛旅游相关网站（涵盖旅游的六要素以及其他需求）；二是与山东旅游相关网站（涵盖山东省各个地市旅游官网）；三是与国内外知名啤酒节相关的网站（涵盖国内外知名啤酒节网站）。

（3）加强官方微信、微博的建设。不仅在节庆期间加大宣传力度，在日常也应该做好文案宣传工作，确保旅游节庆网络舆情的持续热度。

3. 针对目标市场有针对性地开展品牌推广

（1）有针对性地重点选择特定的地域进行品牌推广。根据青岛啤酒节旅游者搜索的地域分布特征，在地域选择上重点注重以下三个方面：一是本省本地；二是地缘相近的周边省份和经济发达的城市；三是经济发达的其他省份以及西部休闲城市。

（2）加强针对年轻人的品牌推广。对旅游者搜索的人群特征研究表明，他们在性别上差异不大，男女比例基本持平，但是在年龄上 39 岁以下占了 98%以上，其中 19 岁以下、19 ~ 29 岁、30 ~ 39 岁分别占了 25.95%、53.19%和 19.3%，比例都在 20%以上；这表明青岛啤酒节参与的主要群体是青少年群体。因此，应该重点对这一类群体开展品牌宣传，推广和设计针对性的旅游产品。一是在品牌推广（例如形象代言人选择、广告宣传、产品推销等）方面注意选择与他们年龄接近的明星，并注意不同年龄段（19 岁以下、20 ~ 29 岁，30 ~ 39 岁）明星的搭配；二是突破以往认为只有男性喜欢啤酒节的惯常思维定式，注重明星中男女性别之间的平衡；三是多开发年轻人喜欢的相关产品和活动，提高年轻人的参与度和停留时间。

参考文献

[1] 阿克（Aaker D A）. 管理品牌资产 [M]. 吴进操，常小虹，译. 北京：机械工业出版社，2018.

[2] 艾瑞咨询.2008－2009年中国网上旅行预订行业发展报告 [R/OL].（2009－08－17）[2018－08－20]. http：//report. iresearch. cn/report/200908/1299. shtml.

[3] 艾瑞咨询.2017中国在线旅游行业年度监测报告 [R/OL].（2017－07－21）[2018－08－20]. https：//max. book118. com/html/2017/0721/123335887. shtm.

[4] 艾瑞咨询. 携程借助谷歌打入国际市场 [EB/OL].（2008－08－25）[2018－08－21]. http：//www. techweb. com. cn/data/2008－08－25/356619. shtml.

[5] 安然，刘国力. 基于阴阳视角的孔子学院组织关系研究 [J]. 对外传播，2019（2）：48－50.

[6] 安彦明. 基于品牌战略管理视角分析我国运动营养补剂企业品牌发展：以康比特为例 [D]. 北京：首都体育学院，2016.

[7] 奥格威（Ogilvy D）. 一个广告人的自白 [M]. 林桦，译. 北京：中信出版社，2008.

[8] 班若川. 从"一山一水一圣人"到"好客山东" [N]. 中国旅游报，2009－01－08（2）.

[9] 保继刚，楚义芳. 旅游地理学（修订版）[M]. 北京：高等教育出

版社，2009.

[10] 贝广．好客山东旅游商品的开发设计研究［D］．济南：山东大学，2011.

[11] 布哈利斯（Buhalis D），马晓秋．目的地开发的市场问题［J］．旅游学刊，2000，15（4）：69－73.

[12] 蔡立辉，杨欣翥．大数据在社会舆情监测与决策制定中的应用研究［J］．行政论坛，2015，22（2）：1－10.

[13] 蔡善柱．试论旅游品牌开发［J］．安徽师范大学学报（自然科学版），2004（3）：343－346.

[14] 蔡卫民，彭晶，覃娟娟．韶山的全国网络关注热度矩阵及推广策略研究［J］．旅游科学，2016，30（4）：61－72.

[15] 曹丙燕，谷晓妹．齐鲁文化与新时期山东精神［J］．山东青年政治学院学报，2011，27（1）：13－17.

[16] 曹娜．旅游网络舆情危机对旅游地形象的影响研究［D］．泉州：华侨大学，2016.

[17] 曹洋洋．大数据视角下旅游目的地信息化评价研究［D］．沈阳：沈阳师范大学，2015.

[18] 柴海燕．旅游目的地网络口碑传播研究［D］．武汉：武汉大学，2011.

[19] 陈传康，王新军．神仙世界与泰山文化旅游城的形象策划［J］．旅游学刊，1996，11（1）：48－52.

[20] 陈方英．基于旅游者感知的泰山景区智慧旅游应用平台评价研究［J］．泰山学院学报，2017，39（4）：103－110.

[21] 陈方英．世界遗产地居民对旅游节庆的感知与态度研究：以泰安市泰山国际登山节为例［J］．泰山学院学报，2008，30（5）：23－27.

[22] 陈方英，马明，孟华．城市旅游地居民对传统节事的感知及态度：以泰安市东岳庙会为例［J］．城市问题，2009（6）：60－65.

[23] 陈方英，郑冬梅，耿禧则，等．日本旅游者对好客山东旅游形象认知与评价研究［J］．旅游发展研究，2011（2）：16－20.

[24] 陈刚．“好客山东”的品牌营销实践［J］．广告人，2011（6）：164.

［25］ 陈明亮，章晶晶．网络口碑再传播意愿影响因素的实证研究［J］．浙江大学学报（人文社会科学版），2008，38（5）：127－135.

［26］ 陈小洁．区域旅游品牌构建研究［D］．广州：暨南大学，2006.

［27］ 陈旭清．基于移动 O2O 模式的重庆主题公园微信营销发展研究［D］．重庆：重庆师范大学，2015.

［28］ 陈彦舟，曹金璇．基于 Hadoop 的微博舆情监控系统［J］．计算机系统应用，2013，22（4）：18－22.

［29］ 陈芸．基于数据挖掘的城市开放型景区网络搜索特征及品牌发展研究：以南京夫子庙为例［J］．泰山学院学报，2019，41（6）：111－117.

［30］ 褚艳兵．浅谈“好客山东”品牌的实践探索：如何打造山东旅游业的“软实力”［J］．网络财富，2009（1）：43－44.

［31］ 崔凤军．中国传统旅游目的地创新与发展［M］．北京：中国旅游出版社，2002.

［32］ 崔凤军，顾永键．景区型目的地品牌资产评估的指标体系构建与评估模型初探［J］．旅游论坛，2009，2（1）：67－71.

［33］ 邓爱民，王瑞娟．基于百度指数的旅游目的地关注度研究：以武汉市为例［J］．珞珈管理评论，2014（2）：143－152.

［34］ 邓辉，鲁卫星．湖北旅游品牌的层次结构及精品名牌战略的实施［J］．理论月刊，2002（6）：107－109.

［35］ 丁丹丹．《中国旅游报》对西安旅游形象媒介呈现的实证研究［D］．西安：陕西师范大学，2013.

［36］ 丁家永，从战略品牌管理的角度认识我国品牌建设［J］．江苏商论，2007（9）：13－14.

［37］ 丁鑫，汪京强，李勇泉．基于百度指数的旅游目的地网络关注度时空特征与影响因素研究：以厦门市为例［J］．资源开发与市场，2018，34（5）：709－714.

［38］ 杜金京．浅析好客山东形象广告的创意［J］．当代电视，2009（12）：37－38.

［39］ 樊狄．微信公众号“五星街 22 号”旅游自媒体社群化营销研究［D］．西安：西北大学，2017.

［40］ 冯冈平，黄韵铃．旅游城市品牌构成要素探索［J］．特区经济，

2017 (11): 82 - 84.

[41] 凤凰网. 青岛"天价大虾"事件追踪，大排档责令停业被罚款9万 [EB/OL]. (2015a - 10 - 08) [2019 - 07 - 21]. http: //news. ifeng. com/a/20151008/44792023_0. shtml.

[42] 凤凰网. 青岛官方向"天价虾事件"游客道歉，责令虾店主退钱 [EB/OL]. (2015b - 10 - 09) [2019 - 06 - 11]. http: //news. ifeng. com/a/20151009/44803441_0. shtml.

[43] 冯瑞. 旅游城市网络舆情危机后形象修复策略研究：以青岛市为例 [D]. 济南：山东大学，2017.

[44] 冯羽. 上海科技馆的媒介形象研究 [D]. 上海：华东师范大学，2015.

[45] 冯悦. 从影响力的发生机制看微信营销之道 [J]. 信息通信，2015 (1): 223 - 224.

[46] 付业勤. 旅游危机事件网络舆情研究：构成、机理与管控 [D]. 泉州：华侨大学，2014.

[47] 付业勤，曹娜. 基于扎根理论量表开发的网络舆情对旅游地形象传播研究 [J]. 统计与决策，2016，(20): 65 - 68.

[48] 付业勤，纪小美，郑向敏，等. 旅游危机事件网络舆情的演化机理研究 [J]. 江西科技师范大学学报，2014 (4): 80 - 87.

[49] 高莎. 基于微信的旅游企业营销模式探讨 [D]. 桂林：广西师范大学，2016.

[50] 戈丽. 基于百度指数的上海4A、5A级景区旅游偏好时空特征研究 [D]. 上海：上海师范大学，2019.

[51] 龚立堂. 深度报道如何增加深度 [J]. 西部学刊，2017 (12): 92 - 94.

[52] 管陈雷，胡志毅. 基于百度指数的重庆马拉松网络关注度时空特征研究 [J]. 重庆师范大学学报（自然科学版），2018，35 (5): 136 - 142.

[53] 郭丽丽. 基于百度指数的日照旅游网络关注度时空特征及影响因素研究 [J]. 曲阜师范大学学报（自然科学版），2018，44 (3): 109 - 116.

[54] 郭琪. "好客山东"品牌营销海外扎根 [N]. 中国旅游报，2016 - 05 - 27 (1).

[55] 郭琪．山东书写文旅融合新答卷［N］．中国旅游报，2019a－05－21（1）．

[56] 郭琪．山东青州：推进全域旅游绣出美丽图景［N］．中国旅游报，2019b－01－16（4）．

[57] 郭琪，李晶媛．济南：政策频出，民宿喜收红利［N］．中国旅游报，2019－06－20（A1）．

[58] 郭益盈，岳存丹．探讨微信营销在非热点城市旅游中的应用［J］．商场现代化，2014（9）：52－53．

[59] 韩晨靖．基于标题特征词密度聚类以及相似度计算的热点发现研究［D］．成都：电子科技大学，2013．

[60] 撖宏，蔺继红，侯超，等．大数据背景下世界各国图书馆事业热点领域挖掘［J］．图书馆工作与研究，2018（2）：58－66．

[61] 韩苗苗．旅游突发事件网络舆情的成因与对策［J］．青年记者，2016（1）：3－4．

[62] 何卫平，安俊．“大众麦克风”时代的地方政府网络舆情应对［J］．中国公共安全，2016（3）：97－100．

[63] 何小芊，刘宇，吴发明．基于百度指数的温泉旅游网络关注度时空特征研究［J］．地域研究与开发，2017，36（1）：103－124．

[64] 胡北忠．基于旅游者的旅游风景区品牌价值评估［J］．江西财经大学学报，2005，38（2）：59－61．

[65] 胡丹．社会学视角下的微信营销研究［D］．长春：长春工业大学，2017．

[66] 胡叠泉，邢启顺．大数据背景下的旅游产业发展研究综述［J］．贵州师范学院学报，2016，32（10）：42－46．

[67] 胡芬，余纯，李治洋．基于内容分析法的乡村旅游地微信营销研究［J］．地域研究与开发，2016，35（5）：100－104．

[68] 胡抚生．大数据、旅游研究和旅游智库建设：2016中国旅游科学年会综述［J］．旅游论坛，2016，9（3）：92－93．

[69] 胡红梅．旅游报刊对城市旅游形象的宣传作用：以《中国旅游报》为例［J］．新闻战线，2015（20）：111－112．

[70] 户文月．基于百度指数旅游景区假期网络关注度特征研究：以浙

江省5A级旅游景区为例［J］. 旅游论坛，2015，8（4）：85－91.

［71］胡倩倩. 基于百度指数的海南旅游量预测［D］. 长春：吉林大学，2019.

［72］胡雨凯. 自媒体背景下三亚旅游景区微信营销现状及提升研究［J］. 农家参谋，2019（11）：209－210.

［73］华巧巧. 公司品牌战略管理模式研究［D］. 青岛：青岛大学，2013.

［74］黄军. 旅游地品牌形象视觉设计地域性研究［D］. 无锡：江南大学，2006.

［75］黄敏学，王峰. 网络口碑的形成、传播与影响机制研究［M］. 武汉：武汉大学出版社，2011.

［76］黄文胜. 基于百度指数的广西旅游网络关注率矩阵及营销策略研究［J］. 地域研究与开发，2019，38（5）：101－104.

［77］黄先开，张丽峰，丁于思. 百度指数与旅游景区游客量的关系及预测研究：以北京故宫为例［J］. 旅游学刊，2013，28（11）：93－100.

［78］黄燕凤. 区域旅游目的地品牌建设评价与提升研究：以江西省为例［D］. 南昌：江西财经大学，2013.

［79］霍洛韦（Holloway J C）. 论旅游业：二十一世纪旅游教程［M］. 孔祥义，等译. 北京：中国大百科全书出版社，1997.

［80］金颖若. 旅游地形象定位及形象口号设计的要求［J］. 北京第二外国语学院学报，2003（1）：45－47.

［81］凯勒（Keller K L）. 战略品牌管理（第4版）［M］. 吴水龙，何云，译. 北京：中国人民大学出版社，2014.

［82］康玲. 襄阳旅游微信营销探析：基于官方微信公众号WCI指数［J］. 湖北文理学院学报，2019，40（2）：60－64.

［83］科特勒（Kotler P），洪瑞云（Ang S H），梁邵明（Leong S M），等. 营销管理（亚洲版·第3版）［M］. 梅清豪，译. 北京：中国人民大学出版社，2005.

［84］柯新惠，王锡，王宁. 传播研究方法［M］. 北京：中国传媒大学出版社，2010.

［85］蓝海，孙应琢. 山东精神山东人［M］. 济南：山东画报出版社，

2008.

[86] 冷兴邦，翟晨灼，李海琼．倾力打造“好客山东”旅游外宣品牌[J]．对外传播，2009（10）：15-16.

[87] 雷锦锦．基于“互联网+”的眉山旅游景区微信营销探讨[J]．旅游纵览（下半月），2019（10）：87-88.

[88] 李芳芳．好客山东获“全国十大旅游著名品牌”第一名[N]．齐鲁晚报数字版，2013-07-18（A1）.

[89] 李经龙，代传苗．安徽省旅游景区网络关注度的时空特征：基于百度指数的分析[J]．廊坊师范学院学报（自然科学版），2019，19（3）：70-74.

[90] 李晶媛．推动民宿行业科学规范发展[N]．中国旅游报，2019-06-06（6）.

[91] 李蕾蕾．旅游地形象策划理论与实务[M]．广州：广东旅游出版社，1999.

[92] 李雷雷．章丘市商标战略问题研究[D]．济南：山东大学，2012.

[93] 李丽娜．山东省旅游业实施创新驱动战略的对策研究[J]．中国市场，2014（20）：152-154.

[94] 李梦龙．《中国青年报》新闻报道中的河南媒介形象研究（2009-2013）[D]．开封：河南大学，2015.

[95] 李雅梦．酒店微信营销策略研究[D]．杭州：浙江工商大学，2017.

[96] 李山，邱荣旭，陈玲．基于百度指数的旅游景区络空间关注度：时间分布及其前兆效应[J]．地理与信息信息科学，2008，24（6）：102-107.

[97] 李山，王铮．旅游地品牌化中的旅游形象与旅游口号[J]．人文地理，2006，21（2）：5-11.

[98] 李树民，支喻，邵金萍．论旅游地品牌概念的确立及设计构建[J]．西北大学学报（哲学社会科学版），2002，32（3）：35-38.

[99] 李世霞，田至美．基于百度指数的旅游目的地网络关注度影响因素分析：以青岛为例[J]．首都师范大学学报（自然科学版），2014，35（1）：56-59.

［100］李思．微信支付接口全面开放［N］．上海金融报，2014－03－07（A06）．

［101］里斯（Reis A），特劳特（Trout J）．品牌定位［M］．刘毅志，译．北京：中国友谊出版社，1991．

［102］李天元．旅游学概论（第三版）［M］．北京：高等教育出版社，2017．

［103］李天元，曲颖．旅游目的地定位主题口号设计若干基本问题的探讨：基于品牌要素视角的分析［J］．人文地理，2010，25（3）：114－119．

［104］李天元，向招明．目的地旅游产品中的好客精神及其培育［J］．华侨大学学报（哲学社会科学版），2006（4）：66－72．

［105］李西香．旅游目的地品牌建设研究：以“好客山东”旅游品牌为例［J］．经济研究导刊，2009（17）：173－174．

［106］李霞，曲洪建．邮轮旅游网络关注度的时空特征和影响因素：基于百度指数的研究［J］．统计与信息论坛，2016，31（4）：101－106．

［107］李燕琴，吴必虎．旅游形象口号的作用机理与创意模式初探［J］．旅游学刊，2004，19（1）：82－86．

［108］李一智．商务决策数量方法［M］．北京：经济科学出版社，2003．

［109］李玉国．评析“好客山东”的形象定位和品牌定位［J］．山东行政学院学报，2013（5）：95－96．

［110］李云．旅游企业微信营销的策略研究［J］．北方经贸，2014（9）：259－260．

［111］李占钢，王凡存．山东庆云推动旅游＋体育融合发展［N］．中国旅游报，2019－07－09（4）．

［112］李正欢．旅游业“好客”研究的多维视野审视［J］．北京第二外国语学院学报，2009（11）：25－31．

［113］梁明珠．广深珠区域旅游品牌与旅游形象辨析［J］．江苏商论，2004（6）：124－126．

［114］梁明珠．旅游地品牌研究［M］．北京：经济科学出版社，2006．

［115］梁涛．关于打造广西旅游品牌问题的思考［J］．广西社会科学，2004（10）：15－17．

[116] 梁文生．导游基础知识（山东部分）[M]．济南：山东科学技术出版社，2013.

[117] 梁中国．城市品牌战略与管理（上）[J]．品牌，2001（10）：70－72.

[118] 梁中国．品牌管理新思想："易难7F"引领品牌管理实践创新（上）[J]．品牌，2002（4）：12－15.

[119] 林炜铃，邹永广，郑向敏．旅游安全网络关注度区域差异研究：基于中国31个省市区旅游安全的百度指数[J]．人文地理，2014，29（6）：154－160.

[120] 林志慧，马耀峰，刘宪锋，等．旅游景区网络关注度时空分布特征分析[J]．资源科学，2012，34（12）：2427－2433.

[121] 刘静．《中国旅游报》旅游报道对旅游目的地形象建构研究[D]．湘潭：湘潭大学，2017.

[122] 刘岚，范宣辉．基于百度指数的民族文化旅游演艺产品网络关注度研究：以《魅力湘西》为例[J]．绿色科技，2017（1）：164－167.

[123] 刘文宇．"青岛大虾事件"微博语篇的批评性话语分析[J]．辽宁师范大学学报（社会科学版），2017，40（3）：98－104.

[124] 刘一颖，张晨．山东173项非物质文化遗产列入国家级非遗名录[EB/OL]．中国山东网，（2018－02－01）[2019－02－18]．http：//news.sdchina.com/show/4262913.html.

[125] 刘英基，韩元军．要素结构变动、制度环境与旅游经济高质量发展[J]．旅游学刊，2020，35（3）：28－38.

[126] 里夫（Riffe D），赖斯（Lacy D），菲克（Fico F G）．内容分析法媒介信息量化研究技巧（第2版）[M]．嵇美云，译．北京：清华大学出版社，2010.

[127] 刘毅．内容分析法在网络舆情信息分析中的应用[J]．天津大学学报（社会科学版），2006，8（4）：307－310.

[128] 刘英．好客山东品牌价值170亿[EB/OL]．大众网，（2014－05－19）[2019－12－25]．http：//www.dzwww.com/finance/sdcj/201405/t20140519_10281309.html.

[129] 刘月红，黄远水．福建永定土楼网络空间关注度的时空演变：基

于百度指数的分析 [J]. 乐山师范学院学报, 2014, 29 (1): 93-97.

[130] 龙茂兴, 孙根年, 马丽君, 等. 区域旅游网络关注度与客流量时空动态比较分析: 以四川为例 [J]. 地域研究与开发, 2011, 30 (3): 93-97.

[131] 娄晓凤. 自媒体时代旅游目的地危机管理研究 [D]. 泉州: 华侨大学, 2013.

[132] 卢泰宏, 黄胜兵, 罗纪宁. 论品牌资产的定义 [J]. 中山大学学报 (社会科学版), 2000, 40 (4): 17-22.

[133] 陆军. 微信支付接口全面开放意味着什么? [N]. 人民邮电报, 2014-03-06 (5).

[134] 陆林, 朱申莲, 刘曼曼. 杭州城市旅游品牌的演化机理及优化 [J]. 地理研究, 2013, 32 (3): 556-569.

[135] 鲁明勇, 尹媛媛. 中国旅游整体形象的塑造与国际营销 [J]. 资源开发与市场, 2010, 26 (3): 272-274.

[136] 吕臣, 丁阳, 彭淑贞. 国际节提升城市形象战略评价指标体系研究 [J]. 泰山学院学报, 2015, 37 (6): 68-75.

[137] 吕翠芹. "好客山东"旅游目的地品牌评价指标体系的构建 [D]. 济南: 山东财经大学, 2012.

[138] 吕帅. 区域旅游形象绩效评估研究 [D]. 上海: 华东师范大学, 2007.

[139] 马波. 大数据背景下精准信息推送在移动图书馆中的应用研究 [J]. 图书馆工作与研究, 2017, 1 (2): 57-60.

[140] 马波. 现代旅游文化学 (第2版) [M]. 青岛: 青岛出版社, 2002.

[141] 马东跃. 旅游宣传口号的有效性分析 [J]. 社会科学家, 2011 (4): 67-70.

[142] 孟亚旭. 青岛工商调查"大排档天价虾" [N]. 北京青年报, 2015-10-06 (A5).

[143] 马欢. 基于因子分析的旅游产业上市公司市场绩效研究 [D]. 西安: 长安大学, 2016.

[144] 马骏. 基于AISAS模型企业微信营销模式构建研究 [D]. 长沙: 中南林业科技大学, 2015.

[145] 马莉. 旅游类政务微信公众号传播特征与策略研究 [D]. 西安: 西北大学, 2017.

[146] 马莉, 刘培学, 张建新, 等. 景区旅游流与网络关注度的区域时空分异研究 [J]. 地理与地理信息科学, 2018, 34 (2): 87-93.

[147] 马丽君, 孙根年, 黄芸玛, 等. 城市国内客流量与游客网络关注度时空分布 [J]. 经济地理, 2011, 31 (4): 680-685.

[148] 马梅, 刘东苏, 李慧. 基于大数据的网络舆情分析系统模型研究 [J]. 情报科学, 2016, 36 (3): 25-28.

[149] 马明. 基于旅游者感知的泰山旅游形象评价与改善策略研究 [D]. 济南: 山东大学, 2008a.

[150] 马明. 基于消费者感知的旅游广告效果实证研究 [J]. 消费经济, 2008b, 24 (1): 54-57, 61.

[151] 马明. 泰山旅游形象传播模式调查与分析 [J]. 泰山学院学报, 2009, 31 (1): 111-115.

[152] 马明. 形象代言人在旅游地品牌建设中的运用探讨 [J]. 泰山学院学报, 2010, 32 (1): 118-122.

[153] 马明. 熟悉度对旅游目的地形象影响研究: 以泰山为例 [J]. 旅游科学, 2011a, 25 (2): 30-38.

[154] 马明. "好客山东" 精神的内涵及培育 [J]. 旅游发展研究, 2011b (1): 22-24.

[155] 马明. 旅游地网络口碑营销优势及营销策略 [J]. 泰山学院学报, 2012, 34 (5): 72-76.

[156] 马明. 旅游地网络口碑再传播影响因素 [J]. 地域研究与开发, 2015, 34 (1): 81-86.

[157] 马明, 彭淑贞. 基于游客感知的山东居民好客度研究 [J]. 合作经济与科技, 2016 (10): 138-140.

[158] 马明, 陈方英. 基于品牌管理的山东旅游形象绩效评估研究 [J]. 华东经济管理, 2011a, 25 (3): 15-19.

[159] 马明, 陈方英. 基于旅游者感知的目的地旅游形象口号评价研究: 以山东省为例 [J]. 旅游发展研究, 2011b (6): 21-25.

[160] 马明, 陈方英. 旅游地网络口碑传播研究 [M]. 北京: 经济科学

出版社，2014.

[161] 马克婷（Morketing）. 微信 2018 影响力报告 [EB/OL]. 腾讯网 .（2018 - 05 - 14）[2019 - 09 - 20]. https：//xw. qq. com/cmsid/20180514A1TCXT00.

[162] 马彦 . 大数据环境下微博舆情热点话题挖掘方法研究 [J]. 现代情报，2014，34（11）：29 - 33.

[163] 马勇，张祥胜 . 旅游目的地品牌价值分析与提升思考 [J]. 湖北大学成人教育学院学报，2008（2）：56 - 58.

[164] 孟思聪，马晓冬 . 基于百度指数的连云港旅游网络关注度研究 [J]. 旅游论坛，2017，10（5）：102 - 115.

[165] 母泽亮 . 旅游目的地品牌系统建设研究 [J]. 中国市场，2006（36）：16 - 17.

[166] 聂远征，皮莉丽 . 空间叙事：媒介建构城市形象的新路径：以武汉报纸的辛亥百年纪念报道为例 [J]. 新闻界，2011（7）：30 - 32.

[167] 卡菲勒 . 战略性品牌管理 [M]. 王建平，增华，译 . 北京：商务印书馆，2000.

[168] 潘冰 . 旅游大数据的发展和展望 [J]. 旅游学刊，2017，32（10）：1 - 3.

[169] 潘英瑛 . 乡村旅游微信营销对游客行为意愿的影响研究 [D]. 合肥：安徽农业大学，2018.

[170] 裴莹 . 大数据在社会舆情中的应用：以青岛天价大虾为例 [J]. 戏剧之家，2016（2）：200 - 201.

[171] 彭程 . 基于客户评价的 A 旅游公司微信营销效果评价研究 [D]. 秦皇岛：燕山大学，2018.

[172] 钱穆 . 民族与文化 [M]. 北京：九州出版社，2012.

[173] 乔夏阳 . 公众网络参与中的“蝴蝶效应” [J]. 理论探索，2013（4）：71 - 74.

[174] 秦梦，刘汉 . 百度指数、混频模型与三亚旅游需求 [J]. 旅游学刊，2019，34（10）：116 - 126.

[175] 曲颖，李天元 . 基于旅游目的地品牌管理过程的定位主题口号评价：以我国优秀旅游城市为例 [J]. 旅游学刊，2008，23（1）：30 - 35.

[176] 饶晓娟 . 基于内容挖掘的杭州市旅游类微信公众号运营策略研究

[J]. 淮海工学院学报（人文社会科学版），2019，17（9）：71－74.

［177］荣振环．特劳特高调《重新定位》［J］．销售与市场（评论版），2011（2）：35.

［178］山东省改革和发展委员会．山东省全域旅游发展总体规划（2018－2025年）［R/OL］．（2018－05－21）［2019－01－01］．山东省文化和旅游厅．http：//whhly. shandong. gov. cn/art/2018/5/21/art_100579_7257737. html.

［179］沈啸，张建国，蔡碧凡．千岛湖景区网络关注度时空特征研究：基于百度指数［J］．武汉商学院学报，2018，32（5）：14－19.

［180］施拉姆（Schramm W），波特（Porter W）．传播学概论（第2版）［M］．何道宽，译．北京：中国人民大学出版社，2010.

［181］史青霞．旅游企业官方微信对旅游者行为意愿影响研究［D］．长沙：湖南师范大学，2015.

［182］山东省广告协会．我省2011年旅游宣传将投放2.26亿元［EB/OL］．山东省广告协会网，（2011－04－05）［2019－01－22］．http：//www. sdsggxh. com/artical. asp？id＝531.

［183］谌莉．中国体育品牌战略管理研究［D］．北京：北京体育大学，2013.

［184］沈淑蕊，赵高辉．网络群体性事件的成因及其善治之道：以“丽江游客被打毁容事件”为例［J］．东华大学学报（社会科学版），2018，18（1）：55－60.

［185］生奇志，王双全．品牌策划管理［M］．北京：清华大学出版社，2014.

［186］宋芹．齐鲁文化对山东人性格的影响［J］．学周刊，2017（15）：236－237.

［187］宋佳．好客山东旅游目的地营销模式［D］．济南：山东大学，2010.

［188］宋伟．“野游地”在构架山东省地方逍遥游中的价值研究［J］．安徽农业科学，2010，38（2）：1021－1022，1059.

［189］宋振春．文化旅游产业与城市发展研究［M］．北京：经济科学出版社，2005.

［190］宋振春，陈方英．两种类型旅游节事居民感知的比较研究：对泰

安泰山国际登山节和东岳庙会的问卷调查［J］. 旅游学刊，2008，23（12）：63－69.

［191］宋增文. 区域旅游络空间关注度与客源市场相关性研究［J］. 中国人口资源与环境，2016，26（11）：270－273.

［192］苏东水. 产业经济学（第3版）［M］. 北京：高等教育出版社，2010.

［193］苏令军.《中国旅游报》山西旅游形象媒介呈现研究［D］. 太原：山西大学，2015.

［194］孙海涛. 城市生态安全评价体系研究［J］. 中国国土资源经济，2009，22（3）：23－26.

［195］孙丰国，黄丽娜. 旅游景区微信公众号传播研究：以湖南省5A级景区为例［J］. 湖南包装，2019a，34（3）：76－79.

［196］孙丰国，黄天鸿. 旅游类微信公众号传播效果评价分析［J］. 今传媒，2019b，27（9）：10－12.

［197］孙根年. 新世纪中国入境旅游市场竞争态分析［J］. 经济地理，2005，25（1）：121－125.

［198］孙海涛. 城市生态安全评价体系研究［J］. 中国国土资源经济，2009（3）：23－26.

［199］孙九霞，陈钢华. 旅游消费者行为学［M］. 大连：东北财经大学出版社，2015.

［200］孙凯炜，陈章旺. 微信营销视角下旅游景区的服务创新［J］. 郑州航空工业管理学院学报，2014，32（5）：53－58.

［201］孙俪辉，李生笑. 品牌管理［M］. 北京：高等教育出版社，2015.

［202］孙烨，张宏磊，刘培学，等. 基于旅游者网络关注度的旅游景区日游客量预测研究：以不同客户端百度指数为例［J］. 人文地理，2017，32（3）：152－160.

［203］孙玉铖.《中国旅游报》对山东旅游形象媒介呈现的探究［J］. 视听，2019（2）：180－181.

［204］唐晓云. 用大数据把握旅游管理部门宏观调控的主动权［J］. 旅游学刊，2014，29（10）：9－11.

［205］唐玉生．品牌管理［M］．北京：机械工业出版社，2013.

［206］陶建杰．完善网络舆情联动应急机制［J］．党政论坛，2007（9）：28－30.

［207］田青．弘扬和培育“新时期山东精神”的现实着力点［J］．消费导刊，2009（18）：218.

［208］王超，骆克任．基于网络舆情的旅游包容性发展研究：以湖南凤凰古城门票事件为例［J］．经济地理，2014，34（1）：161－167.

［209］王超，王志章．基于网络舆情的旅游餐饮价格监督机制研究：以青岛天价虾事件为例［J］．价格月刊，2017（2）：34－37.

［210］王长征，寿志钢．西方品牌形象及其管理理论研究综述［J］．外国经济与管理，2007，29（12）：15－22.

［211］王晨．虚拟代言人VS明星代言人［J］．经营与管理，2004（6）：51.

［212］王晨光．旅游目的地营销［M］．北京：经济科学出版社，2005.

［213］王德刚，宋文旭．旅游强省战略［M］．济南：山东大学出版社，2009.

［214］王芳．基于百度指数的中国大陆5A级景区旅游信息流网络空间格局研究［D］．南京：南京师范大学，2015.

［215］王芳．危机管理与领导艺术［M］．北京：中国时代经济出版社，2010.

［216］王慧．美好安徽：网络形象传播分析与塑造策略［J］．合肥学院学报（社会科学版），2013，30（2）：99－102.

［217］王建彦，孙宜君．论大数据在城市品牌形象传播中的运用［J］．现代传播，2015，37（5）：102－104.

［218］王雷亭．旅游品牌的环境依托：以“好客山东”为例［C］．中国旅游研究30年专家评论：1978－2008，2009：395－398.

［219］王乐．网络舆情危机对旅游目的地声誉的影响及应对措施研究：以“青岛大虾”事件为例［D］．北京：北京第二外国语学院，2016.

［220］王连喜，李霞．国内微博研究热点分析及主题挖掘：以计算机和图书情报学科为研究对象［J］．情报杂志，2015，34（4）：127－132.

［221］王梦茵，高晴．基于WCI的福建省旅游微信公众号影响力研究［J］．旅游论坛，2019，12（5）：55－62.

[222] 王崧，韩振华．关于旅游品牌的深层思考［J］．社会科学家，2001，16（6）：43－46.

[223] 王晓丽．旅游博客营销优势及应用分析［J］．中国商贸，2010（6）：15－16.

[224] 王修智．齐鲁文化与山东人［J］．东岳论丛，2008，29（4）：1－14.

[225] 王彦彬．微信动了运营商“最后的奶酪”［N］．通信产业报，2012－08－20（5）.

[226] 王延婷，许月云．我国体育用品国际会展业参展满意度研究：以中国（晋江）鞋博会为例［J］．体育科学研究，2014，18（4）：1－5.

[227] 王奕文．百度搜索在网络资源平台上的利用与管理［D］．长沙：湖南大学，2017.

[228] 王宇．基于云计算的网络舆情热点发现研究［D］．呼和浩特：内蒙古工业大学，2016.

[229] 汪宇明，吕帅．长江流域12省区旅游形象绩效评估研究［J］．旅游科学，2008，22（1）：15－21.

[230] 王志明，林学勤．中华商道探密［J］．商业文化，2005（11）：12－14.

[231] 王忠武．山东精神与山东发展［J］．山东科技大学学报（社会科学版），2003，5（3）：40－42，48.

[232] 维克（Viktor M），卡内斯（Kenneth C）．大数据时代［M］．盛杨燕，周涛，译．杭州：浙江人民出版社，2013.

[233] 魏敏，李书昊，徐杰．高质量发展背景下中国省际旅游竞争力再测度：基于PROMETHEE方法［J］．商业研究，2020（2）：91－100.

[234] 魏小安．旅游目的地发展实证研究［M］．北京：中国旅游出版社，2002.

[235] 吴必虎，宋治清．一种区域旅游形象分析的技术程序［J］．经济地理，2001，21（4）：496－499.

[236] 吴冠．努力把旅游业培育成为山东国民经济战略性支柱产业［N/OL］．大众日报，2010－08－10［2019－11－20］．http：//paper.dzwww.com/dzrb/data/20100810/html/14/content_1.html.

[237] 吴健安，聂元昆，市场营销学 [M]. 北京：高等教育出版社，2017.

[238] 吴佩谕，黄远水. 旅游照片的符号属性对旅游意向的影响研究：以微信朋友圈旅游照片为例 [J]. 资源开发与市场，2019，35 (7)：993 - 1000.

[239] 吴晓山. 广西旅游广告发展策略研究：基于《中国旅游报》中广西旅游广告的分析 [J]. 新闻爱好者，2010 (4)：96 - 98.

[240] 吴元芳. 运河文化对“好客山东”品牌的影响刍议 [J]. 江苏商论，2009 (5)：88 - 90.

[241] 奚万松，谢引引，马欢欢. 旅游景区网络关注度与客流量关系的实证反思：以浙江金华双龙洞景区为例 [J]. 广西经济管理干部学院学报，2019，31 (2)：98 - 102.

[242] 习近平. 决胜全面建成小康社会 夺取新时代中国特色社会主义伟大胜利：在中国共产党第十九次全国代表大会上的报告 [EB/OL]. (2017 - 10 - 18) [2018 - 02 - 20]. http：//jhsjk. people. cn/article/29613660.

[243] 肖敏，李山，徐秋静，刘晓. 旅游口号创意模式的尺度差异研究 [J]. 旅游学刊，2011，26 (3)：50 - 55.

[244] 向征，丁于思. 去芜存菁：小议社交媒体分析学中的数据质量问题 [J]. 旅游学刊，2017，32 (10)：6 - 8.

[245] 谢耘耕，刘锐，王平. 舆情蓝皮书：中国社会舆情与危机管理报告 (2012) [M]. 北京：社会科学文献出版社，2012.

[246] 谢朝武，黄远水. 论旅游地形象策划的参与性组织模式 [J]. 旅游学刊，2002，17 (2)：63 - 67.

[247] 谢朝武，李玉红. 基于网络知名度分析的我国优秀旅游城市的形象口号设计研究 [J]. 人文地理，2010，25 (3)：134 - 138.

[248] 谢丽佳，郭英之. 基于 IPA 评价的会展旅游特征感知实证研究：以上海为例 [J]. 旅游学刊，2010，25 (3)：46 - 54.

[249] 信宏业，刘艳. 旅游大数据发展需要战略定力 [J]. 旅游学刊，2017，32 (9)：1 - 3.

[250] 徐蔼婷. 德尔菲法的应用及其难点 [J]. 中国统计，2006 (9)：57 - 59.

[251] 许晨媛．清明上河园微信公众号的运营策略研究 [D]．开封：河南大学，2016.

[252] 徐凡，尤玮，周年兴，等．基于百度指数的网络空间关注时空分布研究：以长三角 5A 级景区为例 [J]．资源开发与市场，2016，32 (4)：489 -493.

[253] 许峰，秦晓楠，张明伟，等．生态位理论视角下区域城市旅游品牌系统构建研究：以山东省会都市圈为例 [J]．旅游学刊，2013，28 (9)：43 -52.

[254] 许峰，李帅帅，齐雪芹．大数据背景下旅游系统模型的重构 [J]．旅游科学，2016，30 (1)：48 -59.

[255] 徐尤龙，唐夕汐，刘莎．国内外旅游口号研究综述 [J]．云南地理环境研究，2014，26 (3)：40 -45.

[256] 薛玮，乔花芳．基于百度搜索指数的影视旅游地网络关注度时空分异研究：以《亲爱的客栈》拍摄地泸沽湖为例 [J]．旅游研究，2019，11 (4)：87 -98.

[257] 姚丽芬，李庆辰．基于 IPA 评价的旅游微信营销满意度研究：以微信公众账号 HebeTourism 为例 [J]．湖北农业科学，2015，54 (18)：4630 -4634.

[258] 杨森林，郭鲁芳，王莹．中国旅游业国际竞争策略 [M]．上海：立信会计出版社，1999.

[259] 杨秀侃，王美佳．基于海南国际旅游岛建设的舆情研究与智库建设 [J]．海南广播电视大学学报，2017，18 (1)：17 -22.

[260] 杨朝明．山东精神：公、信、仁、和：基于孔子“大同”社会理想研究的思考 [J]．孔子研究，2012 (5)：110 -113.

[261] 杨向奎．《鲁国史》序 [J]．东岳论丛，1994，15 (4)：75.

[262] 杨旸，刘法建．大数据旅游研究和应用中的几个问题 [J]．旅游学刊，2017，32 (9)：3 -4.

[263] 杨旦修，向启芬．创意产业的进路：文化与科技融合发展的战略取向 [J]．西南民族大学学报（人文社科版），2015，36 (7)：171 -175.

[264] 杨忠全，吴颖，袁德美．德尔菲法的定量探讨 [J]．情报理论与实践，1995 (5)：11 -13.

[265] 姚志国，鹿晓龙．智慧旅游：旅游信息化大趋势［M］．北京：旅游教育出版社，2013.

[266] 易慧玲．欠发达地区政府主导型旅游微信运营管理研究：以贵州省为例［J］．信阳师范学院学报（哲学社会科学版），2015，35（2）：59－63.

[267] 佚名．风雨40载，青岛旅游人的追梦之路［N］．中国旅游报，2019－01－03（16）.

[268] 佚名．授村民以“渔”：产业扶贫为农村注入新生机［N］．中国旅游报，2019－02－25（A3）.

[269] 尹婕．大数据时代旅游业如何应对［N］．人民日报海外版，2013－05－03（8）.

[270] 由亚男，梁霄．旅游微信公众号影响力与受众偏好研究：以新疆5A级景区为例［J］．新疆财经大学学报，2018，77（4）：46－54.

[271] 禹方．虚拟品牌代言人策略的适用性研究［D］．杭州：浙江大学，2006.

[272] 于冲．齐鲁文化之“好客山东”［J］．招商周刊，2008（12）：34－35.

[273] 余佳华，孙贤斌，倪建华．基于百度指数的景区网络关注度及搜索需求特征研究：以安徽万佛湖风景区为例特征研究［J］．洛阳师范学院学报，2017，36（6）：17－22.

[274] 余明阳，杨芳平．品牌管理学［M］．上海：复旦大学出版社，2010.

[275] 於佩红．基于IPA分析法的海岛旅游游客满意度研究：以温州市洞头为例［J］．旅游研究，2014，6（2）：51－55，68.

[276] 于桐．旅游信息化：微信，开启旅游营销新方式［J］．商场现代化，2015（15）：65－66.

[277] 余伟萍．品牌管理［M］．北京：清华大学出版社，北京交通大学出版社，2007.

[278] 余足云．旅游口号语言应用分析［J］．湖州职业技术学院学报，2006（3）：62－64.

[279] 于锦荣，陆音．南昌市旅游品牌发展研究［J］．南昌航空大学学报（社会科学版），2017，19（1）：41－46.

[280] 于日美，李太光．从“好客山东”看省级旅游品牌推广（上）[N]．中国旅游报，2009-09-16（11）．

[281] 于日美，李太光．从“好客山东”看省级旅游品牌推广（上）[N]．中国旅游报，2009-09-18（9）．

[282] 曾慧岚．媒介框架下印尼《罗盘报》中的国家形象 [D]．南京：南京师范大学，2016．

[283] 曾可盈，周丽君．基于百度指数的东北三省4A级及以上景区网络关注度分析 [J]．东北师大学报（自然科学版），2019，51（1）：133-138．

[284] 曾维静．旅游微信公众平台发展现状分析 [J]．旅游纵览，2015（4）：73-74．

[285] 张翠翠，陆洋．“好客山东”与“山东面子” [J]．齐鲁周刊，2015（41）：18-19．

[286] 张丹青．新闻摄影对城市形象的表征 [D]．成都：西南交通大学，2017．

[287] 张东升，朱红．文化的意义 [J]．销售与市场（管理版），1998（8）：68-69．

[288] 张宏梅，陆琳．旅游研究定性方法的初步分析 [J]．江西师范大学学报，2005，29（3）：269-272．

[289] 张金凤，田晓霞．浅析基于社会化媒体的旅游营销 [J]．市场论坛，2013（4）：80-82．

[290] 张令伟．山东发放逾亿元文化惠民消费券 [N]．中国旅游报，2019-07-29（1）．

[291] 张令伟，杨露露．山东微山：厕所装上“智慧大脑” [N]．中国旅游报，2019-01-10（3）．

[292] 张玲玲，张笑，崔怡雯．基于聚类方法的百度搜索指数关键词优化及客流量预测研究 [J]．管理评论，2018，30（8）：126-137．

[293] 张宁熙．大数据在突发公共事件网络舆情信息工作中的应用 [J]．现代情报，2015，35（6）：38-42．

[294] 张平．都市报“慢新闻”传播的有效路径：以《楚天都市报》为例 [J]．传媒，2017（10）：34-35．

［295］张萍．旅游电视广告结构分析：以“好客山东”为例［J］．河北旅游职业学院学报，2012，17（3）：37－40.

［296］张寿华，刘振鹏．网络舆情热点话题聚类方法研究［J］．小型微型计算机系统，2013，34（3）：471－474.

［297］张祥胜．旅游目的地品牌价值分析与提升策略研究：以深圳华侨城为例［D］．武汉：湖北大学，2008.

［298］张焱，张锐．品牌生态学：品牌理论演化的新趋势［J］．外国经济与管理，2003，25（8）：42－48.

［299］张艳蓉，何小芊．基于百度指数的省域旅游形象口号网络关注度时空特征研究［J］．江西科学，2019，37（2）：214－220.

［300］张岩松，许峰．企业危机管理案例教程［M］．北京．清华大学出版社，2012.

［301］张禹，姚欣欣，张维亚，等．基于微信公众号的南京旅游网络营销研究［J］．江苏科技信息，2018，35（20）：67－70.

［302］张云．安徽省旅游政务微信公众号活跃度与影响力分析［J］．黄山学院学报，2018，20（4）：20－23.

［303］张钟琴．海南国际旅游岛战略品牌管理［D］．天津：天津大学，2011.

［304］赵蓉英，邹菲．内容分析法学科基本理论问题探讨［J］．图书情报工作，2005，49（6）：14－23.

［305］赵旭．关于中国保险公司市场行为与市场绩效的实证分析［J］．经济评论，2003（4）：118－121，128.

［306］郑燕．“旅游＋扶贫”带来山乡巨变［N］．中国旅游报，2019a－07－04（4）.

［307］郑燕．小蟋蟀成为撬动农民致富的杠杆［N］．中国旅游报，2019b－11－18（4）.

［308］郑玉莲，陆林，赵海溶．芜湖方特网络关注度分布特征及与客流量关系研究：以 PC 端和移动端百度指数为例［J］．资源开发与市场，2018，34（9）：1315－1320.

［309］中国互联网络中心．2019 年中国网民搜索引擎使用情况研究报告［R/OL］．2019－10－25［2018－03－18］．http：//www.cnnic.net.cn/hlwfzyj/

hlwxzbg/ssbg/201910/P020191025506904765613. pdf.

［310］ 中共中央宣传部舆情信息局．网络舆情信息工作理论与实务［M］. 北京：学习出版社，2009.

［311］ 中国旅游新闻网．“好客山东”品牌价值 200 亿［EB/OL］.（2015 －04 －15）［2018 －11 －11］. http：//lxs. cncn. com/59037/n494797.

［312］ 中华新闻网．青岛天价虾调查：求助 110 物价局无果，顾客付钱脱身［N］. （2015 －10 －07）［2018 －07 －17］. http：//www. chinanews. com/sh/2015/10 －07/7556792. shtml.

［313］ 钟洁．区域旅游品牌建设研究：以鄱阳湖生态旅游区为例［D］. 北京：北京林业大学，2012.

［314］ 中商产业研究院. 2019 年一季度微信用户数量达 11 亿［EB/OL］. 中商情报网，（2019 －05 －16）［2019 －12 －20］. http：//www. askci. com/news/chanye/20190516/1346051146282. shtml.

［315］ 周琦．“好客山东”旅游形象评析［D］. 曲阜：曲阜师范大学，2015.

［316］ 周云倩，肖晓珍，柯芳燕．红色旅游的微信营销策略：以“瑞金旅游”微信公众号为例［J］. 青年记者，2016（15）：73 －74.

［317］ 朱梅．品牌绩效影响因素和评价方法研究［D］. 上海：东华大学，2007.

［318］ 邹菲．内容分析法的理论与实践研究［D］. 武汉：武汉大学，2004.

［319］ 邹永广，林炜铃，郑向敏．旅游安全网络关注度时空特征及其影响因素［J］. 旅游学刊，2015，30（2）：101 －109.

［320］ 邹思雯．以顾客感知价值提升为导向的旅游企业官方微信营销研究［J］. 东南传播，2018（5）：129 －133.

［321］ Arndt J. The role of product-related conversations in the diffusion of a new product［J］. Journal of Marketing Resrarch，1967，4（3）：291 －295.

［322］ Backman S J，Crompton J L. The usefulness of selected variables for predicting activity loyalty［J］. Leisure Science，1991（13）：205 －220.

［323］ Berelson B R. Content analysis in communication research［M］. New York：Free Press，1952.

[324] Boo S, Busser J, Baloglu S. A model of customer-based brand equity and its application to multiple destinations [J]. Tourism Management, 2009, 30 (2): 219 -231.

[325] Boulding W, Kalra A, Staelin R, et al. A dynamic process model of service quality: from expectations to behavioral intentions [J]. Journal of Marketing Research, 1993, 30 (1): 2 -27.

[326] Burleigh B, Levy S J. The product and the brand [J]. Harvard Business Review, 1955, 33 (2): 33 -39.

[327] Chen F, Tian L. Comparative study on residents' perceptions of follow-up impacts of the 2008 Olympics [J]. Tourism Management, 2015, 51 (5): 263 -281.

[328] Chen C F, Tsai D C. How destination image and evaluative factors affect behavioral intentions? [J]. Tourism Management, 2007, 28 (4): 1115 -1122.

[329] David B K, Gitelson R E. Characteristics of effective tourism promotion slogans [J]. Annals of Tourism Research, 1997, 24 (1): 235 -238.

[330] Decrop A. Triangulative in qualitative tourism research [J]. Tourism Management, 1999, 20 (1): 157 -161.

[331] Dimanche F, Havitz M E. Consumer behavior and tourism: Review and extension of four study areas [J]. Journal of Travel and Tourism Marketing, 1994, 3 (3): 37 -58.

[332] Dobni D, Zinkhan G M. In search of brand image: a foundation analysis [J]. Advances in Consumer Research, 1990, 17 (1): 110 -119.

[333] Flavian C, Martinez E, Polo Y. Loyalty to grocery stores in the Spanish market of the 1990s [J]. Journal of Retailing and Consumer Services, 2001, 8 (2): 85 -93.

[334] Hopkins H. Hitwise US travel trends: how consumer search behavior is changing [R/OL]. (2008 -06 -01) [2018 -03 -05]. http://arcres.com/arcrates/users2/news08/hitwise -2008analysis.pdf.

[335] Hsieh M H, Pan S L, Setiono R. Product-, corporate-, and country-image dimensions and purchase behavior: a multicountry analysis [J]. Journal of

the Academy of Marketing Science, 2004, 32 (3): 251 -270.

[336] Keller K L. Building customer-based brand equity [J]. Marketing Management, 2001, 10 (2): 14 -19.

[337] King C A. What is hospitality? [J]. International Journal of Hospitality Management, 1995, 14 (3/4): 219 -234.

[338] Konecnik M, Gartner W C. Customer-based brand equity for a destination [J]. Annals of Tourism Research, 2007, 34 (2): 400 -421.

[339] Li T, Chen Y. The destructive power of money and vanity in deviant tourist behavior [J]. Tourism Management, 2017, 61 (4): 152 -160.

[340] Litvin S W, Goldsmith R E, Pan B. Electronic word-of-mouth in hospitality and tourism management [J]. Tourism Management, 2008, 29 (3): 458 -468.

[341] Martilla J A, James J C. Importance-performance analysis [J]. Journal of Marketing, 1977, 41 (3): 77 -79.

[342] Ma M, Chen F. A research of the effects of destination image and satisfaction on destination loyalty: a case study of Mount Taishan [C]//Proceedings of International Symposium on China Hospitality Management and Business Information 2008. Georgia: The American Scholars Press, 2008: 343 -349.

[343] Mansfeld Y. From motivation to actual travel [J]. Annals of Tourism Research, 1992, 19 (3): 399 -419.

[344] Oppermann M. Tourism destination loyalty [J]. Journal of Travel Research, 2000, 39 (1): 78 -84.

[345] Park C W, Jaworski B J, Maclnnis D J. Strategic brand concept-image management [J]. Journal of Marketing, 1986, 50 (4): 134 -145.

[346] Pike S, Page S J. Destination Marketing Organizations and destination marketing: a narrative analysis of the literature [J]. Tourism Management, 2014, 41 (2): 202 -227.

[347] Pike S. Destination image analysis: a review of 142 papers from 1973 to 2000 [J]. Tourism Management, 2002, 23 (5): 541 -549.

[348] Richardson J, Cohen J. State slogans: the case of the missing USP [J]. Journal of Travel & Tourism Marketing, 1993, 2 (2): 91 -109.

[349] Saraniemi S, Kylänen M. Problematizing the concept of tourism destination: an analysis of different theoretical approaches [J]. Journal of Travel Research, 2011, 50 (2): 133 - 143.

[350] Song W. On the value of "wild play grounds" in promoting local "carefree travelling" [J]. Journal of Landscape Research, 2009, 1 (9): 74 - 77.

[351] Sun T, Youn S, Wu G, et al. Online word-of-mouth (or mouse): an exploration of its antecedents and consequences [J]. Journal of Computer-Mediated Communication, 2006, 11 (4): 1104 - 1127.

[352] Uysal M, Chen J S, Williams D R. Increasing state market share through a regional positioning [J]. Tourism Management, 2000, 21 (1): 89 - 96.

[353] Yoon Y, Uysal M. An examination of the effects of motivation and satisfaction on destination loyalty: a structural model [J]. Tourism Management, 2005, 26 (1): 45 - 56.

[354] Walle A H. Quantitative versus qualitative tourism research [J]. Annals of Tourism Research, 1997, 24 (3): 524 - 536.

[355] Xiang Z, Gretzel U. Role of social media in online travel information research [J]. Tourism Management, 2010, 31 (2): 179 - 188.